Ernst Köhler
Lebenszeichen aus Tuttlingen

Notizen über eine Schule in Baden-Württemberg

Rotbuch Verlag Berlin

Ernst Köhler, gelernter Historiker, veröffentlichte u. a. ›Arme und Irre‹ (Berlin 1977), wurde nach seiner Entlassung aus der Universität Konstanz Lehrer an einem Gymnasium in Tuttlingen. Schon nach wenigen Monaten wegen politischer ›Erkenntnisse‹ vorübergehend suspendiert, wurde er im Sommer 1979 nach insgesamt zwei Jahren Tätigkeit als Deutschlehrer endgültig entlassen – wegen ›abweichender Notengebung‹ (keine Note unter 3).

Bitte verlangen Sie vom Verlag den kostenlosen Almanach
Das kleine Rotbuch.

1.-7. Tausend 1980

Satz und Druck DRUCKHAUS Neue PRESSE, Coburg
Printed in Germany.
ISBN 3 88022 233 9

Inhalt

Die Schule

Der Lehrer

Die Stadt

Der Konflikt

Für Gabriele

Die Schule

Brieflich?

Gut, daß ich bereits bei den ersten Fingerübungen zu diesem Buch andere konsultiert habe. Ich hatte mir nämlich in den Kopf gesetzt, meine Erfahrungen als Lehrer in Briefform zu Papier zu bringen. Bereits die Ankündigung dieses ehrgeizigen Plans versetzte eine literarisch interessierte Kollegin in einen gelinden Schrecken. So etwas mache man doch heute kaum mehr. Das klinge doch manieriert. Ich blieb aber zunächst fest, ein Autor kann schließlich nicht schwanken wie ein Rohr im Winde. Fiktiv oder nicht – der Briefstil würde mich unter einen heilsamen Druck setzen und mich zwingen, den Adressaten genau im Auge zu behalten.
An wen also sollte diese Serie locker und dialogisch formulierter Episteln gerichtet sein? An die früheren Kollegen? Der Gedanke gefiel mir nicht. Mit denen hatte ich schon ausreichend diskutiert und gestritten. Das hing mir ehrlich gesagt zum Halse heraus. Ihnen vermutlich auch. Und jetzt das Ganze noch einmal brieflich aufwärmen – das wäre eine verdrießliche Prozedur. Wenn man gerade einigermaßen erschöpft und ausgelaugt auseinandergegangen ist, schreibt man sich keine Briefe. Auch keine literarischen. Verliebte tun so etwas – nicht zwei alte, staubbedeckte Ehepartner, die sich nach langem Kampf endlich zur Trennung entschlossen haben. Es fehlt einem in dieser Situation einfach die Lust, den anderen zu sticheln, zu provozieren oder ihm auch großmütig entgegenzukommen. Davon leben Briefe aber.
Das war nichts – auch dann nicht, wenn ich den Kreis der angeschriebenen Kollegen über Tuttlingen hinaus regional oder sogar national ausweiten würde. Bundesweit. Das war auch keine inspirierende Idee, eher ein Alptraum. Wenn ich mir dieses riesige Publikum der bundesrepublikanischen Gesamtlehrerschaft vorzustellen versuchte, wurde mir bang ums Herz. Man kann an diesen gigantischen Beamtenblock doch keinen Brief schreiben. Der würde ja abprallen wie ein Papierflieger.
Also an die Schüler. Das waren doch wenigstens Menschen. Außerdem stand ich auf ihrer Seite. Ihnen würde ich Rechenschaft ablegen über mein Tun. Sie würde ich ohne Anbiederung ansprechen. Keine billige Tour, keine allzu weitherzige Selbstkritik im nachhinein, auf Kosten meiner ehemaligen Kollegen. Das wäre abgeschmackt, sogar unehrenhaft. Ich würde im Gegenteil auch

meine Kritik an den jungen Menschen, denen ich begegnet war, mit einbauen. Vor allem aber würde ich ihnen einen tiefen Einblick in die Existenz, Gedankenwelt und Praxis eines Lehrers geben. In der Schule, in der ich gearbeitet habe, war Schülern der Zutritt zum Lehrerzimmer streng untersagt. Ich würde diese Tür sperrangelweit aufstoßen. Ich würde die jungen Leute auffordern, sich unsere finsteren, kleinkarierten Geheimnisse ruhig anzusehen.

Das war doch ein Konzept, nicht wahr? Und der Nutzen dieser briefweisen Enthüllungen lag ja auch auf der Hand. Es würde meine jugendlichen Leser im emanzipatorischen Sinne weiterbringen, den Kaiser einmal nackt zu sehen (auch wenn es sich hier nur um Zaunkönige handelte). Das würde etwas ganz anderes sein als jene bösartige Entlarvung des Lehrers: seiner wirklichen Schwäche und seiner gespielten Stärke, seiner großen Lügen und seiner kleinen Tricks, wie sie von Schülern täglich und mit Meisterschaft betrieben wird. Über diese Sorte geheimer Respektlosigkeit, die ein wenig jener des Kammerdieners gleicht, würde ich meine jungen Leser hinausführen. In die Richtung offener Opposition und radikaler Einsicht. Denn dieser ärmliche Underground von gehässigen und treffsicheren Witzen, Spitznamen und Kritzeleien hat ja immer nur die Funktion eines Ventils gehabt, ohne daß der Kessel vielleicht geplatzt wäre. Alle Schulen sind von einem wirren Geflecht von persönlichen Spannungen und Feindschaften zwischen Schülern und Lehrern durchzogen. Dennoch sehen sie alle nicht so aus, als ob sie demnächst explodieren würden. In den Schulen lagert bekanntlich mehr Gift als Dynamit. Die Beziehungen zwischen den beiden Parteien in der Schule sind verdorben, nicht brisant. Gegen diese hoffnungslose Perspektive des ewigen Clinchs würde ich meine Briefe setzen: nicht auszudenken, was alles passieren könnte, wenn die Feindseligkeit der Schüler sich einmal nicht mehr in die Lehrer verbisse und hilflos zappelnd an ihnen hängen bliebe, sondern an ihnen und durch sie hindurch die Schule, die Institution träfe. Es würden also didaktisch überlegte und gezielte Briefe sein: natürlich nicht von oben herab geschrieben, schulmeisterlich – aber doch durchaus bestimmt in der pädagogischen und politischen Absicht. In diesem Sinne lehrreich für die junge Generation: schonungslose Selbstkritik, schmerzliche Erinnerungsarbeit im Dienst einer bescheidenen, aber reellen Aufklärung.

Als ich die ersten Entwürfe einem alten Freund vorlegte, bezeichnete er das ganze Unternehmen schlichtweg als »verlogen«. Man könne nicht die beruflichen Erfahrungen eines 40jährigen ausbreiten, sie mit einigen Floskeln brieflicher Anrede garnieren und dann für Briefe an junge Menschen ausgeben. Solche Briefe müßten, *wenn sie überhaupt möglich seien,* entschieden ernster gehalten sein. Sie müßten bedeutend strenger auf die Jugendlichen eingehen. Ich hätte aber wie immer geschrieben und offensichtlich versucht, alle

sprachlichen Möglichkeiten, die mir zur Verfügung stünden, rücksichtslos auszuspielen. Wenn ich mich recht erinnere, nahm dieser Freund sogar das Bild des Pfaus und seiner tierischen Eitelkeit zu Hilfe, um mich zu demütigen. Ob ich denn nicht merke, daß ich mich damit an Erwachsene wende - an ein allgemeines Publikum, an eine kritische Öffentlichkeit?
Was ich denn auch speziell den Heranwachsenden zu sagen hätte? Ob ich denn etwas Genaueres über sie wisse? Ich hätte doch immer erzählt, wie verschlossen sie seien. Wie könne man aber an jemanden Briefe adressieren, den man nur oberflächlich kenne. Ich solle doch diesen Krampf eines vorgetäuschten, gänzlich unfundierten Zwiegesprächs mit der Jugend aufgeben und ehrlich zu dem stehen, was ich in Wahrheit treibe: offene Selbstgespräche führen nämlich.
Diese Breitseite hat mein Konzept versenkt. Da war nichts zu retten. Hinzu kam noch, daß mir beim Schreiben die politische Stoßrichtung abhanden kam. Es fiel mir vieles wieder ein, was nicht zu dem subalternen Rebellen, dem geduckten Kritiker, dem klassischen Schüler passen wollte, den ich im Visier hatte und den ich zu politisieren beabsichtigte. Nicht wenige der Jugendlichen, mit denen ich persönlich zu tun hatte, schienen der Schule innerlich so fern zu stehen, daß ihnen der einzelne Lehrer und seine Unterrichtsmethoden längst gleichgültig geworden waren. Sie hatten sich leise, fast unbemerkt abgesetzt - die Befehle, Anreize und Drohungen der Schule trafen sie nicht mehr an und stießen ins Leere. Wie von selbst tauchten da wieder diese verwirrenden Eindrücke auf, über die ich während meiner zwei Lehrjahre nicht hinausgekommen bin. Lieber dabei verharren. Lieber keinen Ansprechpartner konstruieren nach dem Bild des ewigen Schülers. Lieber in der momentanen Bundesrepublik bleiben. Lieber nicht in die säkulare Debatte über die Schule und die Pädagogik eintreten. Keine frischen Illustrationen für eine alte, im Grundriß unverrückbare Problematik zusammentragen. Sich von der aufklärerischen Provenienz abkoppeln. Wenn man daher kommt, glaubt man nämlich, alles schon einmal gesehen zu haben. Das ist eine tödliche Falle für das Denken. Man läuft Gefahr, das Neue, die qualitative Veränderung nicht mehr wahrzunehmen.
Ich verzichte also darauf, meine Beobachtungen in einem exemplarisch gehaltenen Diskurs über die Schule einzubringen. Das ist kein brauchbares Verfahren. Dazu verändert sich in der BRD zuviel. Auch in der Provinz, auch in Tuttlingen. Das mag komisch klingen, das soll es auch. Aber sollte Ihr Lächeln hämisch oder blasiert ausfallen, bitte ich Sie, folgende Frage zu bedenken: woher nehmen Sie Ihre Sicherheit? Aus welchen Quellen speist sich Ihre apodiktische Skepsis? Kennen Sie die Verhältnisse, die Schule und die Schüler in diesem Lande wirklich so genau, daß Sie sich nur noch der theoretischen Durchdringung dieses perfekten Anschauungs-

materials zu widmen bräuchten? Die Bundesrepublik als unerschöpfliches Archiv für Ihre Faschismusstudien? Die westdeutsche Gesellschaft als fantastisch reichhaltiger Gegenstand Ihrer politischen Psychologie? Sie – ein Luftfahrer mit Adleraugen, langsam, wachsam über diesem Szenarium kreisend?
Eine lächerliche Lage. Lassen Sie die Luft heraus, kommen Sie herunter, landen Sie auf der Erde.

Der Neubau

Der Konflikt über die Notengebung im Fach Deutsch, der wegen seiner grundsätzlichen Aspekte durch die Presse gegangen ist, wird hier nicht im Mittelpunkt stehen. Ich beabsichtigte, die Akzente anders zu setzen. Auch meine Lehrertätigkeit war nicht primär von Konflikt und Kampf, sondern von Anpassung und Unterordnung bestimmt. Diesen Alltag, der mich umfangen und oft genug erdrückt hat, will ich vor allen Dingen schildern und nicht jenes belebende kleine Drama am Schluß. Sonst würde die ganze Sache zu egozentrisch - und sie soll nach meiner Absicht zwar durchaus persönlich gefärbt sein, aber kein Egotrip werden, um es in der schrecklichen Sprache von heute auszudrücken. Den Gefallen, hier als der Gary Cooper eines schulischen High Noon zu posieren, möchte ich auch meinen damaligen Gegnern nicht tun. In der Bundesrepublik bist du als Kritiker oder Oppositioneller nämlich diskreditiert, wenn du als Held daherkommst. Darauf reagieren die Leute hier allergisch. Mit einigem Recht übrigens; denn ich glaube, diese Empfindlichkeit gegenüber dem Theaterdonner des Heldentums stammt teilweise noch aus der umfassenden Ernüchterung von 1945. Das ist hier nie ganz vergessen, nie ganz untergepflügt worden bei der Bestellung unserer Wirtschaftswunder-Äcker.
Auch ich habe das ein wenig zu spüren bekommen. Die Schüler in Tuttlingen sind mir nicht in den Rücken gefallen; sie haben sich im Gegenteil hinter mich gestellt - nach außen, in der Öffentlichkeit. Aber wenn wir unter uns waren, im kleinen Kreis, im Unterricht, haben sie doch ihre Reserviertheit gezeigt. Wenn ich mich, was ich glücklicherweise meist vermieden habe, vor ihnen besonders kraftstrotzend und lautstark gegeben habe, waren sie jedesmal besonders still. Das hat mir ziemlich zu schaffen gemacht, da ich mir dann immer irgendwie blamiert vorkam. Heute verstehe ich die Situation besser: meine kämpferischen Trompetenstöße haben in ihren Ohren vielleicht blechern geklungen. Glaubt der vielleicht im Ernst, mit diesen schrägen Tönen die Mauern von Jericho zum Einsturz bringen zu können? Unangenehm: ein alter Mann und soviel jugendlicher Überschwang – geht auf die Barrikaden, während wir, die wirklich Jungen, bis zum Hals im Schlamm der Schule

sitzen und uns kaum bewegen können. Und wenn es ihm wirklich um uns Schüler geht, wie er dem Oberschulamt gegenüber behauptet, warum schlägt er dann diesen eigensinnigen Kurs in der Notengebung ein, der ihn mit Sicherheit aus der Schule herauskatapultieren und damit von uns trennen wird? Alles sehr undurchsichtig. Problematisch auch und schwer verständlich, daß ein Mann in diesem Alter und in wirtschaftlich so schwierigen Zeiten seine berufliche Existenz so leichthin in Frage stellt. Und seine Familie – wo bleibt die? Irgend jemand muß für diesen Leichtsinn sicher bezahlen. Es ist auch für unsere Eltern nicht leicht, ihre Chefs zu ertragen - und sie müssen häufig eine bedeutend härtere und uninteressantere Arbeit machen als Sie, verehrter Herr Doktor. Ein 16jähriger Schüler hat damals auf einem Zettel für mich folgendes notiert:

Ich finde das Ziel, welches Sie verfolgen, gut; also den Abbau des Notendrucks. Nur bezweifle ich, daß dieses allein zu verwirklichen ist. Ich finde es auch nicht gut, daß Sie so stur mit dem Kopf durch die Wand wollen und es immer aufs Äußerste ankommen lassen. Ihr Beruf selbst verlangt ja von Ihnen eine gewisse Anpassung, in der Sie nicht einfach eigene Meinungen praktizieren können. Als Sie diesen Beruf ergriffen, mußten Sie ja wissen, daß es gewisse Einschränkungen gibt. Sie sollten sich vielleicht mit mehreren zusammentun und dieses Ziel zusammen praktizieren.

Ein anderer schrieb:

Ich kann zwar verstehen, daß Sie in Ihrer Meinung fest bleiben, aber ich frage mich, warum Sie sogar Ihre Entlassung aufs Spiel gesetzt haben. Ist Ihnen das egal, oder was haben Sie in Zukunft vor? Werden Sie überhaupt vielleicht mal wieder als Lehrer eingestellt? Sind Sie auf Ihren jetzigen Beruf so wenig angewiesen?

Wenn ich diese Bemerkungen hier zitiere, fällt mir auf, wie kritisch sie sind. Fast gereizt hört sich das an. Ist es Eitelkeit, wenn ich daraus die Sorge über meine Zukunft herauslese? Aber das ist nicht alles. Diese Äußerungen sind durchdrungen von einer für mich erstaunlichen Einsicht in die Armseligkeit des Individuums in unserer Gesellschaft. Altklug, hätte ich vor meiner Zeit als Lehrer gesagt. Heute sage ich das nicht mehr; denn ich habe mittlerweile erfahren, daß diese traumlose Klarheit über die Hinfälligkeit und Verletzlichkeit des Individuums viele Jugendliche kennzeichnet. War es nicht immer das Vorrecht der Jugend, sich übertriebenen und träumerischen Vorstellungen über die Größe und Macht des eigenen Ichs hinzugeben? Heute nicht mehr. Heute scheint die Erfahrung persönlicher Ohnmacht inmitten überpersönlicher Zwänge bei der Jugend ihre größte Tiefe zu erreichen. Viele Erwachsene versetzt das in Trauer oder Panik, und wir reden dann voller Unruhe auf sie ein und möchten sie am liebsten inständigst bitten, die Dinge doch optimistischer zu sehen. Fast als ob wir unser Bild von der Jugend gegen sie verteidigen wollten.

Aber hier geht es mir vorerst nur um die Gewichtung der Themen,

die ich nach und nach anschneiden möchte. Und da erscheint es mir notwendig, der schulischen Routine, dem ›Betrieb‹, dem bürokratischen Alltag den Vorrang zu geben vor der kämpferischen Episode.
Womit fange ich an? Mit dem Schulgebäude vielleicht, denn es sieht gar nicht so abschreckend aus, wie es da ganz neu noch und fast schmuck am Ufer der Donau liegt. Als ich diesen flachen, gelb angestrichenen Bau aus Blech und Glas sah, war der erste Gedanke: das ist doch viel zu leicht für ein Gymnasium! »PER ASPERA AD ASTRA« stand über dem Eingang des humanistischen Gymnasiums, in dem ich »geschunden und erzogen wurde«, hätte ich beinahe in Anlehnung an ein altes griechisches Sprichwort gesagt. Und das Gebäude war auch danach: repräsentative Fassade und ein Portal von gehobener Geschmacklosigkeit; verschwenderisch breites Treppenhaus, in das aber kaum je ein Sonnenstrahl fiel; hohe Räume, wie sie die Bürgersöhnchen, die wir allerdings längst nicht mehr waren, von ihren feinen Elternhäusern her gewohnt waren. Und vor allem: große, schmutzig graue Steine, wie für die Ewigkeit aufeinander getürmt. Das Ganze konnte man, was wir damals natürlich mehr rochen als bewußt erfaßten, als steingewordene Abwehrgeste des Bildungsbürgertums gegen die industrielle Hektik dieser Kleinstadt sehen, deren Gesicht von Blei-, Zink- und Kupferindustrie beherrscht und verschandelt wird. Aber diese Schaustellung nobler Würde und geistiger Werte gegenüber dem gierigen ›Materialismus‹ der Industriestadt war eine scheinhafte, wenn nicht verlogene Sache. Schon allein deshalb, weil unsere Lehrer in der Regel durchaus keine unabhängigen Geistesaristokraten waren, sondern sich auf vielfältige Weise für den Glanz und das Prestige des Geldes empfänglich zeigten, das einige Schüler auf der Hinterhand hatten.
Kann man es mir also verübeln, wenn mir vor diesem muffigen Hintergrund die gymnasiale Blechkiste von Tuttlingen zunächst ganz sympathisch vorkam? Ich gab mich der angenehmen Hoffnung hin, daß dieses Leichtgewicht von Kasten im fidelen Gelb der Bundespost nie und nimmer so drückend auf unserem Geist lasten würde wie der finstere Kolossalbau des alten Gymnasiums. War dieser Wandel im Baustil nicht Ausdruck für etwas anderes? Für eine größere Sachlichkeit und Modernität der Schule und der Lehrinhalte? Dafür, daß die alten Zöpfe, die man nach dem Zweiten Weltkrieg noch einmal neu geflochten hatte, jetzt endlich abgeschnitten worden waren? Ich stellte mir vor, in diesen schmucklosen, laborartigen Räumen werde man freier und intensiver lehren und lernen können als in jenen protzigen Mausoleen, die zum Teil noch aus der wilhelminischen Zeit stammten.
Ermutigend und bestätigend kam noch hinzu, daß mich der ebenfalls frischgebackene Direktor mit ganz unbürokratischem Schwung begrüßte und mich in seiner Schule eher wie ein Baustellenleiter denn wie eine Amtsperson herumführte. Hemdsär-

melig inmitten der Komplikationen des Beginns: fehlender Schlüssel, wackeliger Kontakte, klemmender Fenster oder überflüssiger Materialien aus früheren Bauabschnitten. Als mir dieser fast amerikanische Führungstyp dann auch noch anbot, meine Nächte, solange ich noch keine geeignete Wohnung gefunden habe, doch ruhig auf dem schuleigenen Lazarettbett für Notfälle zu verbringen – er habe dergleichen als Soldat auch gut überstanden – war ich sicher, hier in eine wirkliche Pioniersituation hineinzuwachsen. Hier war offenbar der einzelne Mann noch gefordert, bis in seine Nächte hinein. Kamerad Direktor würde die Leitung haben, aber die Belebung des noch etwas kahlen Neubaus mit dem Geist strebenden Bemühens würde eine Gemeinschaftsleistung sein.

Ich habe dann doch nicht im Lazarettzimmer übernachtet - ängstlicher Privatmensch, der ich bin. Überhaupt stellte sich bald heraus, daß mich das Wohlbehagen über den technischen Look des neuen Gymnasiums betrogen hatte. Es gab da zunächst einmal einen schweren Raummangel, der sich im Laufe der zwei Jahre, die ich dort gearbeitet habe, als eine massive Belastung für Schüler und Lehrer erweisen sollte. Dieser stromlinienförmig entworfene Bau war eine Billiglösung. Man hatte am Notwendigsten gespart. Dic Ratio dieses Baustils war nicht die Vorwegnahme und Wegbereitung einer neuen Sachlichkeit, sondern, ganz banal, die finanzielle Sparsamkeit der verantwortlichen Behörden - nicht Kreativität also, sondern öffentliche Armut. So stellte eine von uns gebildete Kommission fest, daß die meisten Unterrichtsträume nicht die gesetzlich vorgeschriebene Zahl von Kubikmetern haben, so daß eine ausreichende Luftversorgung der Schüler nicht gewährleistet ist. Man erkennt im glatten Gesicht dieses modernen Gebäudes die engen Züge der Zwergschule. Und dieser Untersuchungsbericht hob in hündischer Feigheit nur den Sauerstoffmangel hervor – also etwas geradezu Skandalöses, bei dem es auch dem gleichgültigsten Juristen im Oberschulamt unbehaglich werden mußte. Kein Wort dagegen von den einschneidenden Auswirkungen einer solchen Enge auf unsere Unterrichtsmöglichkeiten. Ich bin nun wirklich kein Meister des Arbeitsunterrichts, sondern bin leider durchweg am traditionellen Frontalunterricht (Lehrer vorn, stehend, Augen wie ein Luchs - Schüler ihm gegenüber aufgereiht und gestaffelt, hinter den Rücken des Vordermanns geduckt) kleben geblieben. Aber wenn man einmal auch nur eine schlichte Roundtable-Diskussion einschalten wollte, mußte man einen 10minütigen Tumult am Anfang der Stunde einkalkulieren. Von den Schwierigkeiten bei anspruchsvolleren Arbeitsformen (wie etwa Filmarbeit oder Theaterspiel) ganz zu schweigen. In diesen Räumen, die bis zum Rand mit Stühlen und Tischen vollgestellt sind, kann man praktisch nur sitzen, hören, dösen - kaum aber atmen, sich bewegen, tätig sein. Wenn ein einfacher Hammelsprung (gemeint ist die Stimmabgabe mit den Füßen, also durch Platzwechsel – nach einem alten parlamentarischen Brauch) schon die Zustände eines mittleren Feueralarms hervorruft, sind die Dinge offenkundig schwierig geworden. Jedenfalls für den Lehrer, der seinen Unterricht nicht im Chaos untergehen sehen will.

Für die Schüler war ein anderer Aspekt dieser Mangelsituation wichtiger: es ist in dieser Schule nicht möglich, jeder Klasse einen festen Raum zuzuweisen. Ich brauche hier nicht zu erklären, warum das besonders für die jüngeren Jahrgänge ein harter Schlag ist. Es erleichtert den Übergang von der relativen Vertrautheit der Grundschule in die schwer überschaubare Welt der höheren Schule ein wenig, wenn man einen garantierten Klassenraum als Stützpunkt hat. (Man sollte sich freilich keine übertriebenen Vorstellungen von diesen Dingen machen - auch ein eigenes Klassenzimmer mit selbstgetischlertem Bücherregal etwa und mit selbstgemalten Bildern tapeziert ist keine »Heimat« und kann keine Geborgenheit bieten. Schule bleibt Schule.

Aber wenn man nach fast jeder Stunde in den so dringend benötigten Fünfminuten-Pausen den Raum wechseln muß und nirgends etwas liegen lassen darf, verschärft das doch nicht unerheblich den Effekt der Entwurzelung, der sowieso an allen nagt: an den »Auswärtigen« beispielsweise, die der Besuch des städtischen Gymnasiums aus ihrem gewohnten Lebenskreis herauszieht; an den Kindern der nicht privilegierten Schichten, die im Gymnasium auf die Schnelle eine neue Sprache erlernen und damit oft das natürliche Sprechen verlernen; an den Jugendlichen, die von der langwierigen Suche nach Selbstbewußtsein und Perspektive weg in einen verfrühten Leistungswettbewerb hineingerissen werden. Immer Tempo. Flexibilität ist Trumpf. Entwertung der Herkunft durch das Ziel, der persönlichen Erfahrung durch den allgemeinen Leistungsstandard. Was einer im bisherigen Leben geworden ist, zählt nichts gegenüber dem, was einer dann in der Schule aus sich macht, genauer: aus sich machen läßt.)

Notiz für jüngere Leser: Vielleicht klingt meine Kritik an diesen ›Wanderklassen‹ überzogen. ›Entwurzelung‹ – ist das nicht ein bißchen melodramatisch? Noch ein Schritt, und wir sind alle krank und neurotisch. So miserabel fühlt man sich als Schüler aber gar nicht. Dieser Bau mag schlecht geplant und gebaut sein, und das dauernde Geschiebe und Gedränge ist sicher lästig. Wie vieles andere, das nicht erwähnt worden ist. Aber warum alles so schwarz malen? Warum den Jugendlichen nicht die Kraft zutrauen, damit fertig zu werden? Schüler müssen ja täglich mit diesen und ähnlichen Problemen fertig werden. Und solche Klagen sind dabei sicher keine Hilfe.

Dem möchte ich entgegenhalten, daß dieser heroische Gleichmut einiges kostet. Sich immer zusammenreißen zu müssen, nie schwach sein zu dürfen, frißt untergründig an der Lebensfreude.

Heutzutage dürfen ja beinahe auch die Mädchen nicht mehr weinen. Das paßt nicht in die allgemeine Landschaft.
Ich kann den Vorwurf, hier ins Sentimentale und Miesmacherische abgeglitten zu sein, nicht akzeptieren. Ich finde vielmehr: wir laufen alle Gefahr, die Problemlosen und Funktionstüchtigen zu spielen und unsere Erfahrungen dabei zu überfahren. Selbst schon Schüler, obwohl sie noch weicher und unbeherrschter sind als wir überdisziplinierten Erwachsenen. So will man uns ja auch: frisch, fröhlich, unkompliziert. So als hätten wir keine Fluchtgedanken, die wir verbergen, und Wünsche, die wir besser für uns behalten (wenn wir es überhaupt wagen, sie uns einzugestehen). Der Traum aller Bürokraten: alle Menschen permanent zufrieden, widerspruchslos glücklich. Schmerz, Unglück und Sehnsucht bis auf den letzten Rest getilgt. Glücklicherweise ist das aussichtslos utopisch.
Schon jetzt aber schlagen wir die Hände über dem Kopf zusammen und rufen sofort den Krankenwagen, wenn einer einmal ein wenig über den engen Rahmen des Erlaubten hinausgeht. Es scheint: auch die Anlässe für unsere Erregung und Zerknirschung sind uns vorgeschrieben. Informell natürlich. Wenn du beispielsweise sitzenbleibst, darfst du dir ungestraft die Haare raufen und offen unglücklich sein. Du kannst dich benehmen wie ein Irrer, man wird dich mit großzügigem Verständnis, ja mit Respekt behandeln. Auf weniger Anteilnahme dürftest du dagegen treffen, wenn du etwa die Baustoffe, die Räume, die Wände, die Farben, die Lichtverhältnisse des Schulgebäudes unerträglich findest. Wie einer meiner Schüler, der einmal im Unterricht wegen dieser Dinge buchstäblich zusammengebrochen ist. Es war kurz vor den Fastnachtstagen, und ich hatte den Schülern eine Stunde zum Musikhören, Spielen und Reden überlassen. Die Musik war nicht wirklich laut, als dieser Junge unvermittelt forderte, die Musik abzuschalten. Sie sei furchtbar laut und die Akustik im Raum »viel zu eng« dafür. Es kam zu einer Auseinandersetzung mit den anderen, bei der sich aber selbst die entschlossensten Disco-Fans überraschend vorsichtig, eher sanft verhielten. Der Junge versuchte es jetzt mit Gewalt und fing, als er sich nicht durchsetzen konnte, laut zu weinen und zu schreien an. Ob sie denn den Riesenkrach nicht hörten, die Decke falle ihm gleich auf den Kopf. Ich wußte nicht, was ich machen sollte. Die andern stellten erst einmal die Musik ab, der Junge hatte sich mittlerweile auf die hinterste Bank zurückgezogen und saß da wie ein Häuflein Elend. Ich versuchte leise mit ihm zu reden. Er brachte unter Schluchzen hervor, diese Wände würden ihm »mit ihrem scharfen Weiß nochmal den Kopf zerschneiden«. Einige Zeit vorher hatte er mir gegenüber einmal spöttisch bemerkt, das einzige, woran man an dieser Schule »die Jahreszeiten noch erkennen könne« sei dieses kränklich kleine Bäumchen in dem kiesbedeckten Mini-Innenhof.
So dürfen bei uns nur die Dichter reden. Vom weißen Pferd der

Poesie herunter. Ich bin überzeugt: ein Jugendlicher, der sich wiederholt so äußert, setzt sich der Gefahr aus, für ›krank‹ oder ›gestört‹ oder ›gefährdet‹ gehalten zu werden. Ein Fall. Der Junge wußte das auch. Er wollte unbedingt bei dem Gespräch dabei sein, das ich ein paar Stunden später mit seinem Vater führte – wohl um zu kontrollieren, wie ich die Angelegenheit interpretieren würde. Und um sich gegebenenfalls verteidigen zu können. Gegen die entfesselte Fürsorglichkeit seines Lehrers, hinter der er vielleicht schon den weißen Kittel des Psychiaters schimmern sah.

Überwachen und Strafen

Das Gedächtnis vollbringt bekanntlich Wunderdinge. Es ist höchst aktiv. Es bearbeitet und verfälscht das Erlebte laufend, oft bis zur Unkenntlichkeit. Dieser Vorgang hatte bei mir offenbar auch schon eingesetzt: knapp drei Vierteljahre nach meiner Entlassung merke ich bereits, daß meine Erinnerungen an die Schule sich verändern, daß sie verflachen, simpler werden und in eine Reihe von Anekdoten zerfallen, die sich leicht und mit sicherem Heiterkeitserfolg erzählen lassen. Der unmittelbare Kontakt zu den Schülern und früheren Kollegen ist abgerissen, so daß ich das, was ich hier niederschreibe, nicht mehr kontinuierlich an neuen Erfahrungen überprüfen kann. Die Frage ist für mich, wie ich den Zerfall meiner Erfahrungen eine Zeitlang in Grenzen halten kann. Ein Freund, mit dem ich das Projekt dieser Notizen besprochen habe, hat mir empfohlen, diese Texte doch meinen früheren Schülern, soweit noch eine Beziehung zu ihnen bestehe, vorzulegen und ihre Kommentare dann einzubeziehen. Das werde ich auch versuchen. Aber vorerst bin ich auf mich und meinen etwas verschleierten Rückblick angewiesen. Um einigermaßen in der Nähe der sich meinem Zugriff entziehenden Realität zu bleiben, habe ich mir folgendes überlegt: ich werde methodisch das Kleine vor das Große stellen, die beiläufige Beobachtung vor den sozialkritischen Gedanken. Ich werde dem lumpigsten Erinnerungsfetzen mehr Vertrauen schenken als meinen nachträglichen Versuchen, aus all dem eine Lehre zu ziehen. Ich ernähre mich sozusagen aus dem Abfalleimer und verschmähe für kurze Zeit die feinen aber substanzlosen Speisen der höheren Etagen.

Ein erstes Beispiel. Ich bin einmal als Aufsichtsperson beim Abitur eingesetzt worden. Als ich den Raum betrat, wo sie schrieben, sah ich dort eine junge Kollegin, die ich gern mochte und die mir auch als Frau gefiel, in angespanntester Kontrollhaltung sitzen. Wie ein Posten. Es fehlten eigentlich nur der Wachturm und ein Feldstecher. Der tierische Ernst dieser staatlichen Prozedur, Reifeprüfung genannt, hatte die Frau in diesem Moment offensichtlich voll erfaßt. Die aufsichtsführenden Lehrer durften, wie ich auf einem speziellen

Merkblatt der Direktion las, nicht lesen und sich sonstwie beschäftigen. Wir hatten also untätig vis-à-vis den arbeitenden Kandidaten zu verharren und die ganze Kraft und Präsenz unseres Geistes in unser Auge zu legen. »Ich brauche nicht dauernd dazwischen zu fahren, ich arbeite hauptsächlich mit den Augen«, hatte mir eine energische junge Kollegin schon in den ersten Tagen meines Dienstes gesagt. Ich versuchte, wenigstens ein bißchen ungehorsam zu sein, und fing an, trotzig eine Zeitung zu lesen. Ich konnte aber vor lauter Spannung nichts richtig aufnehmen. Man stelle sich das vor: ich hatte jahrelang studiert und dann auch an Universitäten gelehrt. Ich war doch schließlich wer: beruflich, aber auch politisch. Hatte ich nicht seit 68 an zahllosen Demonstrationen teilgenommen und noch mehr Flugblätter verteilt? Ein gestandener Mann. Und jetzt hockte ich da wie eine kleine graue Maus, die ängstlich-kühn am verbotenen Speck knabbert. Kindisch, nicht wahr? Schlagartige Verarmung. Als plötzlich der Direktor selbst kurz hereinschaute, um sich der Korrektheit aller Abläufe persönlich zu vergewissern, mußte ich alle Kraft zusammennehmen, um die Zeitung nicht blitzschnell beiseite zu schieben.

Ich hoffe, daß man das nicht als Exhibitionismus oder Selbstzerfleischung empfindet. Ich erzähle diese Dinge nicht, um mich kleiner zu machen als ich mich in Wirklichkeit fühle und meinen Lesern auf diese raffinierte Art den Gedanken nahezulegen, daß wir alle auf tragische Weise in ein würdeloses Dasein verstrickt sind. Ich beabsichtige nicht, den Schulalltag zu einer Tragödie zu stilisieren. Aber ich habe in der Schule gelernt, daß »Persönlichkeit« und »Charakter« nicht so etwas sind wie ein gesicherter Besitz, den man im Laufe der Jahre allmählich zusammenträgt und den man dann für den Rest seiner Tage einfach hat. So ziemlich alles, sei es auch noch so fein ausgestaltet, kann unter den Belastungsproben des Alltags schnell ins Wanken kommen. Leicht und ohne laute Vorwarnung auch zu Staub zerfallen. Du kannst dich plötzlich annulliert sehen. Damit hatte ich nicht gerechnet. Ich sah mich fast in meine katholische Kindheit zurückversetzt, wo wir Angst davor gehabt hatten, sonntags dem Tisch des Herrn einmal fernzubleiben.

Aber die Sache hat auch noch eine andere Seite. Wer so abgebaut und demoliert wird, könnte einmal sehr wütend werden. Empörung und Wut sind kostbare und seltene Emotionen in unseren Kreisen, und man wird sie wohl kaum empfinden, wenn man sich gerade auf seinen Lorbeeren ausruht, in den Anblick der wohlerworbenen Reichtümer seiner Persönlichkeit versunken. Ich mißtraue seit einiger Zeit den souveränen und kultivierten Persönlichkeiten aller Art. Viel mehr als denen, die diese Höhenlage nie erreicht und genossen haben, sondern irgendwo unterwegs gestoppt und zurückgeschickt worden sind – vielleicht immer wieder, bis an den Abgrund endgültiger Entmutigung.

Aber ich will die Unterordnung des einzelnen Lehrers noch ein

wenig präziser darstellen. Sie vollzieht sich ja nicht mit einem Schlag und auch nicht bloß über Druck und Drohung von oben, wie manches linke Bilderbuch es will. Sie ist vielmehr ein eher leiser, schleichender Vorgang, der sich heimtückisch wie eine gewisse Krankheit in dir breit macht und, oft lange unerkannt, an deinen Kraftreserven zehrt. Bei meinem Dienstantritt hatte ich das Gefühl, hoch über der Sache zu stehen. Ich war ziemlich sicher, daß alle die an sich unscheinbaren, aber in ihrem Zusammenwirken quälend spürbaren Einschränkungen, Verbote und Schranken, die die Schule zur Schule machen, mich nicht einschüchtern würden. Ich würde spielerisch gekonnt mit ihnen umgehen und ihnen nach Möglichkeit ein Schnippchen schlagen. Sie vielleicht auch einmal kaltblütig über den Haufen werfen und das Entsetzen über diese Ordnungswidrigkeit genießen. Zwei Jahre später hatte sich das erheblich geändert. Das Gefühl, persönlich unantastbar und unbeugsam zu sein, war mir abhanden gekommen. Ich sehe mich noch eines Nachmittags in diesem Lehrerzimmer sitzen: begierig auf eine Zigarette. Bei uns herrschte striktes Rauchverbot, auch für die Lehrer. Ich spielte lüstern mit dem Gedanken, mir einfache eine anzuzünden. Wie eine Referendarin es einmal in aller Unbefangenheit getan hatte. Ich habe es sein gelassen. Vermutlich, um der großen schweigenden Mißbilligung meiner Kollegen zu entgehen. Sie würden böse und streng auf meinen sündigen Mund starren und vielleicht dann plötzlich von allen Seiten auf mich zukommen.
War das ein Irrenhaus? Ein bißchen hat jede Schule davon: hier wie dort die Übersteigerung bedeutungsloser Regeln in maßlose moralische Forderungen, hier wie dort die Tendenz, erwachsene Menschen infantil zu machen. In meinen Unterlagen finde ich einen Zettel mit einer Notiz des Chefs an mich: »Ich möchte Sie bitten, die Unterrichtsräume nach Unterrichtsschluß abzuschließen! Beschädigungen, Verschmutzungen nehmen zu. Sie selbst haben doch die Erfahrung gemacht! Möchten Sie, daß der Schulleiter solchen Dingen regelmäßig nachgeht?« Hier kann man es mit Händen greifen: ich war im Grunde meiner Seele ein böses Kind, das dem Hausvater die doppelte Arbeit macht. Verspätete Reinlichkeitserziehung. Das Verschließen der Türen war ein Mittel, die chaotischen Folgen der knappen Raumökonomie unserer Schule unter Kontrolle zu bringen. Denn die ewig wandernden Klassen wurden ein bißchen zu Vandalen, die fremde Gebiete plünderten. Luft und Raum waren kärglich bemessen – dafür gab es aber in jedem Raum teure und empfindliche Geräte (Kassettenrecorder, Overhead-Projektoren). Diesen Schatz edler Technik hatten wir Lehrer vor primitiven Horden zu schützen. Hinter der herrischen Ermahnung meines Direktors steckte also auch die Unterwürfigkeit gegenüber der Stadtverwaltung, die diese Geräte bezahlt hatte – steckte weiter ein beinahe abergläubisches Vertrauen in die Wunderkraft dieser technischen Geräte im Unterricht. Reine Magie natürlich – der

Erfolg eines Unterrichts kann nicht maschinell gesichert werden. Wir waren zwar nicht gerade Wärter mit schweren Schlüsselbünden an den Hüften, aber die Schlüsselgewalt zog uns an eine merkwürdige Front: Verteidigung der Schule gegen die Schüler, des Gebäudes gegen die Kinder, irgendwelcher Apparate gegen die Menschen. Einige meiner Kollegen haben sich, wie ich weiß, über diese Anordnung hinweggesetzt, die im Gegensatz auch zu unseren offiziellen Aufgaben als Erzieher stand – ich nicht, jedenfalls nicht konsequent.

Dieser Geist der Dienstbarkeit bringt einen offenbar dazu, sich mit einer gewissen Befriedigung in die Reihe der Ordnungskräfte einzufügen. Es klingt albern, aber der Herr Doktor empfindet ein Gefühl der Beunruhigung, wenn er eine Tür nicht abgeschlossen hat.

Das ist keine dreckige Wäsche. Ich hoffe, daß man mich nicht in die Ecke des Schmutzfinken stellt. Ich rede hier nicht von den Hinterhöfen, sondern von den Fundamenten des Hauses. Die niedrigen Momente des schulischen Innenlebens haben eine überragende Bedeutung. Mir sind nur wenige Schüler bekannt, die das nicht sehen können oder wollen, sondern den Blick lieber auf höhere Dinge richten: auf jenes glänzende offizielle Bild, nach dem die Schule junge Menschen zu Mündigkeit und Reife führt. (Nicht selten engagieren sich solche Schüler in der SMV – wollen sie vielleicht die Juniorpartner dieses schönen und humanen Projekts Schule sein?) Dagegen tendieren wir Lehrer dahin, das Joch unserer Erniedrigung mit gravitätischem Stolz zu tragen. Was geht im Kopf des Studienrats vor, der 16- und 17jährige Leute zu korrekter Sitzhaltung im Unterricht und zu strikter Pünktlichkeit anhält und sie, wenn sie sich nur ein paar Minuten verspäten, namentlich ins Klassenbuch einträgt? Ich habe ihn gefragt, und er hat mir geantwortet: Disziplin in solchen Dingen gehörte nun einmal zum Erwachsenwerden. Man leiste diesen Jugendlichen einen schlechten Dienst, wenn man ihnen alles durchgehen lasse. Nachdruck, großes pädagogisches Wissen. Da richtet sich jemand hoch auf zu strenger – aber gerechter – Autorität. Ein starker Geist entfaltet sich da, der die Courage zu unpopulären Maßnahmen aus seinem Weitblick zieht. Wenn wir gegen die Jugend vorgehen, dann doch nur in ihrem eigenen wohlverstandenen Interesse.

In Wahrheit macht da einer die Drecksarbeit der Schule und weiß es nicht. In Wahrheit ist dieser weise Mann tief unsicher und bis zum Boden gekrümmt – ein einziger Bückling, servil bis ins Mark vor dem, was in der Schule und über die Schule mächtig ist. Aber er weiß es nicht. Er würde auch zusammenklappen, wenn er es wüßte. Und mit dem Aufwand aller seiner Kräfte, und die sind gar nicht so gering, hält er sich diese Einsicht vom Leibe. Seine hohe Auffassung von der besonderen Würde des Lehrerberufs hilft ihm dabei. Eines Morgens kommt einer von diesen Leuten ins Lehrerzimmer, bittet um unsere Aufmerksamkeit und teilt uns mit, daß gestern abend in einer Rundfunksendung – »und zwar wohlgemerkt, in einer seriös-informativen, nicht etwa in einer satirischen Sendung« – die Lehrer mehrfach als »Pauker« bezeichnet worden seien. Das gehe ja wohl nicht an. Das könnten wir unmöglich hinnehmen. Er schlage daher vor, daß unser Kollegium dagegen in scharfen Worten Protest einlege beim Rundfunk. Und zog einen bereits vorbereiteten Entwurf, dessen Inhalt ich vergessen habe, aus der Tasche. Sie lachen. Auch wir haben gelacht – leise und mit der Stirn auf der Tischkante, damit es nicht so auffiel. Aber eigentlich müßte man weinen, nicht wahr?

Schulmeister und Untertan, steife Würde und geschmeidiger Rücken, moralisierende Härte gegenüber den Schwächeren und feines Sensorium für die Winke des Stärkeren – das liegt oft eng beieinander. Zugegeben, ein Extrem – nur eine Minderheit von Lehrern ist nach meiner Erfahrung so verbogen und verquetscht. Aber wirft dieses Extrem nicht Licht auf uns – das breite Mittelfeld der sogenannten liberalen Pädagogen?

Ein ›Disziplinarfall‹. Nachmittags Beratung der Klassenlehrerkonferenz. (Ich verfälsche die Geschichte ein bißchen, um die Identifizierung der beteiligten Personen zu verhindern.) Es geht um einen 16jährigen Jungen, der sich seit Wochen dem Unterricht entzieht – auf die eine oder andere Weise. Nicht so, daß man ihn leicht packen könnte – etwa durch einfaches Schwänzen. Das wäre noch irgendwie begreiflich, als hilfloser Akt jugendlicher Verzweiflung an der Welt vielleicht. Nein, verschlagener, in feiner Dosierung, indem er nämlich fast regelmäßig mit seinen Kumpanen Karten spielt im Unterricht oder sich fast jeden Tag unter den fadenscheinigsten Vorwänden zehn Minuten, eine Viertelstunde oder noch früher vor Schulschluß absetzt. Ein sehr verschlossener, ja undurchsichtiger Jugendlicher. »Ich habe mich seit langem bemüht, bin aber nie an ihn herangekommen«, sagt der Klassenlehrer, ein etwa 30jähriger Mann, sonst als begeisterter Sportler und Erbauer eines schönen Hauses nicht gerade verschwenderisch im Umgang mit seiner Zeit. Aber in diesem Fall hat er offenbar zäh gerungen und anhaltend beobachtet. Der Junge treibe sich, wie er von der Mutter – einer einfachen Frau, ganz einfache Leute – erfahren habe, bereits nachmittags in der Dorfkneipe herum. Als Deutschlehrer hätte ich an dieser Stelle auf die vielfältigen kulturellen Möglichkeiten hinweisen sollen, die der Jugendliche sich auf diese Weise entgehen lasse. Wohl um das Image ihres fragwürdigen Sprößlings etwas aufzupolieren, habe die Mutter noch bemerkt, er sei »eine richtige Leseratte«. Die Frau habe aber nicht einmal sagen können, was er denn nun lese. Aber das kann man sich ja wohl denken.

Unser pädagogisches Gespräch gewinnt damit langsam an Tiefe. Der Junge ist Repetent, macht aber erstens bislang keinerlei Anstrengungen, sich beim zweiten Anlauf leistungsgemäß besser zu bewähren, und gibt sich zweitens auch nicht die geringste Mühe, seine offenkundige Isolierung in der Klasse zu überwinden. Es scheint ihn gar nicht groß zu stören. Hier schaltet sich die Religionslehrerin ein, eine noch ganz junge und unverbrauchte Kraft mit großen Hoffnungen. Man müsse sich ernstlich frage, ob dieser Jugendliche überhaupt in unsere Schulgemeinschaft passe. Sie verwies auf einige sehr bedenkliche, »ja abartige« Äußerungen, die der Junge in einer Testarbeit im Rahmen ihres Unterrichts formuliert habe. Eine erschreckende und abstoßende Menschenfeindlichkeit sei darin zum Ausdruck gekommen. Sogar gewisse Todesgedanken seien diesem 16jährigen nicht mehr fremd. Betroffenheit angesichts solcher Abgründe. Niemand fragt genauer nach dem Wortlaut des Entsetzlichen. Den kann man sich ja wohl auch denken.

Schweinisch, hätte Ulrike Meinhof das alles genannt. Und schweinisch war es. Warum habe ich den Jungen nicht in Schutz genommen vor dieser brutalen Gleichgültigkeit gegenüber seiner persönlichen Lage? Warum habe ich ihn nicht verteidigt gegen die schäbige Einkleidung dieser Gleichgültigkeit in eine Pädagogik von der Stange? Warum habe ich nicht auf den Tisch gehauen und diesen lächerlich spießerhaften und arroganten Gesprächsverlauf einfach unterbrochen? Der Punkt ist nicht, daß ich das in diesem Augenblick nicht gleich mitbekommen und durchschaut hätte. Ich habe alles sofort begriffen. Nein, es war eine Frage der Kraft. Es war eine Frage des Kräfteverhältnisses zwischen meiner Bemühung um Integrität und meinem Bedürfnis, nicht aus der Rolle zu fallen. Letzteres war eben das stärkere gewesen. Es ist wohl kaum nötig, das hier lang und breit zu erklären. Erklärungsversuche dieser Art haben etwas Peinliches. Jeder kann sie machen, auch der feigste Hund, der im entscheidenden Moment kein Wort herausbringt. Man schwätzt sich auf diese Weise sein schlechtes Gewissen weg.

Es ging in diesem Fall wirklich um sehr viel. Als Deutschlehrer kannte ich diesen Jungen und sein Denken ziemlich gut, jedenfalls besser als die anderen Lehrer. Denn er gehörte nicht zu den Schülern, die im Unterricht und in ihren Aufsätzen dem Lehrer nach dem Munde reden. Auch nicht zu denen, die ihre Gedanken für sich behalten oder sie nur indirekt und vorsichtig andeuten. In meinem Unterricht sagte er freilich fast nichts, auch nicht, wenn ich ihm mit Lob ein paar Worte abschmeicheln wollte. Im Gegenteil, dann blockte er gerade ab. Man sah dann richtig, wie er steif wurde vor Widerwillen. Er schien keine allzu guten Erfahrungen mit Lehrern gemacht zu haben. Ich glaube, er empfand mein Verhalten als Zumutung. Einmal hat er in einem seiner Aufsätze eine verächtliche Bemerkung über jene Lehrer gemacht, die sich bemühen, jeden Morgen mit der gleichen Fröhlichkeit und Aufgeräumtheit vor die Schüler zu treten – ewig lächelnd, nie zornig oder traurig, was immer auch geschehen mochte. Stehaufmännchen. Ich bin überzeugt, damit war ich gemeint. Und der Hieb hatte gesessen. In seinen Aufsätzen ging er überhaupt aus sich heraus. Ich erlaube mir hier einen davon wiederzugeben. Das Thema lautete: »Fluchtgedanken – am Ende des Schuljahres«.

Meiner Meinung nach ist das Wort Fluchtgedanke viel zu ungenau. Man kann darunter Flucht aus der Wirklichkeit verstehen, aber auch Flucht an ein anderes Plätzchen auf Erden. Nicht zu vergessen jedoch ist die Flucht auf ewig, die Flucht in den Tod. Wodurch dies bei Schülern zum Teil vorkommt, wird noch erklärt.
Zuerst jedoch das Fliehen aus der Wirklichkeit. Dies ist die einfachste Art, um herauszukommen aus dem Mist der Heuchelei, der Mißerfolge, der Niederlagen. Man kann sich besaufen, bis man alles wieder rauskotzen muß und denkt, daß einem der Himmel auf den Kopf fällt. Schluckt man Tabletten, kann man wenigstens einigermaßen schlafen. Zwar wacht man am nächsten Morgen schweißgebadet und von Alpträumen geplagt auf, aber immer noch besser, als die ganze Nacht wach zu bleiben, im Gefühl ein Versager zu sein, der vorausgeplante Verlierer. Hierzu paßt meiner Meinung nach gut die Bezeichnung von der Flucht nach innen.
Flucht nach außen stelle ich mir als örtliche Flucht vor. Ich kann mir gut vorstellen, daß jemand, der von der Schule fliegt, in Konflikt mit dem Gesetz gerät und bei dem ja sowieso schon immer alles schief gelaufen ist, irgendwann abhaut und ins Ausland geht. Ist dies jedoch schon lange vorauszusehen, sollte derjenige alles gut vorbereiten und nichts überstürzen. Er muß einen festen Willen haben und alles kühl im voraus berechnen. Wenn man mit dem Auto seiner Eltern mit 14 durchbrennt und beinahe bis Holland kommt, ist das natürlich eine Bombensache, nur, wenn man eben von den Bullen kassiert wird, kommt man wieder nach Hause und das Leben wird zur Hölle. Ich persönlich würde es so machen: Erstens muß ein motorisiertes Gefährt her, sonst ist man aufgeschmissen. Dann ginge ich nicht direkt auf mein Ziel zu. Mein Traum zum Beispiel ist Kanada und die Schweiz. Also würde ich zuerst so tun, als ginge ich nach Österreich, um die Bullen zu täuschen. In Wirklichkeit ginge ich in die Schweiz, wahrscheinlich nach Genf oder in die Gegend. Dann müßte man natürlich sehen, wo man bleibt, wo man Futter herkriegt oder ähnliches. Man braucht auch Mut und Einsicht. Die Einsicht, um zu erkennen, wann Schluß ist, und den Mut, Schluß zu machen, wenn die Zeit dafür gekommen ist. Wie man das erledigt, ist jedem sein eigenes Bier. Ich persönlich würde erschießen vorschlagen, aber vergiften ist auch nicht schlecht, wenn's das richtige Gift ist. Doch halt, das gehört schon zur dritten Kategorie, zur Flucht in den Tod. Diese Möglichkeit sehen viele junge Leute als letzte Möglichkeit, manchmal nur auf Grund nichtiger Gründe, z. B. der Vater spricht nicht mehr mit einem, der Lehrer hat getobt, weil man keine Arbeiten gemacht hat oder man hat einfach das Geld verloren, mit dem die Mutter einen einkaufen schickte. Diese Beispiele sind Kurzschlußreaktionen und schuld daran sind größtenteils die Selbstmörder selbst. Die aufgezählten Möglichkeiten von Flucht können auch alle auf einmal auftreten. Wenn einer zuerst Pillen schluckt, sich betrinkt und qualmt wie ein Schlot, dann abhaut, einmal, zweimal, immer wieder und sich schließlich und endlich das Leben nimmt, sind sicher auch dessen Mitmenschen schuld, da sie erkennen mußten, daß dies so endet.

Sind das die Todesgedanken, welche die Religionslehrerin so

aufgebracht hatten? Die Frage ist doch, wer hier in Wahrheit das Leben bejaht. Wir – die Lehrer, die sich von den Gedanken und Worten eines Jugendlichen rasch abwenden, weil sie nicht in ihre Vorstellungen von einem glücklichen und vertrauensvollen Heranwachsen hineinpassen? Oder dieser Junge, der sich, vielleicht von eigenen Erfahrungen geleitet, sehr weit vorwagt in eine einfühlsame, ja sympathisierende Darstellung von Flucht. Er versetzt sich in die Situation des Fliehenden, er versucht seinen Standpunkt einzunehmen, seine Probleme zu erfassen und das Leben aus seiner Perspektive zu sehen. »Man braucht auch Mut und Einsicht.« Es gibt in diesem Aufsatz keine Spur von jener, sei es auch mitleidigen, Überlegenheit und Herablassung, die sich so leicht in unser Interesse für ›gescheiterte Existenzen‹ einschleichen. Da bleibt immer beruhigend und orientierend der Gedanke im Hintergrund, daß man selbst glücklicherweise ganz anders ist. Man könnte dies das geheime Pharisäertum des sozialen Engagements nennen. Die Armen – man kann ihnen nicht die Schuld geben – man weiß ja, woher dieses schlimme Versagen kommt: aus allen diesen kaputten Familien etwa, die es da »um uns herum« (um die gesunden Familien herum, in denen *wir* glücklicherweise leben) gibt. Spürt man die verborgene Verachtung in diesen klugen Analysen? Wenn der Aufsatz demgegenüber den jungen Selbstmördern die Schuld anlastet, klingt das vielleicht zunächst hart und ungerecht. Aber kommt in dieser merkwürdig schroffen Beschuldigung (die übrigens im letzten Satz wieder sehr gemildert, wenn nicht zurückgenommen wird) nicht mehr Wissen über den anderen und den Andersartigen zum Ausdruck als in jenen preiswerten und wissenschaftlich klingenden Entschuldigungen, wie sie heute zum guten Ton gehören und noch vom letzten und *kältesten Akademiker* nachgeplappert werden? Urteilt dieser Junge nicht deshalb so unerbittlich über die Selbstmörder, weil er gelegentlich in eine gefährliche Nähe zu ihnen geraten ist? Dann enthielte diese heftige Formulierung eine persönliche Erfahrung und den verbissenen Wunsch, am Leben zu bleiben.
Vielleicht ist einer unter Ihnen so arglos und fragt sich jetzt, was wir denn nun mit diesem Jungen gemacht haben. Sechs Stunden Arrest – dreimal zwei Stunden an drei aufeinanderfolgenden Tage. »Damit er auch etwas merkt.«

Tagebuch der Einschulung

Schuljahresende. Wir haben uns alle im Lehrerzimmer versammelt. Gute Laune stellt sich langsam ein. Unser Direktor gibt einen Überblick über das Jahr und seine Erträge. Das erste Jahr unserer Schule. Ein Augenblick von verhaltener Feierlichkeit. Eine Andeutung von verständlichem Stolz. Kein sentimentales Wort, keine Selbstbeweihräucherung – das muß man ihm lassen. Der Direktor dankt allen für ihre Mitarbeit und ihren Einsatz, auch den Referendaren. »Ihnen, meinen jungen Kollegen, kann ich kein höheres Lob aussprechen als Ihnen zu sagen, daß Sie mir das ganze Jahr über nicht aufgefallen sind.« Das hat er wirklich gesagt. Und niemand lacht oder zischt. Nicht einmal eine Zwischenbemerkung kommt – spöttisch vielleicht oder gar scharf. Nur ein paar verstohlene Blickspiele hinüber und herüber. Die Referendare selbst sitzen da wie versteinert. Für einen Moment fühle ich so etwas wie Haß gegen diese Frühgealterten.

Als ich anfange, bittet mich der Chef zu sich. Ich bin ein Greenhorn in der Schule. Er respektiert das und geht darauf ein. Geduldige Beantwortung meiner wirren Fragen. Gelegentlich sogar der Anflug eines Lächelns. Plötzlich legt er zwar nicht gerade den Arm um mich, aber sagt sinngemäß: Machen Sie sich keine Sorgen, ich helfe Ihnen bei allem. Haben Sie denn schon eine Wohnung? Nein? Ich telefoniere nachher mal herum. Die Formulare können wir gern zusammen ausfüllen. Verzeihen Sie den altmodischen Ausdruck, aber ich möchte eine Art Vater für meine Lehrer sein. Auch für Sie. Ich wußte natürlich, daß das der pure Patriarchalismus war. Aber ich müßte lügen, wollte ich leugnen, daß es eine Saite in mir zum Schwingen brachte. Ein Söhnlein von fast 40 Jahren – scheußlich. Dennoch, ich begann auf den Mann zuzugehen und hatte sogar später, als mich dieser Patron dann aus seinem Haus vertrieb, ziemliche Mühe, die Demut des Sohnes abzulegen.

Dabei setzte die Vertreibung sofort ein, unmittelbar nach der väterlichen Aufnahme. Stückchenweise. Ich hatte gerade meine ersten Erfahrungen als Deutschlehrer hinter mir. Zusammen mit einigen interessierten Schülern einer 8. Klasse hatte ich Informationsmaterial über die Situation der Jugend in Stadt und Umgebung zusammengetragen: hauptsächlich über eine Serie von Interviews mit Jugendlichen selbst, aber auch mit einigen Erwachsenen – mit der Psychologin von der örtlichen Drogenberatungsstelle, dem »Jugendreferent« im Rathaus (unser Team fragte nach dem Sachbearbeiter für Jugendfragen und traf auf Erstaunen und auf einen Referenten für Fremdenverkehr, der die Jugendfragen nebenbei mitverwaltete), bis hin zu einem Kriminalbeamten. Eines Nachmittags trafen wir uns in der Schule, um das Material zu vervielfältigen und zu einer Broschüre, die wir den Schülern der Mittelstufe verkaufen wollten, zusammenzuheften. Der einzige Vervielfältigungsapparat der Schule stand damals im Lehrerzimmer und das war, wie bereits bemerkt, eine Sperrzone für Schüler.

Bereits nach wenigen Minuten kam der Direktor zu uns und forderte mich verlegen, aber zudringlich auf, den Raum mitsamt den Schülern zu verlassen. Man habe ihn auf diese Regelwidrigkeit aufmerksam gemacht, und da könne er als Direktor, der die

Beschlüsse der Gesamtlehrerkonferenz peinlichst zu beachten habe, nicht umhin, aktiv zu werden. »Man?« ja, aber er könne mir natürlich nicht sagen, wer es gewesen sei. Wer war das? Ich verfluchte im Geiste den hinterhältigen Kerl (ich glaube, es war ein Mitglied des Personalrats, dessen korpulenten Schatten ich hatte vorbeihuschen sehen) und zog ab, das Maschinchen unter dem Arm. Ganz überwältigt von soviel demokratischer Wachsamkeit. Und ein peinlicher Gedanke kam mir da hoch und ließ sich nicht verscheuchen: jetzt war ich wohl vor diesen Schülern auf Wichtelgröße geschrumpft. Auf lächerliche Weise der Machtlosigkeit überführt. Großmäulig im Entwerfen unkonventioneller Unterrichtsmethoden, aber ein Hanswurst, wenn es an die Verwirklichung ging.
Aber damit war die Sache keineswegs schon ausgestanden. Wir hatten uns eben in irgendeinem anderen Raum neu etabliert, als wir aus einem der benachbarten Zimmer eine anhaltende Schreierei vernahmen. Mein Verdacht bestätigte sich: der Direktor war dabei, einen meiner Schüler massiv zurechtzuweisen. Der Arme hatte unsere Zwangsevakuierung aus dem Lehrerzimmer nicht mitbekommen und an den düsteren Warnungen des Hausmeisters vorbei zu uns stoßen wollen. Das war zuviel.
Zu unserer Ehre muß gesagt werden: wir gaben die Hoffnung nicht auf. Irgendwann würden wir schon noch zu unserer Broschüre kommen.
Absurde Behinderung des Lernens durch die Lehranstalt. Abends in der Kneipe, nach einem Liter Rotwein oder mehr, überkam mich dann ein wirklicher Zorn über meine memmenhafte Toleranz am Nachmittag. Nächsten Morgen Konfrontation: ich verlangte vom Direktor, daß er sich bei dem Jungen wegen seines unbeherrschten Geschreis von gestern in aller Form entschuldige. Der Mann reagierte zunächst wie ein Schwergewichtler, der sich einen Schlag auf die Kinnspitze eingefangen hat. Er taumelte, wie ich mit genießerischem Schreck feststellte. Hatte mich wohl unterschätzt. Mein Gott, aber du kannst doch nicht diese Vaterfigur k. o. schlagen. Nicht auszudenken, wenn der zu Boden geht und dann womöglich heulend in der Ecke sitzt. Aber das waren verfrühte Befürchtungen, süß wie ein Tagtraum. Mein Gegner gewann überraschend schnell seine boxerische Standfestigkeit zurück. Glänzende Deckung, sture konsequente Abwehr. Ich kam einfach nicht mehr durch. Im Gegenteil: ich hatte genug zu tun, um die Tiefschläge dieses technisch versierten und tückischen Alten abzuwehren. Da warf ich das Handtuch. Nicht mal unentschieden. Der Junge lächelte übrigens nur kalt und wandte sich wortlos ab, als ich ihm das so heiß erkämpfte Resultat überbrachte: der Direktor sei bereit, noch einmal gütlich mit ihm darüber zu reden.
Es war naiv und kindisch zu hoffen, durch einen solchen Vorstoß die schulische Hierarchie für einen Moment antasten zu können –

naiv anzunehmen, ein Oberstudiendirektor könne lernen, einen 15jährigen Schüler zu respektieren. Das wird er nicht tun, auch wenn er zu Hause selbst Kinder hat und ab zu ein Gefühl der Unsicherheit den Jugendlichen gegenüber in ihm hochkriecht. Er wird dieses Gefühl vielmehr totschlagen. Er muß es totschlagen, sonst kann er keine Schule leiten. Sonst wäre er nie in diese Position gelangt. Das setzt ein angestrengtes, zähes Klettern über Jahre hinweg voraus, da darf man nicht weich werden.

Aber wie soll man sich denn verhalten? Ganz darauf verzichten, wider den Stachel zu löcken? Führt das nicht in eine bleierne Ermüdung aller Lebensgeister?

Es gibt freilich in der Schule nicht nur diese früh verstummten und vergrämten Leute. Man kennt jenen Typ von Lehrer, der sich als Macher versteht und beispielsweise in der schwierigen Ausbalancierung des Stundenplans eine persönliche Befriedigung findet. Es sind fast immer Männer. Nicht selten sind sie zugleich Sportler, Bergsteiger, Nichtraucher, was ihrem Organisationstalent eine beneidenswerte körperliche Robustheit hinzufügt. Sie wirken nicht eigentlich jung, nicht einmal jugendlich. Man hat eher den Eindruck einer alterslosen Fitneß. Feste, gesunde Gesichter, in denen das Leben merkwürdig wenig Spuren hinterlassen hat. Wohl einfach keine Zeit, um alt zu werden. Wer rastet, der rostet. Alles eine Sache von Disziplin.

Einen Mann dieses Schlages habe ich hier im Auge. Ich glaube, dieser Mann empfindet einen beinahe erotischen Genuß beim Verwalten. Bereits Schullandaufenthalte, die ja unvermeidlich ein gewisses Durcheinander in die Schule bringen, versetzten ihn in einen Zustand von Alarmbereitschaft, die wahrscheinlich für die Bewältigung einer Flutkatastrophe ausgereicht hätte. Wenn ihn einer von uns einfachen Lehrern bescheiden darum bat, doch die Dinge nicht so eng zu sehen und den Kindern das bißchen Vergnügen doch zu lassen, entleerte sich sein Gesicht. So ähnlich muß der Kapitän des Raumschiffs Enterprise aussehen, wenn er zwischen allen diesen gefährlichen Abenteuern einmal einen Moment döst.

Aber einmal habe ich diesen Kindskopf und Technokraten doch von seiner menschlichen Seite erlebt. Es war kaum jemand im Lehrerzimmer. Da kommt er herein, geht auf einen der Kollegen zu und bleibt vor ihm stehen. Sehr blaß. Mir fällt gleich auf, daß irgend etwas nicht stimmt, denn seine Bewegungen sind ungewohnt linkisch. Dann legt er los: er habe jahrelang für diese Schule wie ein Wilder gearbeitet. Morgens als erster da, abends als letzter weg. Und jetzt das! Er stammelt fast: seine Kinder hätten während dieser Jahre kaum etwas von ihm gehabt. Sie hätten um jedes Wochenende, um jede gemeinsame Wanderung mit ihm kämpfen müssen. Und für was das alles? Man merkt ihm an, daß ihn dieser Gedanke an endgültige Versäumnisse im Zusammenleben mit seinen

Kindern schwer niederdrückt. Ich glaube, diesen mir so fremden Mann plötzlich zu verstehen: auch ich war einmal ein solcher Idiot und habe vor Jahren manchmal Spaziergänge mit meinen Kindern abrupt abgebrochen, um schneller an meine Arbeit zurückzukommen.

Der Mann bemüht sich, seine Fassung wieder zu erlangen. Daran tut er auch gut; denn die beiden außer mir anwesenden Kollegen reagieren kühl auf den unerwarteten Gefühlsausbruch. Ungerührt, mit methodischer Neugier holen sie die Informationen aus dem schmerzlich bewegten Kollegen heraus. Er hält das für Anteilnahme. Es geht um eine Beförderung, mit der er fest gerechnet hatte. Kein gewaltiger Satz nach vorn, nur eine Sprosse auf der Leiter nach oben. Aber ein anderer ist ihm vorgezogen worden. Und zwar nur aus Gründen des Dienstalters, das wisse er genau; denn irgendwelche hervorstechenden Leistungen habe der keinesfalls vorzuweisen. Wie er da jetzt so sitzt, in sich zusammengesunken auf dem Rand des Tisches, weiß ich nicht, was ich empfinde: Mitleid oder Ekel.

Nun, die Krise ist bald überwunden. Ein paar Monate später wird er zum stellvertretenden Schulleiter an irgendeiner anderer Schule ernannt. Er nimmt triumphierend die Gratulationen der Kollegen entgegen. Er genießt das sichtlich in vollen Zügen. Ich wette, er hat auf den Zehen gewippt, als er uns die erlösende Nachricht mitteilte.

Zwischenbemerkung zum Vorgehen: Möglicherweise sind einige von Ihnen darüber verärgert, daß ich Ihnen einfach diese Notizen über einzelne Erfahrungen vor die Füße werfe, anstatt einen vernünftigen Essay zu schreiben. Meine Überlegung ist folgende: Wenn ich mich an einzelne, für mich freilich nicht isolierte Beobachtungen oder kleine Erlebnisse zu erinnern versuche, komme ich näher an das heran, was sich unter der Oberfläche abspielt. Es gibt in der Schule verschiedene Ebenen. Auf der einen, der höheren Ebene sozusagen, begegnen wir Lehrer uns als Experten verschiedener Fächer und achten wir uns wechselseitig als Pädagogen. Auf dieser Ebene darf man erwarten, als jemand respektiert zu werden, der sich eine gute Existenz aufgebaut hat. Hier gehen gereifte und gefestigte Persönlichkeiten miteinander um, gebildete Damen und Herren. Hier wird scheinbar für bare Münze genommen, was einer sagt, und nicht etwa auf einen verborgenen Hintersinn abgeklopft. Ich sage scheinbar, denn in Wirklichkeit gibt es noch eine andere Ebene dahinter oder darunter. Jeder weiß das. Hier laufen hilflose, enttäuschte, oft auch ernstlich gedemütigte Frauen und Männer herum und suchen nach einem Ausweg oder einer Überlebenstechnik. Es kann sein, daß die junge Kollegin, die in der großen Pause ein fachliches Problem mit dir erörtert, gerade aus einer Klasse der Mittelstufe kommt, wo man sie fertiggemacht hat. Sie ist vielleicht verletzt oder wütend oder verzweifelt. Es dürfte in der Regel so gut wie unmöglich für sie sein, diese Erfahrung zum Ausdruck zu bringen. Und wenn sie einfach den Kopf auf den Tisch legen und weinen würde . . . Das läßt sie besser. Das wäre sehr deplaziert in dieser Atmosphäre überlegener Männlichkeit. Eine wohl etwas nervöse Dame? Du darfst höchstens Probleme mit dem Fach haben. Probleme mit den Schülern darfst du einfach nicht haben. Du riskierst mindestens eine ironische Seitenbemerkung, irgendein Chauvi oder Superpädagoge ist immer gerade in der Nähe. Über diese Ebene möchte ich schreiben.

Kürzlich traf ich auf der Straße eine junge Frau, die ich von der Universität her kenne. Sie hatte mittlerweile ihren Referendardienst angetreten und auch schon selbständig Unterricht erteilt. Sie erzählte, daß sie erhebliche Schwierigkeiten mit den Schülern habe und oft nicht wisse, wie sie über die Runden kommen solle. Ich suchte schon nach einem Wort der Ermutigung, das nicht allzu blöde klänge — als sie überraschend etwas sagte, das mich sprachlos machte: Irgendwann müsse man diese Schüler doch einmal vor die Frage stellen, was sie denn überhaupt in der Schule wollten. Wieso sie überhaupt dorthin kämen, wenn sie dort doch alle Leistung verweigerten und an nichts wirklich Interesse fänden.
Leider brachte ich im Moment nicht die Courage oder das Interesse auf, ihr offen die Meinung zu sagen. Ich hätte ihr sagen sollen, daß die Schüler nicht freiwillig in der Schule sind. Das liegt doch auf der Hand, wieso sie das nicht sehen wolle. Warum stellst du die Dinge auf den Kopf? Ich hätte sie fragen sollen, ob aus ihr nicht der beleidigte Intellektuelle spreche, der sich gezwungen sieht, seine Perlen vor die Säue zu werfen. Man hat jahrelang studiert, Prüfungen durchlaufen und sich sorgfältig auf den Unterricht vorbereitet – und dann steht man im Feuer von Papierkugeln und niemand hört einem zu. Ich befürchte, daß allein dies - diese Mißachtung und Entwürdigung in chaotischen Unterrichtssituationen - schon ausreicht, manche junge Lehrer zu verschulen, sie an die Schule, so wie sie ist, zu fesseln. Dort findet man wenigstens eine gewisse Rückendeckung. Im Kampf um Selbstbehauptung pflegt man nicht wählerisch zu sein. Man kann sich dann immerhin auf eine Kollegialität stützen, die es zwar zuläßt, daß so ungefähr jeder über jeden mit jedem tratscht, die aber doch in der Regel den einzelnen Lehrer gegen die Schüler schützt oder deckt. Diesen Kollektivschutz kann man sich allerdings verscherzen – etwa wenn man es den Schülern gegenüber an einem Minimum an Härte oder Distanz fehlen läßt oder in ein haltloses Hin und Her zwischen Überschärfe und Nachgiebigkeit hineinschlittert. Dann lassen sie dich fallen. Ein solcher Lehrer wird als Schwächling oder Versager betrachtet und kann dann in eine unerträgliche Isolierung hineingeraten. Das ist es: die Angst davor kann einen jungen Lehrer sogar dazu bringen, seine Ausdrucksweise und sein Verhalten zu verän-

dern und sich auf die eine oder andere Weise bei einflußreichen und ›erfahrenen‹ Kollegen anzubiedern. Das kann man beispielsweise tun, indem man in einem Disziplinarfall einmal den Scharfmacher spielt. Der eine oder andere wird dich vielleicht erstaunt ansehen. Aber du bist mit einem Schlag zum Herzen des Kollegiums vorgedrungen. Es gibt aber auch feinere Formen, die einen weniger exponieren. Man kann etwa bei einem jener bösartigen und verächtlichen Witze herzhaft lachen, die im Lehrerzimmer über Schüler, auch gewisse Eltern, auch schwächere Kollegen gerissen werden. Dieses Gelächter ist ein unverkennbares Signal für die großen Hunde. Du hast dich unterworfen, sie beißen dir nicht mehr in den Hals.

Es fällt mir schwer, dies zuzugeben: auch ich habe dieses Spiel mitgespielt. Ich schreibe also aus einer intimen Kenntnis heraus. So kann ich mich beispielsweise noch sehr genau an ein eingehendes, quälend langwieriges Gespräch mit einem an unserer Schule sehr angesehenen Deutschlehrer über »die heutige Schülergeneration« erinnern, das ich so nie hätte führen dürfen. Ich hatte mich schon prostituiert, als ich seine Sicht akzeptierte: wir – Akademiker, mit moralischer Verantwortung schwer beladene Gebildete oben; sie – rohe, gefährdete Jugend ohne Halt und ohne Werte unten. Was ich dann im einzelnen geredet habe (und ich habe furchtbar viel geredet, wohl um den Unterwerfungsakt zu Beginn wettzumachen) ist unwichtig. Entscheidend war, daß ich so getan habe als teilte ich die Sorgen dieses Elitemenschen – als sei auch ich ›beunruhigt‹ über die Jugend; als seien wir es, die ihr irgendwelche Werte zu vermitteln hätten – kurz: daß ich ihm in seinen akademischen Hintern gekrochen bin. Ich war sogar ein bißchen geschmeichelt, als ich davon erfuhr, daß dieser Kollege mich einmal nach einem dieser ›Streitgespräche‹ gelobt hatte. Es ist ein sehr verführerische Möglichkeit: so ganz einer von ihnen zu sein, eben ein Studienrat, wie er sein soll. Ein Könner auf seinen Fachgebieten, ein guter, ja eleganter Redner – etwas verdüstert vom um sich greifenden Kulturzerfall, gelangweilt und angewidert von der geistigen Primitivität der Masse im allgemeinen und der Masse der Schüler im besonderen.

Ich möchte diesen trostlosen Abschnitt mit einer besonders heiklen Geschichte abschließen. Die Angelegenheit ist mir aber dermaßen unter die Haut gegangen, daß ich sie hier nicht weglassen kann. Ich finde auch, daß sie von einer kaum mehr überbietbaren Aussagekraft ist, trotz oder gerade wegen ihre Alltäglichkeit. (Aus Gründen der Diskretion muß ich sie leicht verfälschen, in der Substanz lasse ich sie aber unangetastet.)

Es war gegen Ende meiner Zeit als Lehrer, ich war im Grunde schon mit einem Bein draußen. Die Oberen hatten endgültig Stellung bezogen in der Notenfrage. Es wurde jetzt mit harten Bandagen gekämpft. Meine Entlassung war nur noch eine Frage der Zeit.

Einer der jungen Kollegen hatte sich bei mir mehrfach nach dem Stand der Dinge erkundigt und dabei ein warmherziges Interesse an meiner persönlichen Situation gezeigt. Unsere Beziehungen waren nicht eng und freundschaftlich, aber herzlich und kollegial.
Der Kollege verläßt die Schule und gibt ein kleines Abschiedsfest. Auch ich bin eingeladen. Da erfahre ich von einem anderen Kollegen, daß der Gastgeber zunächst geschwankt habe, ob er mich einladen solle. Er habe mehrere Leute um Rat in dieser Sache gefragt. Könnten ihm daraus nicht eventuell gewisse Nachteile erwachsen? Tage des Zögerns.
Das ist doch starker Tobak. Jedenfalls für einen Heiden wie mich, der sich kaum nach einem Himmel sehnt, wo die blutigen alten Märtyrer sitzen in blauen Gewändern - umflutet vom goldenen Äther des Selbstmitleids. Unsereins klebt an der Erde, deshalb hat mir das auch einen Stich versetzt. Das ist doch verrückt. Sich auch noch sein Privatleben dermaßen anfressen zu lassen. Bereits im 17. Jahrhundert haben sie für Rechte wie die Unverletzlichkeit der Wohnung gekämpft. Anscheinend sind wir in dieser Beziehung seither nicht viel weiter gekommen. Wir haben immer Situationen vor Augen, in denen eine Bande von lederbekleideten Polizisten oder ein paar Verfassungsschutzleute im Trenchcoat unsere Tür einschlagen und uns die Bücher aus den Regalen reißen. Vielleicht um sie zu verbrennen. Aber vielleicht sind solche dramatischen Auftritte gar nicht nötig.

Gymnasium

Man ist Gymnasiast - ob man es aber bleibt, ist ungewiß. Man kann nicht wissen, ob man es schafft. Man kann dafür arbeiten oder auch schuften. Aber der Erfolg dieser Anstrengungen liegt letzten Endes nicht in der Hand des Schülers. Dieser Erfolg hängt von vielen Faktoren ab, die man nicht überblickt und die man schon gar nicht kontrollieren kann.
Der Platz, der Arbeitsplatz auf der höheren Schule ist also nicht sicher. Er kann aus allen möglichen Gründen verlorengehen. Einige haben Eltern hinter sich, die ihnen in mancher Hinsicht helfen können. Viele müssen ohne solche Unterstützung auskommen, denn ihre Eltern waren nicht auf dem Gymnasium, haben nicht studiert und können ihren Kindern beim besten Willen keinen Nachhilfeunterricht erteilen. Sie besitzen oft auch nicht die Fähigkeit oder die Möglichkeit, sich für das schulische Fortkommen ihrer Kinder mit der Gewandtheit einzusetzen, die anderen Leuten zur Verfügung steht. Vielleicht sind sie auch gar nicht bereit dazu. In die Schule kommen sie sehr selten, und dann bewegen sie sich dort wie auf einem fremden Terrain. Elternsprecher werden sie fast nie.

Wenn man etwa auf den Elternsprechtagen mit ihnen über ihre Kinder spricht, dann spürt man aus ihren wenigen Worten und Fragen eine tiefe Besorgtheit. Hält das Kind das alles überhaupt aus? Tun Sie ihm hier auch kein Leid an? Sie fragen selten so direkt und treten uns Lehrern gegenüber in der Regel sehr zurückhaltend und mit einer formellen Höflichkeit auf. Aber das Mißtrauen sitzt ihnen in den Augen. Je weitschweifiger wir reden und je überlegener wir uns als Pädagogen geben, desto weiter ziehen sie sich zurück. Sie haben so ihre Erfahrungen gemacht. Wir sind offensichtlich gefährliche Typen für sie, denen man mit Vorsicht begegnen muß. Gefährlich desinteressiert. Sie wissen, daß uns einiges zuzutrauen ist: zum Beispiel, daß wir ihr Kind gar nicht oder kaum kennen. Oder daß wir noch optimistisch und aufmunternd daherreden, während der Schüler bereits immer tiefer absackt. Oder umgekehrt – daß wir bereits nach wenigen Monaten Unterricht ein endgültiges Urteil über die ›Begabung‹ eines sagen wir 10jährigen Jungen abgeben. Und so leicht nicht mehr davon abzubringen sind.
Und ich habe mehr als einmal die Bemerkung gehört (oft nur halb ausgesprochen und mit vielsagendem Mienenspiel vollendet), daß man gegen dieses offenkundige Unrecht oder gegen jene Härte eines Lehrers am besten nichts unternehme, um die Dinge nicht noch schlimmer zu machen. Aber auch wenn ein solches Gespräch äußerlich harmonisch verläuft, kommt es nach meiner Beobachtung selten zu einem Dialog oder Erfahrungsaustausch. Eher ähnelt die Situation ein bißchen der beim Arzt: beide Parteien sind froh, wenn sie die Krankheit mit ein paar fröhlichen und wohlgemuten Phrasen zudecken können. Wir sind alle große Meister der Verharmlosung.
Das sind ohnmächtige Leute, die Masse der Schüler muß ihren Weg in der Schule allein machen. Ja, sie entfernen sich mit jedem Schritt in die Welt der Schule hinein von dem bißchen Schutz und Rückhalt, das sie vielleicht anfangs noch von ihren Eltern erhielten. Sie lassen das alles hinter sich.
Ich bezweifle, daß sie das alle klar sehen. Nicht wenige von ihnen mögen sich bereits so sehr in diesen Existenzkampf verbissen haben, daß es ihnen entgeht. Sie bekommen gar nicht mehr so genau mit, was sie aufgeben und was sie verlieren.
Das ist grundlegend und gehört zu den facts of life auf dem Gymnasium: Man kann wieder hinausgeworfen werden. Jeder kennt ein paar, denen das passiert ist oder mit großer Wahrscheinlichkeit passieren wird. Vielleicht deinem Nebenmann? Oder gar deinem Freund, mit dem du seit Jahren zusammen bist und mit dem du schon zusammen in die Grundschule gegangen bist? Du würdest ihn nie nach seinen Noten beurteilen; es ist dir vollständig gleichgültig, was er auf diesem Gebiet an Leistung bringt. Da zählen ganz andere Dinge. Aber *er* fängt vielleicht mit einem Mal an, von diesen Noten zu reden. Oder er wird immer stiller und bekümmer-

ter. Du könntest den Lehrern an die Gurgel gehen, die ihn so gnadenlos über die Klinge springen lassen. Aber du kannst nichts machen. Höchstens eine Faust in der Tasche. Das ist normal am Gymnasium. Diese plötzlichen Lücken am Anfang des Schuljahres - der und der ist nicht mehr da, einfach weg - sind etwas Alltägliches. Keine Klassengemeinschaft ist so fest gefügt und verschworen, daß sie diese Verluste verhindern könnte. Die Lehrer haben ihnen vielleicht schon öfters bestätigt, daß sie seit dem Schullandheim zu einer »echten Gemeinschaft« zusammengewachsen sind. Das sei eine schöne Sache, werden sie ihnen vielleicht sagen, und biete ihnen jenes Minimum an Geborgenheit in der Gruppe, ohne die, wie uns die modernen Soziologen und Psychologen lehren, das Leben bitter wird. Aber das hindert sie nicht, mit der Axt der Notengebung in ihre Reihen hineinzuhauen. »Damit Ihr es gleich wißt, ich bin dazu da, *die Klasse zu lichten.*« So hat sich neulich ein jüngerer Lehrer in einer Klasse von 13jährigen vorgestellt. Das hat mir ein Schüler aus dieser Klasse selbst erzählt. Der Vergleich mit der Holzfällerei ist zynisch, aber ehrlich – und die flotte, lustige Art dieses Lehrers vielleicht eine Flucht nach vorne. Hoffentlich ist es nicht anders. Ein knallhartes Lächeln, das in Wirklichkeit eine Grimasse aus Scham und Ekel ist.

Nur, diese eventuellen Skrupel und Selbstzweifel in der Brust des Lehrers nützen ihnen nichts. Sie sind mit seiner Härte konfrontiert. Sie durchschauen die Funktion des Lehrers vielleicht, seine Person kann sie kalt lassen. Sie tut es dennoch oft nicht. Sie müssen aber auf der Hut sein, wenn sie den Menschen im Lehrer suchen und vielleicht auch finden. Das andere ist immer auch da. Irgendwann trifft man auch im weichsten Lehrer auf diesen scharfen Stahl. Ich sage: in jedem Lehrer. Ohne Ausnahme. Wenn man nicht aufpaßt, schneidet man sich leicht tief ins Fleisch. Aber die meisten von ihnen sind keine dummen Toren. Ich bin nicht sicher, ob ich sagen soll: glücklicherweise.

Übertreibe ich? Es ist nicht meine Absicht, irgend jemand aufzuhetzen. Das ist ein schäbiger alter Trick: Wenn es schärfer wird, reden bestimmte Leute gern von Hetze oder auch von »rein negativer« Kritik. Kritik müsse »konstruktiv« sein, Verbesserungsvorschläge einbringen und nicht nur einfach »alles einreißen«. Ich mache mir keine Illusionen: Auch unter den Schülern dürfte es einige geben, die für diese Weisheit und diesen Biedersinn etwas übrig haben. Von Kindheit an begleiten und leiten uns ja diese besänftigenden und betäubenden Stimmen des gesunden Optimismus. Aber es ist gar nicht so gesund, auf den rücksichtslosen Ausdruck seiner Erfahrungen zu verzichten, weil das die Harmonie der Familie oder irgendeine andere Ordnung stören könnte. Mögen sie gestört werden. Der Preis für ihre Stabilisierung ist zu hoch.

Egal, wo du bist: du bist in einer Art Tauziehen um die Sprache verwickelt. Natürlich kannst du dich schlaff werden und wider-

standslos hinüberziehen lassen. Man hat einen perversen Hang zur Haltlosigkeit in sich. Wenn ich einem unserer Politiker lausche, möchte ich mich manchmal dem Strom seiner so ernst und überlegt klingenden Worte überlassen und den Widerstand aufgeben. Das trägt so schön. *Nichtschwimmer* heißt eine kleine, ewig um ihr Überleben kämpfende Zeitung in Tuttlingen.
Unter den Klassen, in denen ich als Deutschlehrer arbeiten sollte, war auch eine fünfte. Ich fand es ziemlich gewagt, mir eine solche Aufgabe anzuvertrauen. Ich hatte keinerlei didaktischen Erfahrungen. Meine Schüler, besonders die jüngeren, können ein Lied davon singen. Aber für die Schulleitung war ich eben ein Deutschlehrer, eine Fachkraft mit Staatsexamen und 2. Lehrerprüfung. Und wenn ich auch etwas beunruhigt war, so freute ich mich doch zugleich auf diese frischen Anfänger. »Was fürs Herz« hatte mir vor Jahren einmal ein ergrauter Lehrer, an dem ich selbst als Schüler sehr gehangen hatte, seine Vorliebe für die Arbeit in der Unterstufe erläutert. Ähnlich, wenn auch nicht so wortkarg, drückte sich die Kollegin aus, die diese fünfte als Klassenlehrerin betreut und ihr bis zu meiner Ankunft auch den Deutschunterricht erteilt hatte. Da gehe einem das Herz auf. Die kämen noch mit allem zu einem. Manchmal könne man sich dieser liebenswerten Spontaneität kaum erwehren. Ich würde sehen, ich würde viel Freude mit dieser Rasselbande haben. Sie versuche, den Kindern nach und nach und auf sanfte Weise ein bißchen Arbeitsdisziplin beizubringen. Aber damit solle man sich ruhig Zeit lassen und nicht wie der Frost über den Frühling kommen.
Ich war beeindruckt von dieser tröstlichen Bedächtigkeit. Wenige Wochen später, als die ersten Klassenarbeiten geschrieben waren, änderte die Kollegin aber den Ton. Sie hatte offenbar bereits ausgiebig mit den Lehrern der anderen Hauptfächer geredet und teilte mir eines Tages mit, die Klasse sei entschieden zu groß – da gebe es »einigen Ballast«, so wörtlich. Die Frau verfügte über eine bemerkenswerte Übersicht über die Leistungen der einzelnen Schüler. Auch von mir wollte sie derartige Angaben haben. Ich ließ sie also in mein Notenbuch hineinsehen. Dabei hatte ich aber ein ungutes Gefühl, so als tue ich da etwas Schädliches.
Der Lichtkegel unserer Aufmerksamkeit konzentrierte sich bald auf ein paar arme Hasen, die uns trotz der flinken Haken, die sie zu schlagen versuchten, nicht entkommen konnten. Dazu kannten wir das Gelände zu gut. Denn bald hatte meine Kollegin zusätzliche Informationen über diese schwachen Schüler beschafft – über jeden einzelnen von ihnen. Sie gab sich wirklich Mühe in dieser Hinsicht. Besonders was die familiären Hintergründe betraf, entwickelte sie einen erstaunlichen Spürsinn. Sie vermochte etwa scharf zu unterscheiden zwischen einem an sich kultivierten Milieu, das vielleicht nur momentan durch eine verheerende Unordnung gelähmt war, und jenen armseligen Elternhäusern, in denen man immer nur

über Essen und Trinken redet. Was lief da ab? Die Guten ins Töpfchen, die Schlechten ins Kröpfchen? Ja, aber diese Auslese war schwer zu greifen. Es ist schwer faßbar, warum man der einen Familie empfindsam und großzügig begegnet, der anderen dagegen mißtrauisch und ablehnend. Die Vergabe von moralischem Kredit bleibt aber dennoch nicht dem Zufall überlassen, sondern wird im Gegenteil nach ganz bestimmten Maßstäben abgewickelt. Wenn etwa eine feine alte Dame, besorgt über die Zukunft ihres Enkels, in der Schule auftaucht und dich als Lehrer in ihr Vertrauen zieht, wirst du vielleicht sensibel für diesen Jungen, in dessen blassem Gesicht du nach den Spuren eines frühen Leids suchst. Demgegenüber wirst du leicht sauer, wenn so ein Vater, der sich nicht einmal die Zeit nimmt, in die Schule zu kommen, per Telefon mit dir über seinen Sohn reden will. Und vielleicht vor Aufregung auch noch grob wird dabei. Fragst du dich dann, ob er die Zeit dazu überhaupt hat? Bedenkst du ernsthaft, daß du auch zu ihnen nach Hause gehen könntest? Überlegst du, warum er aufgeregt ist? Gelegentlich vielleicht, aber öfters wirst du dich der Situation, wie sie ist, unterordnen: ein lästiges Telefonat in deiner Freizeit, aufdringliche, vielleicht vorwurfsvolle Fragen. Du achtest unwillkürlich auf die Sprache, die der Mann spricht. Ist sie ungebildet, gewinnt er nicht gerade an Boden bei dir.

In diesen halbdunklen Zonen entscheidet sich vieles. Wenn ein Schüler leistungsmäßig Schwächen zeigt, wird er auf seine soziale Stärke hin abgetastet. Nicht offiziell natürlich. Das geschieht informell. In einer Kleinstadt ist es kinderleicht und geht blitzschnell. Erst dann wird beispielsweise entschieden, ob dieses Kind vernachlässigt oder ›verwahrlost‹ ist; ob das Lächeln jenes Mädchens ein Rest unberührter Kindlichkeit ist oder eben der raffinierte Anbiederungsversuch einer Schülerin, die im Grunde weiß, daß sie es leistungsmäßig nicht bringen kann. Man achte auch einmal auf den Gebrauch des Wortes ›sensibel‹. Einigen Kindern wird das abgedroschene Etikett umgehängt wie ein erlesener Schmuck. Anderen wird es hartnäckig vorenthalten, auch wenn sie unübersehbar im Klima der Schule verkümmern. Die sind dann vielleicht überfordert oder psychisch labil oder pathologisch nervös. Sensibel sind sie jedenfalls nicht.

Und dies alles – dieser verwickelte Vorgang der sozialen Abschätzung und Charakterisierung des Schülers – soll auf unsere Bewertung seiner Leistungen oder seiner Leistungsmöglichkeiten ohne Einfluß bleiben?

Es versteht sich, daß diese soziale Auslese zuerst die trifft und wegfegt, die hier sowieso bestenfalls geduldet werden. In meiner fünften Klasse gab es einen Algerier – aber nur ein halbes Jahr. Dann war er weg. Er hat als einziger die Probezeit nicht bestanden. Obwohl der Junge jeden Morgen vor mir gesessen hatte, hatte ich das Drama nicht an mich herankommen lassen. Nehmen wir für

einen Augenblick an, der Standort dieser Schule wäre Bonn oder Bad Godesberg und der Junge wäre der Sohn eines Diplomaten gewesen ... Dann hätte ich das Drama an mich herangelassen. Dafür hätte man schon gesorgt.
Erst im nachhinein erfuhr ich übrigens, daß der Vater erbittert gekämpft hatte. Die Frau Kollegin war sehr erbost über die »unverschämten Unterstellungen« des Mannes. Er habe sich beispielsweise zu der Behauptung hinreißen lassen, man wolle seinen Jungen loswerden und dränge ihn geradezu aus der Schule heraus. Mit Überzeugung: absurdes Zeug dieser Art habe sie sich anhören müssen. Absurd? Nur weil dieser ohnmächtige Mann die Automatik des Sortierens und Ausscheidens in eine böse Absicht umgedeutet hatte? Vermutlich waren die Schulen in seiner Heimat noch nicht so durchmodernisiert und galten persönliche Beziehungen noch mehr als hier.
Der Algerier hatte also gekämpft. Er mußte auch schon früher gekämpft haben, sonst wäre der Junge kaum auf dieses Gymnasium gekommen. Aber zu mehr als zu einer demütigenden Stipvisite in dieser Institution reichte die Kraft von Vater und Sohn offenbar nicht. Da waren also direkt unter meinen Augen schwerste Auseinandersetzungen um die ›Chancengleichheit‹ eines jungen Ausländers im Gange, und ich hatte nichts mitbekommen. Vielleicht hätte sich wenigstens eine Schonfrist für den Jungen herausschlagen lassen – gegen den Willen der verblendeten Vorkämpfer einer schematischen ›Gleichbehandlung‹ an der Schule (und auch gegen die schwarze Resignation einiger anderer). Ungleiche Behandlung hätte in diesem Fall die Ungleichheit ein kleines bißchen verringert – dieser einfache Gedanke hätte möglicherweise der Mehrheit des Kollegiums eingeleuchtet. Ein juristischer Weg hätte sich dann auch finden lassen. Kleine Brötchen, ja, aber besser als Untätigkeit. Besser auch dann, wenn der Versuch mißlungen wäre: denn ich hätte den Kleinen und seinen Vater kennengelernt. Sie hätten mir vielleicht etwas von ihren besonderen Erfahrungen als Wanderer zwischen zwei Welten mitgeteilt und meinen bundesrepublikanischen Horizont ein wenig weiter gemacht.
Ich erinnere mich aber auch noch an eine ganz andere Situation, in der ich mit meinen Sinnen erfaßt habe, wo ich bin – und wer ich hier bin. Wir sitzen uns gegenüber (im ›Elternsprechzimmer‹, das aussieht wie ein Konferenzsaal im Land der sieben Zwerge): hier der Mathematiklehrer und ich als Klassen- und Deutschlehrer, uns gegenüber das Mädchen und seine Mutter, die nicht einmal den Mantel abgelegt hat. Die Defizite in Mathematik und auch Physik sind anscheinend hoffnungslos, seit Jahren schon keine Fortschritte. Die entscheidenden Versäumnisse müssen weit zurückreichen – in die Zeit, in der die Grundlagen gelegt werden. Ist das wenigstens soweit auszugleichen, daß das Mädchen bis zur Mittleren Reife kommen könnte? Zu diesem Zweck würde es genügen, wenn sie

eine Fünf in Mathematik und eine Vier in Physik erreichen könnte. Von Sechs auf Fünf, von Sechs auf Vier. Der Mathematiklehrer zuckt die Achseln. Eine Versetzung jetzt sei jedenfalls nicht möglich und ob sie es beim zweiten Versuch schaffen könne, wisse er nicht zu sagen. Aber einen Wechsel zur Realschule könne er auch nicht empfehlen; denn dort seien nur die sprachlichen Anforderungen geringer, und das sei ja gerade ihre starke Seite. Und wenn sie abbreche, stünde sie schlechter da als wenn sie auf der Hauptschule geblieben wäre: ohne jeden Abschluß. Was also tun?
Die Frau drängt auf eine klare Aussage. Ihr Mann sei Bauarbeiter und habe sowieso wenig übrig für diesen endlosen Schulbesuch seiner Tochter. Er würde sie kurzerhand von der Schule nehmen, wenn er ein genaueres Bild von diesen Schwierigkeiten hätte. Die beiden lächelten sich zu, offenbar Komplizinnen im Umgang mit dem ungeduldigen Vater. Aber auch sie als Mutter wolle nicht, daß ihre Tochter sich hier vergeblich aufreibe und ihre Zeit verschwende. Das Kind sei oft ganz erschöpft und habe kaum mehr Zeit für etwas anderes als die Schule. Das sei es doch nicht wert.
Ich wußte schon, was jetzt kommen würde. Denn der Kollege hatte mich bereits früher mehrfach und ernstlich auf die sich in aller Öffentlichkeit entfaltende Liebe zwischen diesem Mädchen und einem etwa 18jährigen Arbeiter angesprochen. Der junge Mann holte seine Freundin immer direkt vom Unterricht ab, und die beiden umarmten sich leidenschaftlich noch auf der Schwelle des Klassenzimmers. Eine Zeitlang hatte ich den Eindruck, man werde das tolerieren. Die Offenheit der beiden jungen Leute war auch entwaffnend. Nur ein Lehrer hat mir gegenüber einmal eine jener schwül moralisierenden Bemerkungen gemacht, wie sie aus erstickten und neiderfüllten Gemütern zu kommen pflegen. Aber dann hörte ich doch eines Tages, daß die Schulleitung dem unbefugten Liebhaber Hausverbot erteilt hatte.

Der Mathematiklehrer war kein Spießer. Ich vermute sogar, daß diese blühende Liebesgeschichte mitten in der Wüste des Gymnasiums ihn nicht unberührt gelassen hatte. Aber er hatte feste Vorstellungen von dem Tribut an Zeit und Lebenskraft, den ein junger Mensch dem Gymnasium zu zollen habe. So faßte er sich also ein Herz und sprach die Frau auf die Liebesbeziehung der Tochter an. Er war sichtlich um eine taktvolle Form bemüht, was aber dazu führte, daß er sich in feinsinnigen und nebulösen Andeutungen verlor. Man müsse »in diesen existentiellen Fragen« eben gewisse Entscheidungen treffen – ich glaube, diese oder ähnliche Worte hat er gebraucht.
Die Frau verstand nicht. Ja, sie kenne diesen Jungen, er sei auch schon bei ihnen zu Haus gewesen. Sie hoffe, daß das Kind wisse, wie es sich schützen könne, denn ein Baby können sie ja jetzt nicht gut gebrauchen.
Wir waren alle beide baff. Die Frauen uns gegenüber waren

offenbar Komplizinnen nicht nur in kleinen Dingen. Keine Spur von Verlegenheit im Gesicht des Mädchens. Der Kollege Mathematiker mußte seinen schamhaft enthüllten Begriff von jugendlicher Askese im Dienste einer höheren Ausbildung wieder einpacken und den Rückzug einleiten. Er tat das mit ein paar ermutigenden Worten über den möglichen Nutzeffekt des Sitzenbleibens. Sie glauben es vielleicht nicht, aber ich könnte Ihnen sogar einige Oberstudienräte nennen, die früher einmal sitzengeblieben sind. Tröstlich.

Ja, die Arbeiter und ihre Kinder. An meiner Schule sind sie gar nicht so selten, wie man es nach der bundesrepublikanischen Statistik erwarten würde. Das hängt nicht zuletzt mit dem industriellen Charakter der Stadt zusammen: viel Feinmechanik, wobei die Herstellung von teilweise hochkomplizierten medizinischen Instrumenten von zentraler Bedeutung ist. Das heißt aber, daß es in der arbeitenden Bevölkerung der Stadt einen relativ großen Anteil von hochqualifizierten Facharbeitern gibt. Und das sind Leute, die bekanntlich eher als die Masse der Industriearbeiter geneigt sind, ihre Kinder auf eine höhere Schule zu schicken. Das hat seine Auswirkungen über diese Schicht hinaus. Auf diese Weise rückt nämlich das Gymnasium als der bei weitem wichtigste Kanal des sozialen Aufstiegs tiefer in den Gesichtskreis der Arbeiter und der kleinen Leute überhaupt, als das etwa in den traditionellen Arbeiterstädten des Ruhrgebiets der Fall sein mag . . .

Aber ich beabsichtige nicht, hier eine kleine Soziologie dieses Gymnasiums zu geben und aus der Vogelperspektive die Wege des sozialen Aufstiegs in dieser Stadt zu studieren. Mich interessiert vielmehr das persönliche und familiäre Drama jenes »Du sollst es einmal besser haben als wir«. Und mich interessiert das Ärgernis und die schwere, wenn auch uneingestandene Komplikation, die die Anwesenheit einer verhältnismäßig großen Zahl von Kindern und Jugendlichen aus nichtprivilegierten Gesellschaftsschichten in diese Schule gebracht hat.

Denn sie sind Eindringlinge – in der klassisch gebildeten Phantasie mancher Lehrer vielleicht auch Barbaren, welche die edle Antike der höheren Bildung überrannt und geschleift haben. Es gibt einen verdeckten, aber erbitterten Kampf in allen Löchern dieser Trümmerlandschaft. Immer wieder trifft man hier auf Leute, die sich aus diesen Überresten verstohlen kleine Modelle des alten Zustandes bauen – garantiert wirklichkeitstreu, aber in Wirklichkeit nostalgisch verschönt. Da waren diese Aufsteiger aus der Unterschicht noch nicht da, in dieser Welt kommen sie überhaupt nicht vor. Eine dieser rückwärts gewandten Spielereien, die aber, wenn sie ernst genommen werden, einen großen Einfluß auf die Praxis gewinnen können, ist das Glanzbild der ›Kreativität‹, der kreativen Persönlichkeit. Ich betrachte diese idealistische Leitvorstellung als irreführend und schädlich. In der Schulwirklichkeit und in der Hand des

Lehrers wird sie jedenfalls zu einem elitären Maßstab, dem die meisten nicht gewachsen sind. Das Ideal des schöpferischen Individuums führt zu einer brutalen Verschärfung der Klassenunterschiede in der Schule. Ich kann die praktische Brutalität dieser scheinbar doch so noblen und humanen Idee nicht besser ausdrücken als mit den folgenden Formulierungen eines Buches über die Situation der Hauptschüler:

Für die, von denen ich hier handeln möchte, ist das Problem der Selbstentfaltung und Initiative nicht in Sicht. Im Gegenteil, es hindert eher die, die zur schweigenden Mehrzahl gehören, daran, ihren Status zu überwinden, wenn sie unmittelbar danach suchen, schöpferisch und initiativ zu sein, um ein Selbst zu entfalten, was es für sie doch gar nicht gibt. Hinter derlei Begriffen steckt immer eine idealistische Pädagogik, eine Erziehung, die den Schüler nach ihrem Bilde formt, statt nach seinen Bedürfnissen ... Selbstentfaltung und Individualität als Lernziel bewirken Sprachlosigkeit erst recht, weil sie unerreichbare Daseinsformen sind. Wobei zunächst einmal außer acht bleiben soll, was an ihnen überhaupt erstrebenswert sein könnte. Für den, der in der Mangel der Schule steckt, bleibt, sieht er sich solchen idealistischen Forderungen gegenüber, zunächst das eine: Das kann ich nicht erreichen, das ist für mich zu hoch, da komme ich nicht mit. (Konrad Wünsche, Die Wirklichkeit des Hauptschülers, Köln, NA 1977, S. 27 ff.)

Höhenflug des pädagogischen Gedankens, der die Schüler in der Tiefe zurückläßt. Das gibt es nicht nur auf der Hauptschule. Im Gegenteil: im Gymnasium gedeiht die Ideologie der schöpferischen Persönlichkeit treibhausartig. Sie droht die Realität der Schüler zu überwuchern und sie für die Lehrer unsichtbar oder uninteressant zu machen. Je maschinenartiger dieser Massenbetrieb wird und je mehr man hier nach Schema F arbeitet, um so sehnsüchtiger träumen wir von kleinen Zirkeln feingebildeter Geister, die (malerisch um einen Meister gruppiert vielleicht) gemeinsam die Rätsel dieser Welt entziffern. Je mehr der Lehrer schreien muß – jeden Morgen stundenlang –, um sich bei seinen gleichgültigen oder widerspenstigen Schülern Gehör zu verschaffen, desto empfänglicher wird der Arme für glückliche Tagträume, in denen ihn junge ernste Menschen mit ihren klugen Augen anblicken und ihm die Worte von den Lippen lesen.

Aber das ist nicht alles. Es gibt auch genügend Leute, die das Rad der Geschichte wirklich zurückdrehen möchten. Diese Lehrer sind aus härterem Holz geschnitzt. Sie machen im Grunde Front gegen eine Entwicklung, welche die Gymnasien und auch die Universitäten allmählich für breitere Schichten der Bevölkerung geöffnet hat. Auch in der Bundesrepublik, wo dieser Prozeß bekanntlich langsamer verläuft als in anderen westlichen Ländern. Möglicherweise wissen sie gar nicht, daß sie sich gegen diese Veränderung stemmen. Es mag subjektiv ehrlich sein, wenn sie sich zur »Chancengleichheit« bekennen. Schließlich lebt und arbeitet man ja in Westdeutschland und nicht etwa in Südafrika. Ihr seid ja auch nicht schwarz.

Das nicht. Aber habt ihr nicht andererseits etwas Dumpfes an euch? Es ist klar, daß man das nicht rein biologisch, ›erbbiologisch‹ erklären kann. Wir leben und arbeiten schließlich in einer Demokratie und nicht etwa im Nationalsozialismus. Ihr seid keine ›Untermenschen‹, wie man das damals genannt hat. Diese Verbrecher, noch heute läuft einem ein Schauer über den Rücken. Nein, nicht so – nie mehr so! Aber das heißt natürlich nicht, daß wir die Augen vor eurer offensichtlichen Unbegabtheit oder Minderbegabung verschließen könnten. Daran kann kein Zweifel sein, ihr gehört nicht auf diese Schule. Das haben euch eure ehrgeizigen Eltern eingebrockt, daß ihr hier sitzt und nicht ein noch aus wißt. Nein, nicht einmal eure Eltern, die euch in diese Sackgasse hineingetrieben haben, sind anzuklagen. Letztlich ist für diese Fehlentwicklung die gleichmacherische Bildungspolitik der letzten anderthalb Jahrzehnte verantwortlich zu machen.
Ihr seid echt zu bedauern, wie ihr euch da abquält und versucht, mit eurem leider viel zu klein geratenen Pfund zu wuchern. Das sieht grotesk aus. Verzeiht, aber wenn ein Menschenkind von der schlichteren Art nach den Sternen greift und dabei ins Schwitzen kommt, wirkt das doch tölpelhaft und lächerlich, nicht wahr? Hätte man euch doch gestattet, bei euren Leisten zu bleiben. Ihr wäret mit Sicherheit glücklicher. Laßt euch das einmal sagen. Aber ihr wollt ja nicht hören. Ihr wollt alle nach oben. Aber da sind doch schon welche. Früher war der Arbeiter doch auch zufrieden. Er ruhte in sich selbst und schaute mit Stolz auf seiner Hände Arbeit. Schändet Arbeit etwa?
Abschließend möchte ich hier einem dieser enthusiastischen Verehrer der Arbeiterschaft das Wort erteilen. Vielleicht witterte er in mir versteckte Reste roten Gedankenguts oder sonst irgend etwas Provozierendes. Jedenfalls suchte er das Streitgespräch mit mir – er schien trotz seines gereiften Alters einen gewissen Überschuß an polemischer Energie in sich zu haben und ein Bedürfnis nach dem Kitzel des scharfen Disputs zu verspüren. Er habe neulich mit einer Klasse die größte Fabrik für medizinische Instrumente am Ort besucht und die Arbeiter bei der Arbeit beobachtet. »Was für eine Präzisionsarbeit!« Da gehe es um den Bruchteil von Millimetern. Jeder Handgriff müsse exakt gleich ausfallen, der Druck der Hand dürfe nicht einmal schwächer und einmal stärker sein, sondern müsse eine fast ans wunderbar grenzende Gleichmäßigkeit erreichen. Der geringste Fehler, die kleinste Unaufmerksamkeit können unabsehbare Folgen haben. Nicht auszudenken, wenn dann später einmal in irgendeinem Krankenhaus, im alles entscheidenden Moment eines chirurgischen Eingriffs etwa, so ein Präzisionsinstrument ausfalle. »Das kann ein Menschenleben kosten!« Er habe die größte Hochachtung vor diesen Arbeitern: vor ihrem technischen Können und ganz besonders vor ihrem Verantwortungsbewußtsein. »Bedenken Sie, mit 14 werden diese jungen Leute schon

hart herangenommen. Ich frage Sie, was leisten unsere Schüler dagegen? Was ist eine solche Schule gegen diese Schule des Lebens?«

Ist es nicht erstaunlich, welchen Reiz ein Oberstudienrat und Doktor der Philosophie der Fließbandarbeit abgewinnen kann? Der gleiche Mann ergötzte uns übrigens samstags fast regelmäßig mit dem Witz: »Na, dann wollen wir mal wieder. Ich sage immer, wir Lehrer sind die letzten Proletarier.« Galgenhumor eines Studienrats am verkürzten Wochenende.

Aber dieser Lehrer hat etwas ganz anderes im Sinn als die Arbeiter: nämlich das Bild des guten alten Gymnasiums, das sich noch nicht mit den Abkömmlingen der unteren Schichten abplagen mußte. Das Bild der guten alten Zeit, in der sich noch jeder mit seinem überlieferten Platz in der Gesellschaft zufriedengab – einer Zeit, in der die Arbeiterschaft noch ein Stand war und noch nicht eine Klasse, die angestammte Privilegien negiert und bedroht.

Kleiner Rückgriff auf die Studentenbewegung

(Anmerkung für jüngere Leser)

Das soll der Erfahrungsbericht eines Lehrers sein? Was ist aber mit seinem Unterricht, mit seiner eigentlichen Arbeit? Davon redet er bislang nur ganz nebenbei. Warum? Das sind doch etwas merkwürdige Prioritäten. Hat er diese Arbeit etwa nicht ernst genommen? Mißtrauische Unterstellungen liegen uns an sich fern. Aber wenn hier sehr viel mehr von den Rahmenbedingungen als vom Kern der Lehrertätigkeit die Rede ist, fragt man sich doch, ob darin nicht eine Entwertung des Unterrichts, der Wissensvermittlung und des Lernens liegt. Deswegen sind wir aber in der Schule. Das andere ist sekundär – oft belastend und bedrückend, kein Zweifel, aber zweitrangig. Warum reitet er also darauf herum? War er vielleicht gar nicht so gern Lehrer? Was hat er in der Schule gewollt – mit seinen Schülern auf fundierte Weise arbeiten oder alle möglichen Schattenseiten der Schule beobachten, festhalten, für einen späteren Angriff registrieren?

Ein politischer Kritiker im Kostüm eines Lehrers also? Die Lehrerrolle: eine Art Trojanisches Pferd, mit dem er sich in die Schule hineingeschmuggelt hat? Aber wir sind kein Beobachtungsmaterial. Wenn er Deutschlehrer war, dann würden wir jedenfalls zunächst einmal eine gründliche Aufarbeitung seiner Unterrichtserfahrungen, seiner Leistungen und Fehlleistungen im Fach Deutsch erwarten. Das wäre, wenn es aufrichtig und genau gemacht wäre, eine handfeste Sache, aus der wir als Schüler und auch unsere Lehrer, die ja schließlich nicht nur mit unserer

Unterdrückung beschäftigt sind, einen Nutzen ziehen könnten. Das Leben geht doch auch nach Ihrer grandiosen Entlassung weiter. Wir und die meisten unserer Lehrer können die Schule nicht verlassen und sind daher daran interessiert, das beste daraus zu machen. Ist Ihnen das nicht einsichtig? Für wen schreiben Sie eigentlich?

Langsam. Ich bitte um Geduld. Was den thematischen Aufbau und die Abfolge dieser Abschnitte betrifft, so betrachte ich die Unterordnung des Lehrers unter die Schule und die Unsicherheit des Schülers in der Schule nicht als Rahmenwerk, sondern als fundamentale Realität. Das was man die ›eigentliche Arbeit‹ des Lehrers nennt, ist nichts als ein klägliches, gelegentlich zähes, in der Regel aber langsam erlahmendes Anrennen gegen eine überlegene Kraft. Ich sage Kraft, nicht Mauer: denn es ist keineswegs immer von vornherein klar, welchen Spielraum du für diese Arbeit hast. Du merkst erst allmählich, wie unfrei du bist - selbst in deinen Gedanken.

Nicht ich also entwerte den Unterricht, sondern die Schule. Paradoxerweise, denn sie beansprucht ja, ihn zu beherbergen und ihn fürsorglich zu schützen und zu fördern. Das ist das eine. Ich habe es erst allmählich begriffen. Denn es schmerzt, daß man nicht der unabhängige Fachmann ist, dem niemand und nichts etwas anhaben kann. Man wehrt sich gegen die Zerstörung dieses Selbstgefühls. Aber dieser Kampf liegt hinter mir, und ich möchte, daß das in meiner Darstellung zum Ausdruck kommt. Ich werde später noch genug Gelegenheit haben, über meine Unterrichtsversuche zu reden. Wenn sie es überhaupt verdienen, denn ich bezweifle, ob man unmittelbare Anregungen daraus gewinnen könnte. Ich halte nichts von sorgfältig ausgefeilten Unterrichtsmodellen. Es sind meist recht künstliche Konstruktionen, die dem vielfältigen Druck der Praxis nicht standhalten.

Dann der Verdacht, ich sei möglicherweise eher politisch als pädagogisch interessiert. Ich war politisch tatsächlich kein unbeschriebenes Blatt mehr, als ich in der Schule anfing (Sympathisant der Studentenbewegung, später Mitarbeit in einer linken Organisation und dann schließlich in einer Bürgerinitiative). Ich hatte eine bestimmte Meinung von der Schule. In diesen Jahren, in denen wir die Grundgedanken einer ›antiautoritären Erziehung‹ entwickelt und stümperhaft genug auch ausprobiert haben, hat mich eines jener Bücher aus den 20er Jahren, die man damals wieder ausgrub, besonders beeindruckt: »Sisyphos oder die Grenzen der Erziehung« von Siegfried Bernfeld. Ich zitiere daraus:

Im Laufe der letzten Jahrhunderte entstand durch fortgesetzte Um- und Neubildungen ein System von gesellschaftlichen Einrichtungen, dessen Zweck der Unterricht der Kinder ist: das Schulwesen, eine breite und komplizierte Institution, ein System von Einrichtungen mit seinen bestimmten Prinzipien und Strukturen. Als Ganzes übt es bestimmte Wirkungen auf die heranwachsende Jugend aus, auf die in ihm heranwachsende, und ebenso auf die außer ihm lebende. Die Tätigkeit des einzelnen Lehrers, sein Unterrichten ist bloß ein Faktor in dem ganzen dieser Wirkungen. Wir wüßten nicht einmal sicher zu sagen, welche Bedeutung ihm zukommt. Und nur mit ihm befaßt sich die Didaktik, ja nur mit seinem bewußten, auftragsgemäßen Tun. Alles andere bleibt jeder empirischen Prüfung, bleibt dem disziplinierten Durchdenken entzogen. Es wird hingenommen wie ein gottgewolltes Schicksal alles Unterrichtens, daß es im Rahmen des heute, des jeweils gegebenen Schulwesens verläuft; und nicht einmal die Frage wird gesehen, welche Rückwirkungen dieser Rahmen auf den Unterrichtsprozeß hat. Indessen die Didaktik versucht, den Unterricht des einzelnen Lehrers – gelegentlich auch die Disziplinführung in der Klasse – zweckrational zu denken, bleibt die Schule als Ganzes, das Schulwesen als System ungestört, ungedacht; dürfen sich in ihm alle irrationalen Kräfte auswirken, die seine Voraussetzung, seine Triebkräfte, seine Determinanten sind. (1925, Neuausgabe Frankfurt am Main 1967, S. 26)

Ich weiß, daß ich die hier umrissene Untersuchungsaufgabe mit meinen subjektiven Berichten nicht einlösen kann, auch nicht annähernd. Aber ich möchte auf der hier vorgetragenen Sichtweise bestehen. Sie hat sich für mich während dieser zwei Jahre meiner Tätigkeit als Lehrer immer wieder auf das Vielfältigste bestätigt. Es ist richtig, daß das eine politische Haltung und Einstellung ist. Aber muß sie deswegen durch ein Desinteresse an pädagogischen und didaktischen Fragen gekennzeichnet sein? Ist es überhaupt legitim, beides gegeneinander auszuspielen? Und wohin führt das?
Ich kenne einige Kollegen, die an sich und ihren persönlichen Fähigkeiten zweifeln und manchmal verzweifeln, wenn ihnen trotz sorgfältiger Vorbereitung der Unterricht kaputtgeht oder wenn er doch auf ein primitives Niveau absinkt. Das ist gewiß ehrenwert, aber auch borniert. Außerdem macht es böse und aggressiv. Vielleicht hat der Störenfried, der dieses Chaos unter Aufbringung seiner ganzen Boshaftigkeit erzeugt hat, in der vorhergehenden Stunde selbst einen schweren Schlag einstecken müssen. Und es werden schwere und infame Schläge ausgeteilt am Gymnasium, tagtäglich. »Stopp doch bitte den Ausfluß deines Gehirns, du verschmutzt ja noch die ganze Umwelt!« Originell, nicht wahr? Aber durchaus kein Extrem, sondern der Routinestil der Verachtung und der Entwürdigung. Oder die Klasse, die bei dir explodiert, hat schon drei oder vier Arbeiten in dieser Woche geschrieben, weil gegen Ende des Schuljahres sowieso alles drunter und drüber geht oder weil die Lehrer mangelhaft geplant haben. Ein Schüler hat mir einmal allen Ernstes gesagt, er glaube, daß die Lehrer »ganz bewußt kurz vor den Ferien noch so viele Arbeiten schreiben, um die ihnen bereits entgleitenden Schüler noch im Griff zu halten«. Oder ein 16jähriger kommt gegen seinen Vater, der ihn nach seinem Ebenbilde formen möchte, nicht an und zeigt deshalb seiner Lehrerin, was an Zügellosigkeit und Freiheitsdrang in ihm steckt. Und so weiter. Die in deinen Unterricht hineinwirkenden Widersprüche sind unabsehbar. Ein Lehrer, der sich das nicht immer

wieder bewußt macht, wird eines Tages um sich schlagen. Er wird dann zu Gewaltmaßnahmen greifen und versuchen, diese Widersprüche, deren Tiefe er nicht begreift, zu unterdrücken. Ein absurdes Unterfangen. Er wird schnell herunterkommen zu einer jener traurigen und lächerlichen Figuren, von denen es genügend in der Schule gibt.
Aber auch die Schüler nehmen Schaden, wenn sie den Unterricht gewaltsam und künstlich von den ihn umgebenden und beherrschenden Widersprüchen freihalten wollen. Es gibt in der Tat Schüler, die in bestimmten Situationen nach dem harten Lehrer rufen. Ich finde das tragisch. Haben sie denn eine solche Angst vor ihrem eigenen Bedürfnis nach Freiheit und meinetwegen Anarchie, daß sie einen dieser brutalen und gleichgültigen Zuchtmeister zu Hilfe rufen müssen? Was ist das für eine Deprimiertheit und Beunruhigung, die nicht wenige zu erfassen scheint, wenn der Unterricht einmal ›chaotisch‹ wird - nein, dessen bedarf es nicht einmal: wenn der Unterricht einmal weniger straff abläuft? Haben Schüler bereits in den unteren und mittleren Klassen dermaßen viel Angst vor der Zukunft, vor ihrer individuellen Zukunft, vor der Einsamkeit in den auf sie zukommenden Prüfungen, vor dem Ausschlußverfahren des Numerus clausus, daß sie das Risiko von Experimenten nicht mehr tragen können und gelöstere, spielerische Formen des Lernens als eine Art Zeitverschwendung empfinden?

Unmoralisches

Trotz der guten Gründe, die dafür sprechen, hier zunächst einmal bei den entmenschten Zügen der Schule zu verharren, habe ich ein ungutes Gefühl. Die Darstellung könnte dabei leicht umkippen in jenes unproduktive Lamento, das nach meiner Erfahrung uns Lehrern heute viel zu leicht von den Lippen geht. Ich meine diese stumpfe und spannungslose Schwarzmalerei, die so tut, als seien die Menschen, Schüler wie Lehrer, in dieser Institution bereits ausgelöscht oder plattgedrückt. Das ist eine böse Verzeichnung der Realität - aber bezeichnenderweise eine, die nicht schockt oder aufputscht, sondern lähmt und abwiegelt. Sie sind unerträglich und wertlos, diese oft stundenlangen Lehrergespräche, in denen einer den andern mit Hiobsbotschaften aus der Schule zu übertrumpfen sucht, und in denen man sich schließlich an die Hand nimmt und gemeinsam in immer tiefere Regionen der Hölle hinabsteigt. Diesem Sog, der möglicherweise von einem heimlichen Verlangen nach endgültiger Ruhe und Stillegung ausgeht, möchte ich mich entgegenstemmen. Ich hoffe, in den folgenden Abschnitten tauchen nach und nach immer mehr lebendige Menschen auf, die sich mit ihren Widersprüchen und Regungen schlecht in diese Totenwelt einfügen.

Lemuren müßte man ja auch nicht so mißtrauisch beobachten und – wenn es sein muß – auf Schritt und Tritt überwachen wie diese unberechenbaren Lebenden, die in schwer überschaubaren Massen die Schulen bevölkern. Eine wimmelnde Menschenmasse, die die Aufmerksamkeit der Kontrolleure fesselt und in die Irre führt. Sie arbeiten sich ab, ohne einen Schritt voranzukommen.

Eine kleine, eher banale Szene fällt mir da ein. Die fachlichen Zeugnisnoten waren bereits besprochen. Der Klassenlehrer hatte das Nötige über die Leistungen der Klasse im Durchschnitt und im Überblick gesagt. Man hatte sogar eingehender über den einen oder anderen Versager geredet, was in diesen hektisch und mechanisch ablaufenden Mini-Konferenzen (für die bei uns nicht mehr als je 20 Minuten angesetzt waren) durchaus nicht selbstverständlich ist. Blieb uns nur noch, die sogenannten ›Kopfnoten‹ für Verhalten und Mitarbeit festzulegen. Der Klassenlehrer versuchte, den heiteren Ton der Problemlosigkeit anzuschlagen und das Beste für seine Schützlinge herauszuholen. Die ganze Prozedur dauerte kaum je länger als 5 Minuten. Aber nur den voll etablierten Lehrern gelang es, die Sache so rasch und glatt abzuspulen, daß die mißmutig dasitzenden Kollegen keine Möglichkeiten zum Eingreifen fanden. Mir war das beispielsweise nicht gelungen – mehrere Kollegen waren mir mit scharfen oder verächtlichen Bemerkungen über diesen oder jenen Schüler in die Quere gekommen. Ich empfand daher eine angesichts der realen Bedeutung der Angelegenheit lächerliche Spannung. Ich hatte den Eindruck, daß sich hinter diesen albernen und nichtsnutzigen Verhaltensnoten eine dunkle Masse persönlicher Verbitterung und sogar Feindseligkeit – Erfahrungen des Clinches also mit den Schülern – zusammendrängte. Eine kleine Unsicherheit des verhandlungsführenden Lehrers, ein winziger Ausfall in seinem hypnotisch gemeinten Lächeln – und die gestaute Flut der Frustration würde für einen Moment durchbrechen.

Das passierte auch diesmal. Der Sportlehrer, ein jüngerer und im Kollegium wohlgelittener Mann, ließ sich nicht mehr in Schach halten. Nein, mit einer Zwei in Verhalten könne er in diesem Fall keinesfalls einverstanden sein. Er habe immer wieder beobachten müssen, daß dieser Junge sich selbst im Sport auf Kosten seiner Kameraden Vorteile zu verschaffen wisse. Er habe ihm nicht zuletzt wegen dieses asozialen Verhaltens eine Fünf in Sport gegeben. Das glaube er hier aus pädagogischen Gründen verantworten zu können – Sport lasse sich nun einmal nur im Geist der Fairneß und der Gemeinschaft betreiben. Darin liege ja gerade der erzieherische und moralische Wert dieses Fachs. Das sei »ein wirklich mieser Charakter«. Er fordere von uns, auf den ein besonders waches Auge zu haben.

Wir schwiegen. Ich bemühte mich krampfhaft, die häßliche Vorstellung eines Ellenbogenmenschen, der notfalls über Leichen gehen würde, wieder loszuwerden. Wir hatten natürlich keine Zeit, der Sache auf den Grund zu gehen. Aber auch, wenn wir uns diese Zeit genommen hätten, wäre das kaum möglich gewesen. Das moralische Urteil eines Kollegen über einen Schüler in diesem Kreise offen zu hinterfragen und vielleicht in seinen Grundlagen zu bezweifeln, wäre ein Affront gewesen. Dieses Urteil mußte unangetastet so stehenbleiben – gerade, weil es auf so schwankendem und ungeprüften Grund stand. Schon der Begriff des ›sozialen Verhaltens‹ und der ›Gemeinschaft‹, bezogen auf einen Unterricht, in dem schließlich wie in allen anderen Fächern jeder mit jedem um die Trophäe der Höchstbewertung konkurrierte, war zu sumpfig, als daß man ohne weiteres in eine Diskussion über ihn hätte eintreten können. Ich glaube, darüber hinaus empfand man intuitiv die Fragwürdigkeit einer dermaßen weitgehenden und endgültigen Beurteilung eines Menschen, der sich noch dazu nicht einmal wehren konnte. So ließen wir also unseren sportlichen Scharfrichter mitsamt seinem Todesurteil einfach stehen und bemühten uns, zu weniger heiklen Themen zurückzufinden.

Was nun mit diesem Jungen wirklich los war und aus welchen Gründen er sich möglicherweise so aggressiv gegen die anderen gewendet hatte, das blieb uns verborgen. Auch der Gedanke, daß er vielleicht Hilfe nötig haben könnte, vermochte sich nicht zu behaupten. Man kann es aber auch anders sehen: Der Junge war uns entschlüpft. Er war mit seinen Geheimnissen irgendwohin unterwegs, während wir uns in unseren Kontrollmethoden verfangen hatten und hoffnungslos den Anschluß verloren.

Mangel an Zeit – Moral im Überfluß. Hängen beide Momente vielleicht sogar zusammen – zwei Seiten ein und derselben Medaille? Vielleicht mühen wir uns nur damit ab, unsere Armut an echten Kontakten zu den Schülern, an wirklichen Einblicken in ihr Leben, an Zwiegesprächen mit ihnen durch einen falschen, gleißnerischen Reichtum an Werten und moralischen Grundsätzen wettzumachen. Wenn man laut redet oder noch besser: ruft, spürt man die Leere und die Distanz um sich herum nicht so sehr. Wir fordern, tadeln, loben und verurteilen vielleicht nur deshalb unablässig, weil wir unsere moralische Isolierung schwer ertragen können.

An meiner Schule trat das gelegentlich krass hervor. Die Gefahr, daß über einen Jugendlichen der Stab gebrochen würde und die sachliche Prüfung der Probleme in einer Atmosphäre von moralisierender Demagogie unterging, war nie größer als in den kurzen disziplinarischen Lehrerversammlungen während der großen Pause. Oft kannte ein Großteil der Lehrer den Schüler, über den man da zu befinden hatte, nicht einmal. Kaum jemand hatte jedenfalls mit ihm gesprochen. Er kam auch in diesem Moment nicht zu Wort. Dennoch konnte hier unter bestimmten Bedingungen sogar ein zeitlich begrenzter Schulausschluß beschlossen werden. Dieses verrückte Mißverhältnis von Information, Zeitaufwand, Interesse, persönlicher Vertrautheit einerseits und Entscheidungsbefugnis, Schärfe der verhängten Strafe anderseits *muß* ja eine Lockerung der Selbstkontrolle bewirken und muß uns ja unserer Vorsicht und Skrupelhaftigkeit den Jugendlichen gegenüber berauben. Man weiß im Grunde, daß man nichts oder doch nicht genug weiß; man ist außerdem erschöpft und möchte in Ruhe seinen Kaffee trinken, vielleicht ein bißchen reden – irgendwann muß man doch einmal einen Moment zur Besinnung kommen. Und da knallen sie dir dann wieder so einen idiotischen und unverständlichen Fall auf den Tisch. Das muß weg, sonst zwingen sie dich vielleicht, nachmittags noch einmal in die Schule zu kommen. Wir Lehrer mögen in vielen Dingen flexibel sein, allzu flexibel, meinen manche unserer Kritiker – wobei sie möglicherweise unser Rückgrat im Auge haben. Aber in diesem Punkt sind wir unbeugsam. Wir wollen partout nicht noch einmal in die Schule kommen, nachmittags. Wir Gymnasiallehrer schon gar nicht. »Stellen Sie sich das doch einmal konkret vor, werter Kollege, dann sitzen hier 50 Akademiker und werden vielleicht von dem endlosen Gerede einer einzigen Handarbeitslehrerin stundenlang festgehalten«, hat einmal einer dieser Hochgebildeten zu mir gesagt.

Das ist aber nur ein Aspekt, wahrscheinlich nicht einmal der wichtigste. Unsere Neigung, über den ›Charakter‹ und das Verhalten der Schüler zu moralisieren anstatt reale Beziehungen zu ihnen zu knüpfen, sitzt tiefer. Es ist mir aufgefallen, daß öfters gerade jüngere Lehrer – Leute um die Dreißig, die Ende der 60er Jahre an die Universitäten gegangen sind – einen Zug von Härte in die Schule bringen. Die moralische Entrüstung des jugendlichen Sportlehrers ist da keine Ausnahme.

Man ist versucht, sich grüblerisch in diese befremdliche Erscheinung zu vertiefen: Wieso sind gerade Leute, die doch selbst ihre Schul- und Prüfungsängste kaum hinter sich haben, oft besonders aggressiv gegen die Jugendlichen? Und verbreiten geradezu ein Klima der moralischen Aufrüstung um sich herum? Tun sie das etwa, gerade weil ihnen die Angst noch in den Knochen sitzt und weil sie bis vor kurzem selbst noch ganz klein waren? Weil sie klein geblieben sind? Haben sie vielleicht unter dem permanenten Druck eines mit dem Versanden der Studentenbewegung und mit dem bildungspolitischen Reformstopp Anfang der 70er Jahre rasch schärfer werdenden Leistungssystems in Schule und Universität keine rechte Chance gehabt zu wachsen? Denn eines wenigstens einigermaßen ungestörten und harmonischen Wachstums bedarf es wohl, damit ein toleranter Erwachsener heranreifen kann, der Heranwachsende um sich überhaupt ertragen kann. Von akzeptieren will ich lieber gar nicht erst reden. Wie soll jemand, dessen Fundus an persönlicher Unabhängigkeit flach geblieben ist, Respekt vor der Undurchsichtigkeit und Andersartigkeit der Jugendlichen in seiner Umgebung entwickeln können? Wird er sich nicht vielmehr gedrängt fühlen, das Dunkel zu durchdringen und die in seinem Schutz gedeihenden Abweichungen und Verfehlungen aufzuspüren? Im 19. Jahrhundert waren es die geheimen sexuellen Praktiken der Jugendlichen, denen die Erzieher auf die Spur kommen und die sie im Keim ersticken wollten. Heute ist es nicht mehr die angeblich zerstörerische ›Onanie‹, heute sind es die Wucherungen des ›sozialen Egoismus‹, denen der pädagogische Alarm gilt.

Ich möchte uns Ältere hier nicht herausreden - so als hätten wir es zu irgend etwas Befriedigendem gebracht im Umgang mit der Jugend. Wir sind vielleicht nicht so sehr von jenem verhärteten Moralismus und jener Unduldsamkeit beherrscht, dafür aber um so mehr von Gleichgültigkeit. Selbst unserem vielleicht Besten, unserer gelegentlichen Bereitschaft zu humoristischer Gelassenheit – wir waren ja schließlich auch einmal jung - haftet diese Gleichgültigkeit an. Denn in der Annahme, daß alles halb so schlimm sei und die Kinder heutzutage schon irgendwie groß würden, kommt ein seichter Optimismus zum Ausdruck. Unsere jüngeren Kollegen haben wohl ganz recht, wenn sie hinter dieser Weisheit einen Mangel an Ernsthaftigkeit wittern. Manchmal habe ich sogar denken müssen, daß diese junge Generation von Lehrern empfindlicher als wir auf gewisse gesellschaftliche Veränderungen der letzten Jahre reagiert und vielleicht auch aus diesem Grunde den Schülern überscharf entgegentritt. Ich weiß z. B. aus eigener Erfahrung, daß der Zusammenhalt unter den Studenten an der Universität im letzten Jahrzehnt erschreckend schnell zerfallen ist. Es gab dort natürlich auch früher Leute, die etwa ein Buch in der Bibliothek verstellten oder eine Seite aus einem Lexikon herausrissen, um sich einen persönlichen Vorteil zu verschaffen. Aber die Erfahrung der Isolierung und Vereinzelung, auch die Angst vor dem Konkurrenten ist sicher tiefer und umfassender geworden. Zumindest sind derartige Erfahrungen vor dem historischen Hintergrund der Studentenbewegung schmerzhaft bewußt geworden, die ja doch ansatzweise Formen der Solidarität und des kollektiven Handelns hervorgebracht und die dem einzelnen darüber hinaus die freilich illusionäre Perspektive einer tiefgreifenden Humanisierung der ganzen Gesellschaft geboten hatte. Es gibt heute keine solche Aussicht mehr, die uns über die Kaputtheit unseres gesellschaftlichen Zusammenlebens hinwegtrösten könnte.

Es mag sein, daß sich die Härte dieser Kollegen aus der Enttäuschung über diesen Verlust speist. Ihre Hoffnungen auf humane Verhältnisse zu Lebzeiten sind zerstört. So haben sie irgendwann einmal angefangen, zu phantasieren und in vielen ihrer Schüler kleine gierige Bestien, kleine Wölfe wahrzunehmen und zu fürchten. Sie scheinen diesen Kindern heimzahlen zu wollen, was man ihnen angetan hat. Die Bilder der sozialen Zerstörung um uns herum, die ungeheuerliche, aber sichere Zukunft eines verschärften,

vielleicht zunehmend mit gewaltsamen Mitteln ausgetragenen weltweiten Verteidigungskampfes um die Reichtümer der Erde, die ökologische Rücksichtslosigkeit der Lebenden gegenüber den ungeborenen Generationen – alles das schlägt vielleicht auf jüngere Menschen mit unvergleichlich größerer Wucht durch als auf uns. Wir haben uns ganz gut verschanzt in unseren kleinen utopischen Raumschiffen, die wir mit der Furchtlosigkeit von erfahrenen Astronauten durch das eisige All kutschieren.
Aber sie sehen das ja nicht. Ich habe nicht selten die Erfahrung gemacht, daß die jungen Kollegen die Kontrolle über sich verloren haben. Der Holocaust um sie herum scheint sie dann nicht aufzurütteln und wachsam zu machen, sondern in Panik zu versetzen. Sie gehen furios auf alles los, was auch nur entfernt nach Eigensucht und Rücksichtslosigkeit aussieht. Sie bringen oft nicht einmal mehr die innere Ruhe auf, ihre Reaktionen zu verzögern und zu überdenken. Daher laufen sie Gefahr, die Regungen eines jugendlichen Eigenwillens, die ersten schroffen Versuche, sich von den Erwachsenen zu distanzieren und erwachsen zu werden, den Kampf um individuelle Besonderheit und Absonderung – kurz: das ganze leidenschaftliche Drama des Heranwachsens – mißzuverstehen und empfindlich zu stören. Sie sind versucht, in jedem Fall für die Gruppe, die Sportgruppe oder die ›Klassengemeinschaft‹ oder gar die ›Schulgemeinschaft‹ und gegen den einzelnen Partei zu ergreifen – als gäbe es nicht viele Situationen, in denen das Individuum sich gegen die Gruppe und ihre Macht stellen muß, wenn es Mensch bleiben will. Sie tendieren dazu, zudringlich zu werden und sich in alles einzumischen. Sie tendieren dazu, Schnüffler zu werden. Sie scheinen unbewußt oder halbbewußt die Ordnung des gesellschaftlichen Zusammenlebens als eine dünne und brüchige Kruste zu empfinden, die jederzeit einbrechen kann und dann von elementaren, triebhaften, wilden Kräften überflutet zu werden droht.
Ich frage mich, ob diese Leute ihren fanatischen und bodenlosen Verdacht, in den sie sich immer wieder haltlos hineinfallen lassen, je wieder los werden. Es gibt in der Schule zuviel Zwielichtiges, zuviel Vieldeutiges. Manchmal verteidigt sich einer nur und sieht aus wie ein Angreifer. Die jungen Leute kapseln sich ab. Auch das gibt dem Verdacht neue Nahrung.
Ich wurde als Vetrauenslehrer in einen ›Fall‹ eingeschaltet. Er war sofort im ganzen Kollegium herumgegangen und dort fast allgemein als ein bestürzendes Alarmzeichen gewertet worden. Ein 16jähriger Junge, dem man erhebliche Kontaktschwierigkeiten in seiner Klasse und unter seinen Altersgenossen und darüber hinaus eine gewisse Verschlagenheit und Kälte nachsagte, hatte einen jüngeren und schwächeren Schüler, der zudem auch noch unter einer körperlichen Behinderung litt, vom Fahrrad gestoßen und auf den Boden geworfen. An dem Tatbestand selbst ließ sich nur

schwer zweifeln – es gab einige Zeugen, die sich auf Anregung eines Lehrers sogar dazu bereit fanden, ihre Aussage schriftlich niederzulegen. Es handelte sich bei diesen Zeugen zwar ausschließlich um Klassenkameraden des Opfers, aber der miese, kleinkarierte Gedanke an eine eventuelle Befangenheit konnte den starken Eindruck, den dieser Kinderkreuzzug gegen die Unmenschlichkeit hervorrief, nicht mindern.

Der Gewaltakt schien zwar die meisten zu empören, aber kaum jemand zu überraschen. Hatte man von diesem Jungen etwa nichts anderers erwartet? Merkwürdig war auch, daß von vornherein eine deutliche Antipathie gegenüber den Eltern des Jungen mit im Spiel war. Es waren wohlhabende Leute, die aber wohl eine Spur zu zudringlich oder hartnäckig für ihren Sohn eingetreten waren und auf diese Weise den besonderen Bonus der Privilegierten verspielt hatten. In einem solchen Fall kann das übliche Wohlwollen schon einmal umschlagen. Man warf den Eltern vor, sie stünden ihrem Sohn kritiklos gegenüber und sähen in ihm beinahe einen Verfolgten. Auf die weiteren Hintergründe kann ich hier aus Gründen der Diskretion nicht eingehen.

Das machte mich mißtrauisch. Mir kam der Verdacht, daß der Junge in eine Eskalation der Ablehnung und der Verurteilung hineingeriet, die mit seiner Missetat nicht mehr viel zu tun hatte.

Ich kannte den Jungen bis dahin nicht persönlich und war daher etwas überrascht, als ich bei einem ersten Gespräch unter vier Augen auf Sprödigkeit und abweisende Wortkargheit traf. Das war offenbar jemand, der es unter seiner Würde befand, sich vor mir zu verteidigen. Ich hatte eher ein verzogenes Bürschchen erwartet – einen Filou voller Ausreden und mit einem durchtriebenen Charme. Dieser Eindruck bestätigte sich in den folgenden Wochen. Auf dem Höhepunkt des in Gang gesetzten großen Disziplinarverfahrens - allein im Angesicht der Schulkonferenz, einem gemischten Spitzengremium aus Elternvertretern, Lehrern, Schülervertretern – antwortete der Angeklagte auf die gefährliche Frage, ob er denn die Anwendung von physischer Gewalt für richtig halte: Ja, das müsse man hier gelegentlich; er schlage jedenfalls lieber zu, als daß er selber etwas abbekomme.

Hatte er denn seine Chance nicht bemerkt? Hatte er nicht begriffen, daß man ihm hier eine goldene Brücke bauen wollte – daß man ja durchaus zu Nachsicht und Milde bereit war, wenn er nur seinen Fehler bereuen würde. Hätte er den Kopf nur ein wenig gebeugt, hätte man ihm gewiß über das Haar gestrichen. Wieso sah er denn nicht, daß er der verlorene Sohn war, den man gern wieder aufgenommen hätte? Ich bin überzeugt, weil er einfach zu unverdorben war, um dieses Spiel mitzuspielen. So tat er etwas, was er vor der Runde dieser zum Verzeihen entschlossenen Christen nicht hätte tun dürfen: Er schlug die christliche Gnade aus und bestand auf dem heidnischen Faustrecht. Und das auch noch einem halben

Krüppel gegenüber. Das sind die Situationen, in denen das Abendland sich krümmt und erbricht. Ich weiß, es ist gefährlich, hier noch einen Schritt weiterzugehen. Man gerät schnell an den Rand der Moral. Man sollte die heikle und leichtfertige Frage, ob denn alle Krüppel Heilige seien oder ob es nicht vielleicht doch ein paar hinterhältige und aggressive Typen unter ihnen gebe, erst gar nicht aufkommen lassen. (Ich jedenfalls sollte es besser lassen. Sonst steigt vielleicht das häßliche Bild jenes ewig kränkelnden und leicht verwachsenen Mitschülers wieder in mir hoch, der seine körperliche Gebrechlichkeit raffiniert genutzt und skrupellos bei den Lehrern eingesetzt hatte.)

Die Schulkonferenz beschloß nach längerer Debatte zwei Maßnahmen miteinander zu kombinieren: Ein achttägiger Schulausschluß sollte verdeutlichen, daß sich die Schule einer derartigen Verrohung der Sitten energisch widersetzen wolle. Richtiger hätte es wohl heißen müssen: dem körperlichen Ausdruck einer Verrohung, der man nicht Einhalt gebieten konnte oder wollte. Ich muß gestehen, ich empfand so etwas wie Trauer über diese extreme Verpönung der körperlichen Gewalt. Ich glaube nicht einmal in erster Linie deshalb, weil sonst so ungefähr jede Brutalität in der Schule erlaubt ist, wenn sie sich nur hübsch im geistigen Bereich hält und ihr Opfer physisch unangetastet läßt. Also nicht primär wegen der großen Portion Heuchelei, die dieser Junge hier zu fressen bekam und die ihn möglicherweise vergiften würde. Ich war traurig aus einem mehr persönlichen Grund. Ich mußte daran denken, wie ich eines Nachts durch die Straßen der Stadt gelaufen und plötzlich aus einer Diskothek ein Knäuel junger miteinander kämpfender Männer auf die Straße gefallen war. Ich hatte einen erbärmlichen Schreck gekriegt. Ich war für einen Moment nur noch physische Feigheit gewesen. Warum machen sie das aus uns? Man verkauft uns als moralische Feinheit was im Grunde nur körperliche Gebrochenheit ist. Irgendwann bringt man uns bei, unseren Körper nur noch als einen Verdauungssack zu empfinden. Das bißchen Sport und die genüßlichen kleinen Fouls, die wir dabei begehen, können uns nicht entschädigen.

Ich bin übrigens die ganze Zeit über den Gedanken nicht losgeworden, daß die überaus heftige Reaktion, die dieser Junge mit seiner Attacke auf den behinderten Mitschüler in der Schule hervorrief, etwas mit der damals alles überschattenden Schleyer-Entführung zu tun hatte. Vielleicht flossen da die Bilder der beiden Opfer ineinander. Vielleicht befrachtete die Gewalt der RAF die ›Gewalt‹ des jugendlichen Rohlings mit unabsehbaren und furchterregenden Bedeutungsgehalten. Es vollzog sich so etwas wie eine Politisierung dieses Falls. Das ohnehin nur schwache Interesse an der realen Situation, die zum Streit zwischen den beiden Jugendlichen geführt hatte, wurde weiter geschwächt. Die öffentliche Erregung über die Terroristen schlug auch in die Schule hinein und war hier noch stark genug, die Tat des Jungen aus dem Geflecht von menschlichen Beziehungen herauszureißen, in dem allein sie verstehbar gewesen wäre, sie zu isolieren und zu einem Modellfall asozialen Verhaltens zu machen. Die Schule schuf einen dunklen Charakter, aus dessen abgründiger Tiefe die brutale Tat geboren worden war.

Die andere Maßnahme war mehr erzieherisch gedacht. Der Junge sollte an mehreren Nachmittagen einfache Arbeiten in der Bibliothek ausführen und in dieser Zeit auch unter Anleitung eines Deutschlehrers den Roman eines bekannten Autors lesen, in dem die widerstrebende und mühsame, schließlich aber doch gelingende Aufnahme eines behinderten Kindes in einer Schulklasse geschildert wird. Glühende Kohlen auf das Haupt des kleinen Schlägers.

Unsere Hilflosigkeit ist tatsächlich heillos. In der Schule können wir den gesellschaftlichen Zerfall nicht aufhalten. Wenn wir es versuchen, bringen wir meist nur zweifelhafte Fälle oder noch zweifelhaftere Sanktionen zusammen. Je mehr wir uns ereifern und je scharfäugiger wir den Äußerungen der Inhumanität nachspüren – und an dieser Jagd beteiligen sich auch manchmal Schüler –, desto weiter entfernen wir uns von unserem Ziel. Denn unsere Bemühungen scheinen nur das Klima des militanten Konformismus zu verschärfen, das sowieso schon in der Schule herrscht. Lassen wir also nicht besser die Finger von diesen Dingen? Aber das geht auch nicht. Auch Lehrer, die alles andere als Scharfmacher waren, und sogar auch Schüler haben mir entgegengehalten: wo so viele Menschen auf engem Raume zusammenleben, könne man einfach nicht alles laufen lassen. Es ist ein Dilemma, unauflösbar: es besteht darin, daß man in moralisch bedeutsamen Situationen eingreifen muß, ohne eine moralische Grundlage für diesen Eingriff zu besitzen – notgedrungen, einfach, weil man nicht ausweichen kann.

Es kommt meiner Erfahrung nach nicht allzu häufig vor, daß Schüler, zumindest ältere Schüler, den Vertrauenslehrer ins Vertrauen ziehen. Solange ich dieses zugleich überfrachtete und einflußlose Amt innehatte, schaltete man mich jedenfalls in der Regel nur ein, um einen ungerechtfertigten Eintrag oder eine Strafe wieder loszuwerden oder irgendeine Schikane abzuwehren. Mehr als diese punktuelle, ich möchte sagen, technische oder höchstens hygienische Hilfeleistung erwartete man offenbar nicht von mir. Und das war mir auch sehr recht so. Ein paarmal hat man aber auch mehr von mir verlangt, und dann wurde mir der Boden unter den Füßen jedesmal zu heiß. Eine dieser Episoden hat sich gegen Ende des Schuljahres abgespielt – eine schlimme Krisenzeit, in der viele alte Wunden aufgerissen und neue geschlagen werden. Es war die Zeit, in der Kinderschutzvereine, kirchliche Instanzen, Ärzte ihre bekannten Warnungen an die Eltern in die Zeitung zu setzen pflegen. Vier Schülerinnen aus einer neunten Klasse baten mich eines Morgens um ein Gespräch in einer »sehr ernsten Angelegen-

heit«. Es gebe da in ihrer Klasse ein Problem: eine Mitschülerin schwänze seit einiger Zeit gezielt die Klassenarbeiten. Sie werde dabei von ihren Eltern gedeckt; vielleicht spiele sie ihnen auch etwas vor. Das Mädchen wolle wieder einen ›Preis‹ bekommen, daher wolle sie den Notendurchschnitt, den sie bis dahin erreicht habe, nicht mehr aufs Spiel setzen. Aber das gehe auf keinen Fall. Die andern müßten das Risiko ja schließlich auch eingehen. Sie möchten mich daher fragen, was sie in dieser Situation machen könnten.
Spontan spürte ich nur Befremden über das Engagement dieser Leute. Mein Gott, mußten sie das denn unbedingt so hochspielen – zu einer Grundsatzfrage fast? Wollten sie vielleicht ein Ehrengericht einberufen? Sie kamen mir hart und erbarmungslos vor mit ihrem kindisch-zwanghaften Gerechtigkeitssinn. Ich fragte sie, ob man denn auf einen schießen solle, der sich auf der Flucht befinde. Das war ein Schlag unter die Gürtellinie. Sie blieben aber sachlich und bemühten sich weiter mit merkwürdiger Intensität um die Verdeutlichung ihres Anliegens. Auf der Flucht befinde sich das Mädchen ihrer Meinung nach nicht. Sie wüßten aber, daß es kaum Freunde habe – wenn es überhaupt einen habe. In der Klasse jedenfalls sei sie ganz isoliert. Sie lasse auch niemand an sich heran. Einige hätten es versucht. Sie schließe sich aber hartnäckig ab. Darauf sei es auch zurückzuführen, daß jetzt niemand mit ihr über die Notenangelegenheit reden könne. Und offen in der Klasse darüber zu sprechen, erscheine ihnen denn doch zu hart. Andererseits könne man die Sache aber auch nicht auf sich beruhen lassen, denn sie drohe, das ganze Klima in der Klasse zu vergiften. Mir wurde langsam klar, daß diese Jugendlichen vor mir *verstört* waren. Und daß dieser Verstörtheit nicht mit moralischen Sprüchen beizukommen war. Meine Überlegenheit zerbröckelte jetzt rasch. Was wollten sie denn von mir? Ich konnte ihnen doch nichts bieten. Ich hatte doch selber nichts. Ich spürte, daß sie von mir die Wiederherstellung der Ordnung in einer anarchischen Situation erhofften. Das machte mir Angst. Sollten sie sich doch an einen alten Indianer wenden! Wenn einer wie ich eingreifen würde, käme doch nur wieder *law and order* dabei heraus.
Entzogen habe ich mich dem dann auf die übliche Tour: das Problem weiter delegieren (in diesem Fall an den Klassenlehrer), nicht mehr nachfragen, abwarten, im Sande verlaufen lassen. Vertrauenslehrer.

Post Scriptum

Morgen fahre ich nach Tuttlingen und treffe mich mit einigen meiner früheren Schüler. Unter anderem will ich ihnen einige Auszüge aus dem bisher Geschriebenen vorlesen. Bei der Durch-

sicht fällt mir auf, wie sehr diese Texte noch vom Geist der alten Studentenbewegung geprägt sind. Ich kann wahrscheinlich zur Zeit gar nicht anders schreiben. Beim Schreiben fällt man ja leicht auf eine Stufe zurück, die man im Gespräch bereits überwunden hat. Ich könnte mir gut denken, daß diesen Schülern zuviel Hohn und zuviel Ironie in diesen Texten steckt. Ich spüre selbst, daß man die Macht der Schule über uns Lehrer weniger bissig, weniger angewidert, weniger *denunziatorisch* darstellen könnte und vielleicht sollte. Ich glaube, ich sehe in dem allem immer noch zu sehr eine Schande. So stürze ich denn mich und andere von einem Sockel, auf dem wir für unsere Schüler vielleicht nie gestanden haben. Die Dramatik meiner Enthüllungen hat für sie vielleicht etwas von einem theatralischen Effekt. Man könnte sich eine Schreibweise denken, die dem gesellschaftlichen Zusammenhang, in dem alle diese von mir beleuchteten dunklen Punkte unauslöschlich festsitzen, gerechter wird als meine Polemik.
Der Besuch in Tuttlingen gestern hat vieles wieder aufleben lassen. Es waren nur ein paar Stunden, und das Vorlesen der Texte war auch nicht das Wahre. Der Zusammenhang, in den ich die einzelnen ›Geschichten‹ zu stellen versuche, entgehe ihnen auf diese Weise, meinten meine Zuhörer.
Aber auch so haben sie mir einiges Wichtige gesagt. Nicht so sehr durch direkte Kritik (Sie haben mich wohl als Gast betrachtet und nicht als Autor, dem man genau auf die Finger sehen muß – schön für mich, schlecht für das Buch). Wir haben uns aber über den Realitätsgehalt der Texte unterhalten. In unserer Klasse könnte so etwas nicht vorkommen, meinte einer zu dem Ausbruch jenes Jungen, der die Raumverhältnisse im Gymnasium nicht mehr ausgehalten hatte. Man gehe in der Regel nicht so sehr aus sich heraus. Vielleicht habe man dazu auch gar nicht die Kraft. In der Schule müsse man eben eine »Maske« tragen – oder besser »einen ganzen Anzug mit Maske«. Das habe man allmählich gelernt und damit habe man sich abgefunden. Mir wurde hier blitzartig klar, daß ich in meiner Darstellung nicht die vereinzelten Durchbrüche auf Kosten dieser allgemeinen Resignation oder Zurückgezogenheit bevorzugen darf. Das gäbe ein schiefes Bild. Eine solche Darstellung würde die überragende Bedeutung herunterspielen, die Selbstschutz und Tarnung in der Schule haben. Tarnung? Auch dieses Wort verharmlost die Lage noch. Es sei den Schülern fast schon zur zweiten Natur geworden, sich so zu verhalten. Man werde allmählich auch ›wirklich‹ so. »Ich bin mittlerweile so, wie ich gar nicht sein möchte.«
Jetzt beim Nachdenken über diese Bemerkungen wird mir bewußt, daß ich sie nicht voll begriffen habe. Ich hätte fragen sollen. War damit gemeint, daß sich der Verzicht auf den Ausdruck persönlicher Erfahrung allmählich immer tiefer in einen Menschen hineinfrißt und schließlich auch seine Selbsterfahrung, seine Selbstwahr-

nehmung angreift und lähmt? Was geht da vor sich? Wenn man schweigt und schweigt – vielleicht weil einem zu oft »das Wort im Munde umgedreht worden ist« (so lautete eine Formulierung)? Hört man dann vielleicht auch auf, auf sich, auf seine innere Stimme zu achten?

Dann meine Darstellung der Lehrer und ihres Verhaltens. Zu der Klassenlehrerkonferenz über den 16jährigen Kartenspieler sagt einer: »Schlimm, wenn Pädagogen, die doch feinsinnige Menschen sein sollten, so auf diesem Jungen herumtrampeln. Sie sind ja nur mit der Disziplin beschäftigt, nicht mit den Problemen des Jungen.« Das wollte ich auch zeigen. Nur fällt mir auf, wie vorsichtig sich meine Gesprächspartner da ausdrücken. Eine harte summarische Verurteilung ihrer Lehrer liegt ihnen fern. Mein Bericht scheint eher ein beklommenes, vielleicht auch etwas ungläubiges Staunen hervorzurufen. Nicht jedenfalls jene schnelle, beinahe reflexartige Zustimmung und jene Bestätigung auch und gerade der schärfsten Kritik, wie ich sie von desillusionierten Erwachsenen und auch von mir kenne. Illusionen gegenüber Schule und Lehrer kann man den Schülern von heute kaum nachsagen. Es muß etwas anderes sein, das sie, wenn nicht zu einem milden, so doch zu einem differenzierenden und abwägenden Urteil veranlaßt.

Mir kommt da ein fast paradoxer Gedanke: ist es vielleicht gerade diese ›frühreife‹ Illusionslosigkeit der Schule gegenüber, die sie zu einer so behutsamen Charakterisierung wenigstens der besseren und ein wenig weicheren Lehrer bringt. In einer Situation ohne überzeugende Reformperspektive zählen auch die kleinen, an sich unscheinbaren Zeichen von persönlicher Anständigkeit oder Lernfähigkeit oder wenigstens Sachlichkeit. Schüler empfinden vielleicht instinktiv, daß es für sie gefährlich wäre, diese schwachen Zeichen zu übersehen oder sie zu verachten – sie könnten eines Tages ganz ausbleiben. Unsere Neigung zu vernichtender Kritik könnte demgegenüber aus einer politischen Enttäuschung kommen. Viele von uns haben einmal an eine ›revolutionäre‹ Berufsperspektive auch in der Schule geglaubt – an ›den langen Marsch durch die Institutionen‹, wie Rudi Dutschke es seinerzeit so schön formuliert hat. Heute, nach unserem Scheitern nehmen wir leicht einen etwas desperadohaften Standpunkt ein. Wir lassen uns fallen. Wir geben alles verloren und lassen an den Leuten in der Bundesrepublik kein gutes Haar. Wir tendieren dazu, die in die gesellschaftlichen Verhältnisse verwickelten Menschen aus freien Stücken noch mehr herabzusetzen als der Druck dieser Zustände sie sowieso schon herabsetzt.

Es gibt da eine bemerkenswerte Distanz zwischen diesen jungen Leuten und uns. Sie reagieren eher abweisend oder spöttisch, wenn ein Veteran aus der APO-Zeit vor sie hintritt und zu ihnen über die damaligen Kämpfe spricht. Ich habe im Unterricht und auch in sonstigen Kontakten mehr als einmal den Boden unter den Füßen verloren. Man hat mir oft das Gefühl vermittelt, ich sei jemand, der krampfhaft und starrsinnig an gescheiterten Formen der Kritik, des Protests, der Opposition festhalte. Jemand, der immer noch ein historisches Rebellentum pflegt, während die Wirklichkeit längst darüber hinweggegangen ist. Ich bin mir oft geradezu wie ein Extremist vorgekommen, der mit seiner verrannten Angriffslust nicht mehr nach außen wirkt, kein Echo mehr findet und statt dessen an der Herstellung von Magengeschwüren arbeitet. Es liegt mir jedoch fern, in diesen Schwierigkeiten unübersteigbare Barrieren zu sehen. Die gleichen Leute, die uns eine Abfuhr erteilen, wenn wir ihnen etwa von der alten APO vorschwärmen, hören uns aufmerksam zu, wenn wir ihnen über unser Leben in der Zeit vor 1968 berichten.

Allerdings habe ich von den heutigen Jugendlichen nie den befürchteten Spott geerntet, wenn ich versuchte, ohne Beschönigungen von meinem früheren Leben zu berichten. Ich traf eher auf ein verwundertes Staunen, daß es jene Zustände noch vor kurzer Zeit gegeben hatte. Das Staunen war nicht ohne das Mitgefühl, daß man mit uns schon arg umgegangen sein mußte, – was ja auch stimmte . . . Vielleicht konnten sie in dem so ganz ruhmlosen Bericht ein Stück eigener Unsicherheit und Verletzbarkeit wiederfinden. (J. Bopp, Vatis Argumente, Kursbuch 58, Dezember 1979, S. 7)

Diese Jugendlichen interessieren sich offenbar bedeutend stärker für unsere mühselige Vorgeschichte als für unsere politischen Leistungen. Grundsätzlicher gesagt: sie interessieren sich mehr dafür, wer wir sind und wie wir es geworden sind, als für das, was wir wollen; mehr also für unsere persönlichen Widersprüche als für unsere politische Identität. Und dieses Interesse hat nichts mit jener boshaften Aufmerksamkeit zu tun, mit der sie gelegentlich ihre Lehrer auf ihre Schwächen hin absuchen.

Anfangs war mir das unangenehm, ich befürchtete so etwas wie Gesichtsverlust. Aber nachdem ich es erst einmal über mich gebracht hatte, meine Rüstung abzulegen, empfand ich die Situation doch als sehr wohltuend. Man lebt irgendwie auf, wenn einmal keine Stärke, keine Überlegenheit und auch keine imponierend geschlossene Identität von einem verlangt wird. Es scheint diese Heranwachsenden überhaupt nicht zu schockieren, wenn unsereins die Bruchstücke seiner Persönlichkeit von überall her zusammenklauben muß. Ich habe es mir jahrelang heroisch verkniffen, über mich zu reden. Jetzt taue ich allmählich auf und drohe fast in das andere Extrem zu verfallen.

Der Lehrer

Steckenpferd

Improvisation

Mein Germanistikstudium war nicht befriedigend verlaufen. Das Studieren hatte mir beispielsweise die Freude am Lesen verdorben. Ich bin dieses Grauen vor der wissenschaftlichen Beschäftigung mit literarischen Texten nie los geworden. Das Examen war eine Blamage gewesen. Ich hatte es nur mit knapper Not bestanden, heute wäre ich mit einer solchen Note vermutlich gar nicht mehr in den Schuldienst gekommen. Seitdem hatte ich mich anderthalb Jahrzehnte mit anderen Dingen beschäftigt, und die unangenehmen und teilweise peinlichen Erinnerungen an mein Studium waren verblaßt.

Jetzt war ich plötzlich Deutschlehrer. Etwas anderes, als mir irgendwie mein Brot zu verdienen, war nicht dahinter. Es war ein Job, auf den ich denkbar schlecht vorbereitet war und der in mir den alten Ekel wieder aufsteigen ließ.

Ich kam mir fast vor wie ein Hochstapler. Den Fachkollegen, die da um mich herum ihre soliden Unterrichtsvorbereitungen trafen, konnte ich mich ja nicht gut anvertrauen. Einer von ihnen, dem der Aufbau der neuen Fachbücherei oblag, fragte mich einmal nach *meinen* Anschaffungsvorschlägen. Ich biß die Zähne zusammen und lief im Geiste wieder an den endlosen Bücherwänden der Universitätsbibliothek vorbei, die mich als Student mit Furcht erfüllt hatten. Damals war ich einmal in einer plötzlichen Anwandlung auf einen Tisch zugegangen, an dem ein älterer Student hinter einem ganzen Berg von Büchern und Manuskripten arbeitete, und hatte einfach ein Buch aus dem Stapel herausgezogen und blind darin geblättert. Den Blick dieses ernsten Mannes, den ich aus seiner Versunkenheit aufgestört hatte, habe ich nie vergessen. Sah mich dieser Kollege jetzt nicht genauso an?

Was macht ein armes Würstchen in solche Lage? Ich empfehle ihm, erst einmal zu bluffen – so ungeniert, als es ihm seine inneren Skrupel erlauben. Das ist gar nicht so leicht, die Kunst des Bluffs will erlernt sein. Wenn man dich beispielsweise fragt, welcher Interpretation dieses oder jenes Klassikers du den Vorzug gibst, muß du zunächst den weinerlichen Impuls zur Aufrichtigkeit unter Kontrolle bringen. Denn wenn du ihm sagst, du hättest diesen Klassiker leider noch nicht lesen können – es sei dir soviel dazwischen gekommen und du seiest überhaupt ein langsamer Leser, ein Spätentwickler auf der ganzen Linie, aber es sei auch viel guter Wille in dir, eine große Lernbereitschaft – wenn du dich dermaßen verhaspelst, hast du schon verloren. Wer sich rechtfertigt, ist verloren. Also sagst du dem Typ, das habe sich deiner Meinung nach alles längst verschlissen – ich meine: diese ganze Interpretiererei der Klassiker – wo denn dabei der Text selbst bleibe? Meinen Sie nicht, daß wir uns das unbefangene Lesen zurückerobern müssen? Rotzfrech, ins Gesicht. Oder du entwaffnest den Gegner durch eine kleine billige Schmeichelei: das sei ja hochinteressant, da habe er einen Wissensvorsprung dir gegenüber. Er solle doch so gut sein, dir das Material zu borgen. Ich frage mich, woher Sie noch die Kraft zu alledem nehmen? Das wirkt so gut wie immer.

Frauen sollten aber, glaube ich, nicht zu diesem Mittel greifen – jedenfalls nicht, wenn Männer im Spiel sind. Es könnte sich gegen sie selbst kehren. Was als gezielter Trick gemeint ist, könnte leicht als Ausdruck traditioneller Frauendemut aufgefaßt und von den männlichen Kollegen abgeerntet werden. Ich bin daher überzeugt, daß Frauen die härteren und aggressiveren Varianten des Bluffs wählen sollten.

Es versteht sich von selbst, daß ich meinen Schülern nicht auf die gleiche Weise ausweichen konnte. Es war aber auch unmöglich, einfach vor sie hinzutreten und ihnen die Wahrheit über meine professionelle Qualifikation zu sagen. Die Schüler hätten das wahrscheinlich als eine Zumutung empfunden und scharf zurückgewiesen. Von ihnen wird ja auch jeden Tag Stärke und Können erwartet – und zwar im Grunde erbarmungslos, bei Strafe des Scheiterns und Ausscheidens. Sie hätten vermutlich ähnlich reagiert wie die Runde von Männern, wohl hauptsächlich Arbeiter und Handwerker, die ich einmal in einer Kneipe bei einem Gespräch über die Arbeitslosen- und Krankenversicherung beobachtet hatte. Den Anlaß bot ein etwa 50jähriger Mann, der, wie ich mitbekam, bereits seit Jahren trank, sich systematisch damit kaputtmachte und auf Dauer krankgeschrieben war. Kaum war er weg, fielen außerordentlich bittere Bemerkungen über ihn. Ein Parasit. Da verschaffte sich eine lebenslang durchgehaltene Anpassung und Selbstdisziplin Luft. Wieso darf der sich gehen lassen, während wir uns zusammennehmen müssen? Ich glaube, meine Schüler hätten sogar noch feindseliger reagiert, da ich ja kein Kollege, sondern ein Funktionär war – Teil eines Zwangsapparats, der ihnen täglich die Leistung abpreßt. Wenn nun plötzlich einer von diesen Antreibern sein Herz vor ihnen ausschüttet, so muß das doch mindestens als eine Unverschämtheit oder als ein Fauxpas, wenn nicht sogar als eine direkte Verhöhnung aufgefaßt werden. Schwäche als Privileg des Stärkeren, die persönliche Note als Vorrecht des Mächtigen. Die anderen können nicht mithalten und müssen sich das schwei-

gend anhören. Überteibe ich, wenn ich sage, daß in derartigen Situationen Haß aufkommen kann?
Ein Referendar an meiner Schule hat sich einmal, wohl in einem Moment tiefer Verängstigung, dazu hinreißen lassen, seine Schüler folgendermaßen unter Druck zu setzen: er könne seine Existenz verlieren, wenn sie ihn nicht in dieser Lehrprobe unterstützten; er stehe kurz vor der Heirat und wolle Kinder haben - das alles sei gefährdet, wenn sie ihn jetzt im Stiche ließen. Ein schamloser Auftritt (dessen eigentlicher Regisseur freilich die Kultusbürokratie mit ihrer verschärften Notengebung für Referendare ist). Das Widerlichste daran ist das totale Fehlen von Wechselseitigkeit. Da wird jemand familiär und bittet um Solidarität und Brüderlichkeit, der selbst schon aus seiner Funktion und seinem staatlichen Auftrag heraus nichts dergleichen geben kann. Ich möchte nicht wissen, wie der junge Kollege sich anschließend gefühlt hat. Nachdem er den Blick der Schüler auf seiner Haut gespürt hat. Man macht sich doch nur selbst fertig mit solchen verzweifelten Praktiken.
Wenn ich also Tricks und Tränendrüse aus dem Spiel lassen wollte, blieb mir nur eines: Ich mußte den Unterricht auf eine möglichst sichere und gekonnte Art improvisieren. Das war meine Ausgangssituation, und sie hat sich während der beiden Jahre, in denen ich als Lehrer gearbeitet habe, nicht wesentlich verändert. Diese Situation und nicht etwa eine wohlüberlegte Unterrichtskonzeption hat mich dazu gebracht, den Deutschunterricht in eine Art ›Gemeinschaftskunde‹ übergehen zu lassen. Themen dieser Art konnte ich von meiner Vorbildung und bisherigen Berufstätigkeit her leichter bewältigen als die Beschäftigung mit Sprache und Poesie. Jene kritischen Kollegen, die mir eine linke Strategie und »eine Neuauflage der Konfliktstrategie der späten sechziger Jahre an den deutschen Universitäten – nun in der Schule« (wie es ein besonders aufgeregter Kampfhahn groteskerweise einmal formuliert hat) unterstellten, haben mich überschätzt und mir zuviel der Ehre angetan.

Wallraff

Haltesuchend hatte ich nach den ›Industriereportagen‹ gegriffen. Damit kannst du nicht viel falsch machen – das ist solide, leicht verdauliche Kost. Ich stellte mir ein paar souveräne und harmonische Stunden vor, in denen Wallraff und ich diese unwissenden provinziellen Gymnasiasten mal ein bißchen über die Welt hinter den Fabriktoren aufklären würden. Das würde ihnen guttun. Ich hatte zwar persönlich auch noch nie an einem dieser Fließbänder gearbeitet, aber es würde mir auch so gelingen, diesen wohlbehüteten und etwas unbedarften Kindern das leidvolle Schicksal der Arbeiterklasse nahezubringen.
Zu meinem Erstaunen wurden diese Stunden aber ziemlich disharmonisch. Meine Schüler waren nicht jene wenig differenzierte

Masse, die ich sozusagen en bloc bearbeiten und ein Stück weit kultivieren wollte. Die Klasse zerfiel vor meinen Augen. Es bildeten sich Fronten, die mehr mit den Gegensätzen in der Gesellschaft dieser Kleinstadt zu tun hatten als mit meinen Diskussionsanregungen und gezielten kleinen didaktischen Provokationen. Es gab da offenbar eine mächtige Wirklichkeit, die die Reaktionen meiner Schüler auf diese Texte stärker bestimmte, als meine Absichten das zu tun vermochten. Das hat mich tief verstimmt, und ich habe lange ein Gefühl der Machtlosigkeit empfunden, als verbiege und verzerre mir da irgendeine anonyme Gewalt meinen Unterricht.

Dieser Junge zum Beispiel, der sich zäh dagegen sträubte, die Wallraffsche Aussage überhaupt ernst zu nehmen, und der mich mit endlosen Einwänden gegen die »Einseitigkeit«, gegen die »Unehrlichkeit« und das demagogische Falschspiel dieses Berichts zermürbte, – war er nicht wie verhext? Warum ließ er denn den Gehalt dieses Buches: die abstumpfende und erschöpfende Maloche der Arbeiter nicht einfach auf sich wirken und in seinen jugendlichen Erfahrungsschatz eindringen? Warum war denn dieser 15- oder höchstens 16jährige im Gegenteil so verbissen darauf aus, diese Erfahrungen beiseite zu schieben, sie zu verleugnen oder ihnen doch den typischen Charakter abzusprechen? Dieser Wallraff habe doch nur mal eben in einen derartigen Betrieb hineingerochen. Anderswo sähe es vielleicht ganz anders aus. Und wer garantiert mir, daß der mir nicht nur das erzählt, was ihm in den Kram paßt? Ich hatte eine methodologische Superskepsis dieser Art auf der Universität kennengelernt – sie hat dort die Funktion, unsere Gesellschaft als ein unübersehbar komplexe Welt, als einen Abgrund von Vielgestaltigkeit erscheinen zu lassen, den man letzlich nicht erfassen könne.

Aber wie kam dieser Junge daran? Hatte er sich diese raffinierte Technik der Abwehr von Erkenntnissen über das Leben in der Bundesrepublik etwa bereits perfekt angeeignet, sie vielleicht schon endgültig von seinen Eltern, von seiner Umgebung übernommen? Hatte der Geist dieses Sohnes aus gutem Hause sich unter dem Druck einer bestimmten Erziehung, unter dem Einfluß des von frühester Kindheit an gedankenlos genossenen Luxus bereits unwiderruflich formiert und verschlossen? Früh ausgetrocknet, verbrannt und verknöchert auf der Sonnenseite des Lebens? Was war das für eine Stadt – was waren das für Wohnviertel und Häuser, in denen man es fertigbrachte, die spontane Neugier und Weltoffenheit noch ganz junger Menschen so zu zerstören und Jugendliche in marionettenhafte Wesen zu verwandeln, die sich nach dem Zug langer verborgener Fäden bewegen?

Ich war entsetzt, wagte aber nicht, damit herauszukommen. Es war mir zwar nicht ganz wohl dabei, aber instinktiv wich ich vor einer offenen Konfrontation mit diesem Jungen und anderen, ähnlich denkenden Schülern zurück. In einer solchen Auseinandersetzung hätte ich vermutlich meine zweifelhafte Sprachgewandtheit bis zum letzten ausgespielt und mich damit wohl um den Rest meiner Arbeitsmöglichkeiten in dieser Klasse gebracht. Im nachhinein bin ich froh über dieses Zögern. Ich habe allmählich gelernt, die Dinge anders zu sehen. Schon der Aufsatz, den dieser anscheinend früh vollendete Bourgeois dann über Wallraffs Buch schrieb, machte mich nachdenklich. Das war eine dicht am Text bleibende, um Sachlichkeit bemühte, geradezu bohrende Untersuchung. Wieso war mir denn vorher entgangen, daß dieser Junge sich offensichtlich provoziert fühlte und daß er sich dieser Herausforderung ernsthaft stellte? Fernsteuerung?

Als ich ihm vorschlug, diesen Aufsatz als Brief an Wallraff umzuschreiben, ging er sofort darauf ein und schrieb ein kleines Meisterstück der Polemik – das dieser vielbeschäftigte Herr dann aber leider unbeantwortet ließ. Ich gestand mir nun auch ein, daß auch mich diese Texte langweilten und ärgerten – was ich vorher bei dem energiegeladenen Versuch, diesen zurückgebliebenen Köpfen etwas Fortschrittliches einzutrichtern, nicht beachtet hatte. Die Arbeiter waren hier fast ausschließlich als Leidende, als Opfer des Kapitalismus gesehen. Mittlerweile weiß ich, daß man auch ganz anders über sie schreiben kann – aufmerksamer, respektvoller auch, ohne diese Grautönung, welche den richtigen Kontrast zu den farbigen Persönlichkeiten der Geistesarbeiter darstellt. Gibt es unter den Arbeitern keine ›Persönlichkeiten‹? Konnte ich es diesen Schülern verübeln, wenn ihnen dieser humanitäre Einheitsbrei, den Wallraff da für uns gekocht hat, nicht recht schmecken wollte? Was wußte ich überhaupt davon, was in ihnen vorging? Es konnte ja auch sein, daß sie allergisch auf eine Nullachtfuffzehn-Sozialkritik reagierten, von der meine Generation ganz enorme Mengen produziert und verschlungen hatte. Es dämmerte mir, daß diese Jugendlichen nicht mehr den gleichen bitteren Genuß an derartigen Bildern der Ohnmacht und des physischen und kulturellen Elends haben wie wir. Für uns waren diese Bilder ja in gewisser Weise eine Selbstbestätigung gewesen – sie hatten uns ein weites Feld der politischen oder besser gesagt: der pädagogischen Betätigung gezeigt. Wenn man sich dagegen nicht in einer so glänzenden Position befindet, rücken einem die kümmerlichen Figuren der Wallraffschen Zeichenkunst vielleicht bedrohlich zu Leibe und versuchen, einen in ihren Trauerzug hineinzuziehen.

›Bambule‹

Aber mein Ehrgeiz war umfassender. Ich wollte nicht nur die Elendsgestalt des Proletariers, sondern auch die des westdeutschen Jugendlichen von heute vor diese Gymnasiasten hinstellen und sie damit ein wenig aus ihrer kleinstädtischen Ruhe aufscheuchen. Das aus politischen Gründen nie gesendete Fernsehstück von Ulrike Meinhof über die Zustände in einer geschlossenen Erziehungsanstalt für Mädchen (›Eichenhof‹) sollte einer der Höhepunkte einer monatelangen Unterrichtseinheit über die Lebensbedingungen der Jugendlichen sein. Ich war insgeheim erfreut über meine Kühnheit und erwartete mit einer gewissen Lüsternheit den Einspruch der Eltern.

Nichts dergleichen geschah. Der Unterricht schleppte sich unangefochten dahin. Dabei hatte ich mir eine elegante und listige Taktik zurecht gelegt. Ich würde den politischen Angriff der Eltern im tiefen Ernst meiner Sachlichkeit ertränken. Wenn sie mir mit der RAF kämen, würde ich ihnen mit Fakten über Fürsorgeerziehung, Jugendkriminalität, Rückfallquoten und anderen schlimmen Sachen den Mund stopfen. Aber sie kamen nicht. Verstehe einer diese Kleinstädter! Auch meine Schüler zeigten sich keineswegs so aufgewühlt, wie es angesichts meines Wagemuts wohl angemessen gewesen wäre. Gibt es etwas Enttäuschenderes als eine Provokation, die nicht provoziert? Sie saßen genauso still in ihren Bänken wie sonst auch.

Allmählich ergriff mich eine tiefe Unsicherheit. Es war ja auch in den Wochen und Monaten vorher nicht anders gewesen. Sicher, der eine oder andere hatte mal etwas gesagt, und ein paar Mal war auch so etwas wie ein Gespräch aufgekommen. Aber dabei hatte ich oft den Eindruck, daß das primär aus Rücksicht auf mich geschah. Man wollte mich nicht kränken. Ein Schüler dieser Klasse hat einmal bemerkt, es sei irgendwie beeindruckend und nötige ihm Respekt ab, daß ich »mich so sehr mit meinen Sachen identifiziere«. Er hatte das ohne jeden Spott gesagt, eher etwas verwundert, glaube ich. Das hatte mich im Moment ganz seltsam berührt. Allmählich konnte ich mir nicht länger verhehlen: Im Ganzen hatte diese Fülle von Aussagen über *die* Jugendlichen *diese* Jugendlichen zum Schweigen gebracht und sie sogar für mich regelrecht verschüttet. Unter der Lawine von Materialien waren nur noch schwache Lebenszeichen zu vernehmen. Ich begriff das nicht. Es konnte nicht an unserer Beziehung liegen. Ich hing an dieser Klasse merkwürdigerweise ganz besonders, und man behandelte mich dort nicht unfreundlich. Die Auseinandersetzung zwischen uns blieb immer eher leise. Mein Feuerwerk verlor auch langsam an Brillanz und ›Bambule‹ war im Grunde schon der Versuch, zuletzt doch noch einen starken Knalleffekt zu zünden.

Gewissen Andeutungen ließ sich entnehmen, daß der anklagende Text Ulrike Meinhofs auf viele Schüler bedrückend wirkte – und nicht ›radikalisierend‹, wie sie es sich erhofft hatte. Was war das für eine Distanz, die sich da zwischen dem Engagement und den aufklärerischen Absichten dieser Autorin und den Gedanken ihrer jungen Leser auftat? Waren sie etwa der hier schonungslos aufgedeckten Realität des Fürsorgesystems nicht gewachsen? Wollten sie sich daran vorbeimogeln, den Kopf in den Sand stecken? Einige vielleicht. Aber dieses Bild einer eigensüchtigen Suche nach der heilen Welt, das ich mir in meiner Verwirrung machte, zerrann sogleich wieder. Die Empörung, mit der diese Schüler auf einzelne Regeln in der Hausordnung des ›Eichenhofs‹ reagierten, beschämte mich. Vor allem Anweisungen wie die, »daß die Wände der Schlafräume nicht mit Bildern beklebt werden«, oder die, »daß Du Dein Geld nicht verleihst und auch Deine Sachen nicht verborgst ...« – stießen auf scharfe Ablehnung bei den Schülern. Hier war der Brückenschlag zu der fremden Welt von Verwahrlosung und Zwangserziehung möglich. Da hatte man sie vermutlich 15 Jahre lang im Geist der gesellschaftlichen Respektabilität erzogen, und jetzt versuchten sie, sich in die Lage dieser Ausgestoßenen zu versetzen. Hatten diese eingesperrten Jugendlichen nicht das gleiche Bedürfnis nach einem privaten Raum wie sie selbst? Und das gleiche Recht darauf? Und wie konnte man es wagen, das Vertrauensverhältnis zwischen Freundinnen dermaßen brutal zu stören?

Allerdings wichen einige wieder einen Schritt zurück, als ich ihnen, um ihre Parteinahme zu testen, sagte, es seien meist auch Kriminelle unter solchen Heimzöglingen. In diesem Fall, meinten sie, komme man wahrscheinlich um eine gewisse Strenge nicht herum. Diese Jugendlichen müßten sich ja zunächst einmal überhaupt an eine Ordnung gewöhnen. (Um das nicht mißzuverstehen, müßte man freilich darüber nachdenken, was ›Ordnung‹ für Jugendliche heißen könnte.)

Daß meine Schüler nicht in meine Schubladen paßten, wurde mir in einer anderen Situation noch deutlicher. Unmittelbar nach der Lektüre von ›Bambule‹ hatte ich einen Kollegen gebeten, in meinem Unterricht über seinen knapp zweijährigen Zivildienst im örtlichen ›Kinderdorf‹ zu berichten. Er erzählte unter anderem von einem Jungen, mit dem man dort nicht fertiggeworden sei und den man daher schließlich in ein Jugendgefängnis abgeschoben hatte. Er habe ihn dort besucht und ihn völlig vereinsamt, ohne jeden Beistand angetroffen. Eisiges Schweigen, man konnte in diesem Moment geradezu spüren, wie das erbarmungsvolle und gütige Jesusantlitz des ›Kinderdorfs‹ einen Riß bekam.

Aber wenn sie die Substanz dessen, was Ulrike Meinhof zu sagen hatte, so mühelos erfaßten – was störte sie dann? Der pädagogische Gestus des Werkes vielleicht? Wenn man sich auf seine Intuition verläßt, langweilt einen die Belehrung über das Exemplarische leicht – denn man ist ihm stets voraus. Mittlerweile glaube ich, daß ich darüber hinaus die ganze Situation fundamental mißverstanden hatte. Während ich glaubte, etwas Unruhe in das beengte und stagnierende Denken dieser Jugendlichen bringen zu müssen, waren sie längst und ganz unabhängig von meinen Bemühungen so beunruhigt, daß sie um ihr Gleichgewicht und ihren guten Mut kämpfen mußten.

Während ich es darauf anlegte, in dieser noch halb ländlichen

Provinzidylle die häßlichen Bilder des Großstadtlebens auszustellen, war die Stadt mit ihrem Dreck längst zu diesen Kindern gekommen. Ich war offenbar außer Rhythmus mit den Veränderungen des praktischen Lebens.

›Wir Kinder vom Bahnhof Zoo‹

Damals kam gerade der Bestseller über die Berliner Rauschgiftszene heraus. Ich überlegte noch, ob ich das meinen Sechzehnjährigen zumuten dürfe, als meine Dreizehnjährigen die Stern-Serie von sich aus in den Unterricht mitbrachen. ›Bambule‹, das linke Lehrstück, hatte ich den Schülern aufdrängen müssen – den persönlichen Lebensbericht der Altersgenossin rissen sie mir aus den Händen. Das Buch ging in Windeseile herum. Ich weiß, daß auch andere Lehrer ähnliche Erfahrungen gemacht haben. Eine befreundete Lehrerin hatte mir erzählt, daß ihre Schüler über diesen Text aber nicht reden wollten. Sie hätten sich das Buch stundenlang vorlesen lassen, ohne sich zu mucksen und fast ohne ein Wort zu sagen. Das war auf der Realschule, durfte ich so etwas an der Höheren Schule durchgehen lassen? Ich konnte sie doch nicht einfach nur dasitzen und schweigen lassen. Hatte ich nicht die Pflicht, den Funken des Wortes aus diesem Gestein zu schlagen? Mußte ich ihnen nicht beibringen, sich zu artikulieren – ihre unklaren Empfindungen in klaren Sätzen auszudrücken? Sie glitten mir ja weg – sie entglitten sich ja selbst, wenn ich sie nicht zurückholte. Irgendwie mußte ich doch auf Kommunikation bestehen, nicht wahr?

Ich tat es dann doch nicht. Ich wußte auch nicht genau warum. So las einer vor und wir anderen hörten stumm zu. Dabei hatte ich anfangs Angst, irgendwelche Vorgesetzte könnten von diesem Schwarzen Loch im Kosmos der Wörter angezogen werden und plötzlich durch die Tür hereinstürzen. Aber das verlor sich. Ich saß unter den anderen und vergaß sogar momentweise, daß ich hier der Lehrer war – der Organisator des Unterrichts, Meister der Sprache unter Stammlern. Es waren fast glückliche Momente, wie ich mir eingestehen mußte.

Die kindliche Heroinsüchtige aus Berlin spricht offenbar eine Sprache, die direkt zu diesen äußerlich so braven und bodenständigen Kindern der Schwäbischen Alb dringt. Was ist die Basis für diese Verständigung über alle Unterschiede der Lebensumstände und des Erfahrungshorizonts hinweg?

Warum wollten meine Schüler nicht reden? Fühlten sie sich etwa nicht stark genug, sich auf das Forum der sprachlichen Kommunikation hinauszuwagen und sich dort zu behaupten? Oder mißtrauten sie der Art zu sprechen, wie sie ihnen in der Schule beigebracht wird? Spürten sie, daß diese Sprache kein neutrales Instrument war, dessen sie sich ohne weiteres bei der Ausformung ihrer persönlichen Erfahrungen hätten bedienen können? Ein älterer Freund, mit dem ich mich darüber unterhalten habe, meint, die Gründe lägen noch tiefer. Um über eine Sache reden zu können und zu wollen, müsse man Abstand zu ihr haben und ihr gegenüberstehen. Vielleicht fühlten sich meine Schüler dieser Christiane F. so nahe und so verwandt, daß die Distanzierung des Kommentierens, die ich von ihnen verlangte, eine Art Spaltung, eine Abspaltung des Kopfes für sie bedeutet hätte. Dann wäre ihr Schweigen ein elementarer Versuch, beieinander zu bleiben.

Wenn man diese Jugendlichen in der Schule zwingt, über ›das Drogenproblem‹ zu reden oder gar zu schreiben, werden sich vielleicht viele von ihnen an die technokratische und psychiatrische Sichtweise anlehnen und formal die moralismusverseuchte Sprachregelung übernehmen, wie sie offiziell auch in der Schule gebräuchlich ist. Aber das ist ein Pyrrhussieg der staatlichen Vernunft. Das sagt sehr wenig über das wirkliche Denken dieser Heranwachsenden. Es sagt mehr darüber, wie man an einer solchen Schule und in einer solchen Stadt mit der Problematik der Drogen umgeht. An meiner Schule gab es zwar dunkle Gerüchte über die große Verbreitung des Rauschgiftgenusses unter den Schülern – aber wir wußten nicht, wie wir uns demgegenüber verhalten sollten. Ich habe z. B. einmal mehrere Wochen lang gezögert, einen Schüler, der oft ganz zerrüttet aussah und dem es auch körperlich furchtbar schlecht zu gehen schien, direkt darauf anzusprechen. Ich habe mehrere Anläufe genommen, und als ich es dann schließlich schaffte, habe ich ziemlich gestottert. Diese Sorte von Tabuisierung lastet auf den Jugendlichen. Allerdings schützt sie sie andrerseits auch. Warum sollten sie von sich aus dieses Schweigen brechen und sich aus freien Stücken der bislang noch hilflosen Überwachung zugänglicher machen?

Es ist mittlerweile ein Gemeinplatz, daß die Drogen ziemlich genau seit Beginn der 70er Jahre auch aufs Land, in die Provinzstädte und Dörfer gekommen sind. Aber das war für mich ein anonymer Prozeß, der mich gleichgültig ließ und der sich bruchlos in mein düsteres Gesamtbild von den Zuständen in der Bundesrepublik einfügte. Dagegen hat es mich überrascht und beunruhigt, als mir ein 17jähriger Schüler mit einiger persönlichen Kenntnis von der Nachtseite dieser Stadt einmal sagte, daß mit Sicherheit »Hunderte an diesem Gymnasium« bereits Kontakt mit irgendeinem Rauschgift gehabt hätten. Ich habe nicht nachgefragt und bin nicht tiefer in dieses befremdliche Doppelleben eingedrungen. Warum hätten mich gerade die Schüler dazu drängen sollen? Was hätten sie sich davon versprechen sollen? An einer Schule, in der schon das Rauchen für alle strikt verboten ist oder war, und in einem Klima, in dem der Athlet – der sportliche, der laufende Mensch, als Ebenbild Gottes erscheint. »Der psychisch Gesunde ist verzweifelt, wenn er scheitert, und hingerissen, wenn er siegt«, ist in einem modernen Handbuch für Psychiatrie zu lesen.

Ich war diesem Druck nicht gewachsen. Das mußten meine Schüler spüren. Als eines Tages in meinem Unterricht – von Elternseite eingeschleust – stoßweise medizinische Informationsbroschüren über ›Drogenmißbrauch‹ auftauchten, bedankte ich mich sogar noch. Ich hatte nicht den Mut, die Fragwürdigkeit derartiger ›Informationen‹ – ihren offensichtlichen Abschreckungscharakter, den in ihnen propagierten terroristischen Begriff von Gesundheit – anzusprechen und meinen Unterricht gegen derartige *politische Eingriffe* von außen zu verteidigen. Ich habe im Gegenteil diesem Einfluß selbst noch Tür und Tor geöffnet, indem ich ohne vorherige Prüfung einen ›Lehrfilm‹ von der Kreisbildstelle gezeigt habe. Hier werden dem Betrachter Bilder oder auch nur Statistiken des seelischen und körperlichen Verfalls vom Typ des Raucherbeins vorgeführt. Die Bedeutung, die Drogen für Jugendliche gewinnen können, ist dagegen kein Thema dieses Films. Im Abschnitt über das Haschischrauchen darf man für ein paar Sekunden in eine etwas verwahrloste Wohngemeinschaft hineinsehen – kommentarlose Bilder, die darauf vertrauen, daß der Zuschauer oder Voyeur die richtigen Bezüge schon herstellen wird.
Angesichts dieser Situation und dieses gravierenden Mangels an Sachlichkeit und Courage auf meiner Seite kann man den folgenden Aufsatz eines 17jährigen nur als ein Dokument des Mutes und der Unabhängigkeit bezeichnen. Das genaue Thema lautete »Drogenabhängige Jugend – Versuche, zu diesem Thema einen Artikel für eine Schülerzeitung zu schreiben«.

›Eine erschreckende Entwicklung‹, hört man immer wieder, ›drei Kilo Heroin und ein Zentner Haschisch in einem Lastwagen gefunden.‹ Man wird von der Polizei gewarnt, in der Schule werden Informationshefte ausgeteilt. ›Versprich mir bitte, niemals Drogen zu nehmen! Wenn du einmal Haschisch geraucht hast, ist der Ofen aus, dann kannst du bestimmt niemals etwas Anständiges arbeiten, du schaufelst dir dein eigenes Grab.‹
Drogenkonsumenten werden immer als kriminell tituliert. Man versucht immer wieder, Abschreckungstaktik zu betreiben, wodurch bei Jugendlichen, die noch keine Droge nehmen, eine große Ehrfurcht vor solchen, die schon ›drauf‹ sind, entsteht (s. ›Wir Kinder vom Bahnhof Zoo‹). Außerdem wird durch diese ›permanente (nervtötend) Drogeninformation‹ die Neugierde noch gesteigert.
Wenn man Haschisch raucht, hat man seine eigene Religion, sondert sich ab, läßt all die Spießer hinter sich liegen, ist ihnen um Jahrhunderte voraus, wenn man Acid (LSD) schluckt, wird man auf höhere Bewußtseinsebenen gehoben. Das erste Opium treibt einen weiter, höher, die erste Spritze macht einen zu einem Star. Ein halbes Jahr später der Ruin, Entzug, vielleicht Tod, vielleicht Rückkehr in ein normales Leben. Das ist die Auffassung der Polizei, die ja fast nur ›Kontakt‹ mit solchen Leuten hat, die fixen oder die dealen. Von der Woodstockgeneration, von 400 000 Leuten, die drei Tage Musik hörten, Haschisch rauchten, und eine vollendete Gemeinschaft bildeten, haben sie keine Ahnung. Wer da behauptet, daß 90% der ›Kiffer‹ zu ›Junkies‹ werden, ist ein Idiot. Natürlich gibt es kaum noch ›Überlebende‹ der '68 Woodstock-Leute, aber das Symbol ist geblieben und es gibt

noch genug Jugendliche, die danach leben und handeln.
Die harten Drogen haben sich mehr durchgesetzt, aber es gibt eben auch noch andere Leute, die nicht ›aussteigen‹.
Ich halte es für unsinnig, daß der Alkohol kaum in Drogeninformationen oder auch allgemein behandelt wird, denn ich halte ihn für die schlimmste Droge überhaupt, nicht zuletzt durch die Legalität. Der Vergleich zwischen Alkohol- und Haschischkonsumenten sei mir hier erlaubt, ich halte ihn für wichtig und durchaus für angebracht. Unter Alkoholeinfluß passieren die schlimmsten Schlägereien, und manchmal führt er zum Delirium, zum Erbrechen. Bei Haschisch entstehen keine Schlägereien, die allgemeinen Auswirkungen sind viel geringer (s. Kinder vom Bahnhof Zoo). Es ist idiotisch, daß Alkohol frei zu kaufen ist, in Deutschland gibt es 300 000 Alkoholiker!!
Als Gründe für den Drogenkonsum werden oft die Probleme der Jugendlichen genannt, welche von den Erwachsenen erbarmungslos bagatellisiert werden. ›Wir haben auch Probleme gehabt.‹ Ich glaube, die Probleme unsere Zeit (Generation) sind um einiges schwerwiegender, einfach weil wir viel mehr Zeit haben, über uns nachzudenken, über unsere individuellen Werte, über den Sinn unserer Existenz. Hat jemand seine Grenze erreicht, versucht er, sie durch jedes Mittel zu durchbrechen, auch mit Hilfe von Drogen. Manche erreichen diese Bewußtseinserweiterung schon durch das Haschisch, andere durch LSD, andere durch H, die letzten gar nicht.
Ich glaube, der Drogenkonsum hängt stark mit revolutionären Gedanken zusammen, hängt damit zusammen, daß man den Wunsch hat anders zu sein, die Fehler der älteren Generation nicht zu machen, beeinflussen zu können, vielleicht Frieden zu erreichen, eine eigene Möglichkeit des Weges zu probieren, eine Religion zu gründen, FREI ZU SEIN.‹

Als ich den Aufsatz vorlas, entstand in der Klasse eine explosive Spannung. Der Autor schob mir einen Zettel zu mit der folgenden Notiz: »Den Aufsatz zu schreiben, war ein Wagnis, ihn öffentlich vorzutragen, bringt die Sache zur Rotglut. Ich bitte um *weitergehende Anonymität*!«

Regie

Ich hatte es langsam satt, mich dauernd am passiven Widerstand dieser Schüler abzuarbeiten. Vielleicht sollte ich sie nicht so bedrängen und an ihnen herumzerren. Mir wurde gerade in dieser Klasse allmählich bewußt, wie sehr ich trotz meiner thematischen Experimentierlust dem Grundtypus des Gymnasiallehrers ähnelte. Experimentieren tun sie ja fast alle – originell, kreativ sein ist Trumpf. Je mehr ich von der praktischen Arbeit meiner Kollegen mitbekam, desto mehr verblaßte der Glanz des Außenseitertums. Ich tanzte ja gar nicht so sehr aus der Reihe. Im Gegenteil: meine Stimme war längst in den Chor der Klagen über die Lethargie der Schüler eingefallen. Wenn man uns Glauben hätte schenken dürfen, dann waren wir die einzigen Lebendigen im weiten Umkreis – beredt, Geist vom Geist, aber leider umgeben, überwältigt und heruntergezogen von dieser stummen und toten Schülermasse, der kein Prometheus je den Odem des Lebens einhauchen würde.

Außerdem wurde mir deutlich – oder auf gelegentlich drastische Weise deutlich gemacht –, daß mein Unterricht nicht bunt, nicht reich und nicht vielfältig genug war. Darauf war ich nicht vorbereitet. Ich war naiverweise davon ausgegangen, meine Idee des politisierten Unterrichts werde einen belebenden Kontrapunkt zur Öde des gängigen Literatur- und Sprachunterrichts darstellen. Jetzt brachte man mir bei, daß sie nur eine Variante jener Eintönigkeit war, die das fundamentale Kennzeichen allen gymnasialen Unterrichts unter den gelegentlichen Lichtreflexen an der Oberfläche ist. Bitter: was ich als einen besonderen Beitrag angesehen hatte, betrachteten viele meiner Schüler als ordinäres Steckenpferd. Jeder Lehrer reitet offenbar irgendein Roß zu Tode.

Also Abwechslung – aber wie? Woher die Einfälle nehmen, die Sinnlichkeit, die seit langem verlorene Fähigkeit zu spielen? Wie macht man aus einem stocksteifen Politologen einen geschmeidigen Mimen, der seine Körperbewegungen fein abzumessen versteht und sich nicht bereits nach kurzer Zeit wie ein enthemmter Berserker aufführt? Wie oft habe ich mir vorgenommen, meinen Part leise, aber mit Ausdruck zu sprechen, und mich dann doch wieder heiser geschrieen – zur satanischen Freude wenigstens der jüngeren Schüler, die anscheinend immer auf eine Burleske aus sind.

Zum Glück für mich schaffte die Schule einen Videorecorder und eine Kamera an – eine außergewöhnlich großzügige Investition, wie mir Lehrer sicher bestätigen werden. Ungeachtet meiner bis dahin unerbittlichen, streng rationalistischen Verachtung für alles ›Audio-Visuelle‹ bemächtigte ich mich gierig dieser glänzenden Apparate, besser: sie bemächtigten sich meiner. Und anfangs ging auch alles gut – solange wir nämlich mit der Aneignung der Technik beschäftigt waren oder richtiger: solange wir mit diesem Gerät spielten wie die Kinder. Vorne, mit dem Rücken an der Tafel, der Kameramann – aggressiv, bebend vor Lust und Lachen, bemüht, die Gesichter seiner Klassenkameraden zu entblößen und sie so nackt als möglich auf den Bildschirm zu werfen. Die anderen ihm gegenüber, hingerissen von diesen Obszönitäten, ein schadenfrohes Publikum seiner eigenen Verhöhnung. Manchmal zierten sie sich auch und sprangen über die Bänke, um den Zudringlichkeiten der Kamera zu entgehen.

Aber ich wollte schließlich einen ernsthaften Unterricht durchführen. Ich machte daher dem vergnügten Spektakel ein Ende und zwang die Schüler zu einem ehrgeizigen Unterfangen: Herstellung eines Films über die Klasse und ihr problematisches Verhältnis zur Schule und zu den Lehrern. Man sieht, ich hatte meine alte Absicht, die Jugend dingfest zu machen – diese neuen scheuen Wolfsmenschen aus ihren dunklen Verstecken hervorzulocken und sie zu vernünftigen und sprachbegabten Wesen zu machen, immer noch nicht aufgegeben. Nur sollte diese Wiedergeburt diesesmal mit den

suggestiven Mitteln des Films bewerkstelligt werden. Und wider besseres Wissen gab ich mich wohl auch der Hoffnung hin, daß die verbiesterten Beziehungen zwischen Schülern und Lehrern besser würden, wenn man »offen darüber diskutiere«. Ein Projekt der Versöhnung also – die Skepsis und Unlust der meisten Schüler hätten mich warnen sollen, aber ich überfuhr sie.
Um es kurz zu machen: was dabei heraus kam, war die sinnlose Klärung längst klarer Fronten. Einige Kollegen, insbesondere der Klassenlehrer, fühlten sich direkt bedroht und schalteten den Personalrat ein. Als wir zur Vorbereitung einer Aussprache zwischen der Klasse und ihren Lehrern, die das Kernstück unseres Films ausmachen sollte, ein Papier mit einer Reihe von Kritikpunkten an die Lehrer verteilten, warf mir einer sogar vor, ich gefährde den »Schulfrieden«. Ferner auch »das pädagogische Klima«, das zwei Grundsätze voraussetze: »Überzeugung herrschender Gerechtigkeit (sic!) und Grundvertrauen zwischen Schülern und Lehrern.«
Der Text des zwar von mir angeregten, aber von den Schülern selbständig formulierten und redigierten Papiers lautet:

- Die Lehrer befassen sich nicht intensiv genug mit den Schülern und ihren Problemen. Nebenfachlehrer verwechseln sogar noch die Namen der Schüler. Die Lehrer kennen von einem Schüler nur die Leistungen und das Verhalten. Uns scheint es, daß sich nur wenige Lehrer mit den Hintergründen des Leistungsabfalls eines Schülers befassen.
- Viele Lehrer halten sich stur an den Lehrplan und ziehen den Stoff durch, obwohl noch sehr viele Schüler Probleme mit dem Verständnis des Stoffs haben.
- Oft kommt es vor, daß die Lehrer den Stoff im Unterricht nur flüchtig erklären, und sich die Schüler viel neuen Stoff zu Hause erarbeiten müssen, z. B. der Stoff wird durch das Vorlesen aus dem Grammatikheft ›erklärt‹.
- Die Vorbereitung auf den Unterricht ist in manchen Fächern mangelhaft (in Erdkunde und Französisch).
- Die Schüler haben zwar die Möglichkeit zu fragen, was sie nicht verstanden haben, machen davon jedoch nicht Gebrauch, weil sie sich nicht trauen.
- Guten Schülern wird das Nichtverstandene sofort erklärt, denn der Lehrer muß annehmen, daß die ganze Klasse es nicht verstanden hat.
- In Mathematik werden oft Aufgaben gestellt, wobei der Lehrer betont, daß sie nur für gute Schüler bestimmt sind.
- Einzelne Schüler werden vom Lehrer wegen der schlechten Leistungen vor der Klasse bloßgestellt (indem man z. B. den Durchschnitt der Klassenarbeiten von Wiederholern ausrechnet und der Klasse bekannt gibt). Kommt dies öfters vor, kann es sogar dazu führen, daß ein Schüler von seinen Mitschülern auf den Arm genommen wird.
- Durch mangelnde Autorität des Lehrers wird der Unterricht in einigen Fächern häufig gestört.
- Ob hier die Berufsbezeichnung Pädagoge angebracht ist, wäre zu überlegen. Denn mit Pädagogik hat dies sicher nichts mehr zu tun.

Anmerkung: Der letzte Satz ist irreführend plaziert – er gehört vielmehr (wie im ursprünglichen Entwurf des Papiers) inhaltlich zu dem Satz über die Demütigung von Wiederholern.

Eine doch deutlich um Vorsicht und Differenzierung bemühte Stellungnahme – dennoch: die kritisierten Lehrer haben das schlecht verkraftet. Einige von ihnen haben sich der Diskussion zwar gestellt – aber nur formal. In Wirklichkeit haben sie gemauert. Einer hat beispielsweise gefragt, ob sie den Begriff Pädagoge denn überhaupt verstanden hätten – »nachplappern« könne man ja vieles. Ein Referandar wies in längeren gelehrten Ausführungen auf die Widersprüche des Papiers hin: einerseits wolle man offenbar mehr Partnerschaft, rufe aber andererseits nach mehr Autorität. Aber wir sind hier nicht im Seminar, werter junger Kollege. Und tun Sie doch bitte nicht so, als seien Sie erst gestern auf die Welt gekommen!

Die Atmosphäre war entsprechend frostig. Kaum ein Schüler sagte etwas. Sie blieben, wo sie waren. Sie gruben sich ein. Vielleicht war ihr Schweigen sogar noch hoffnungsloser als sonst – denn ich hatte ihnen ja wochenlang die schönen Möglichkeiten des herrschaftsfreien Dialogs vorgegaukelt. Ich hatte im Grunde mit ihren Bedürfnissen gespielt. Davon hatten sie jetzt genug.

Zum Schluß hatte jederman das Interesse an dieser Sorte von ›Dreharbeiten‹ verloren, und wir schlichen uns wie geprügelte Hunde aus diesem Unternehmen. Den Film, den wir öffentlich in der Schule hatten zeigen wollen, haben wir stillschweigend gelöscht.

Holocaust

Einmal jedoch bin ich mitsamt meiner hölzernen Konzeption von Unterricht geradezu von einer Woge des politischen und historischen Interesses erfaßt und mitgerissen worden. Diesmal brauchte ich mich nicht abweisenden Schülern aufzudrängen, diesmal kamen sie zu mir. Diesmal ergriffen *sie* das Wort – und nicht ich, sondern sie stellten die Fragen. Auch das gehört zu meinen Erfahrungen. Das Bild des erfolglosen und sterilen politischen Erziehers, das ich hier gezeichnet habe, wird erst richtig scharf, wenn man diese unverhofft erwachte Neugier für unsere faschistische Vergangenheit danebenhält. Oder umgekehrt: mein Bild des verschlossenen und schweigenden Jugendlichen bliebe starr und lebensfern, wenn ich dieses unerwartet starke Bedürfnis zu fragen und zu reden unterschlüge.

Ich muß mich überhaupt vorsehen, daß ich hier nicht das gängige Klischee einer politisch desinteressierten und endlos müden und antriebslosen Jugend noch einmal nachzeichne. Wer nicht mitmacht, ist gefährdet, irgendwie gestört. Wer still ist, muß aufgemuntert werden. Wer sich abseits hält, muß ins Zentrum der Aktivitäten zurückgebracht werden. Wir müssen dafür sorgen, daß diese blutarmen Geschöpfe wieder rote Backen bekommen. So jung noch und schon so schwach. Könnten wir sie doch elektrisieren. Schon wie sie eine Treppe hochgehen. Wie sie Musik hören und dabei ins Kerzenlicht starren, mystisch – da waren wir anders. Wir haben uns bewegt.

Das Brot und die Steine der Bourgeoisie

Menschenrechte

Leicht verärgert beschließt man, zu warten. Der Elternsprecher, Bürgermeister einer der umliegenden Ortschaften, hat auch noch anderes zu tun. Als er nach einer Stunde kommt, nimmt er die Dinge souverän in die Hand. Der Ärger verfliegt. Es geht unter anderem um meine Weigerung, samstags in dieser Klasse Aufsätze schreiben zu lassen, obwohl sie zwei Stunden Deutsch an diesem Tag haben. Andernfalls müßte eine Schülerin, die aus religiösen Gründen samstags nie in die Schule kommt, die Klassenarbeiten jedesmal nachschreiben. Der Bürgermeister behauptet, das sei eine ungerechtfertigte Rücksichtnahme. Es stelle die Dinge auf den Kopf, wenn die überwältigende Mehrheit nach der Flöte eines Einzelnen tanzen müsse. Es gebe schließlich besondere Schulen, private Internate oder ähnliches für dergleichen Fälle. In einer öffentlichen Schule müsse man sich nach den Bedürfnissen der Mehrheit richten.

In diesem Moment steht eine Frau auf. Sie weint offensichtlich. Einen Augenblick sieht es so aus, als ob sie etwas sagen wolle. Sie geht dann aber schnell hinaus.

Nach ein paar Sekunden haben wir uns wieder erholt. So sei das doch nicht gemeint gewesen. Man habe nun wirklich niemandem zu nahe treten wollen. Als dann aber der Bürgermeister erneut das Wort ergreifen will, wird er unterbrochen. Ein Mann, der bis dahin ganz still gewesen ist, sagt leise und mit Nachdruck: *»Das ist Rassismus.«* Ob man jetzt schon wieder so weit sei in Deutschland. Das ist schon alles; dann setzt er sich wieder. Ich sehe, wie seine Frau die Hand auf seinen Arm legt. Wenn ich mich recht erinnere, hat ihm auch sonst niemand widersprochen an diesem Abend.

Highlife

Das Sommerfest sollte wohl so etwas wie die Visitenkarte des neuen Gymnasiums werden. Die Stadt würde einmal etwas anderes von dieser Schule zu hören bekommen als finanzielle Forderungen, Forderungen, Raumnöte, Schülerstatistiken oder Verkehrsprobleme. Mit diesen ewigen Hinweisen auf die Knappheit der Mittel und die Schwierigkeit der Verwaltung – mit diesem ganzen banalen Lärm, den eine neue Institution beim Einrasten zu machen pflegt, kann man sich schließlich nicht in das Ohr oder gar Herz einer Stadt

einschmeicheln. Auch nicht in das Herz einer fleißigen, sparsamen, schwäbischen Gewerbestadt.
Aber ich überziehe. Es kann ja gar nicht darum gehen, den Bürgern emotional näher zu kommen. Das ist ausgeschlossen. Eine Schule mit menschlichem Gesicht? Ausgeschlossen.
Ihr Gymnasium, meine Damen und Herren. Sehen Sie doch, welches Leben sich dort entfaltet. Diese Schule funktioniert nicht nur, sie blüht darüber hinaus. Letztlich sind Sie es, die das ermöglicht haben. Kommen Sie einmal zu uns und überzeugen Sie sich davon, wie glücklich Ihre Steuern hier angelegt sind. Sehen Sie, diese schlanken jungen Mädchen zum Beispiel, die Ihnen da etwas vortanzen, werden wohl nie Heroin nehmen.
Das schon eher. Das Fest würde eine Geste des guten Willens sein. Ein Votum für mehr *social life*. Hinter der Kulisse des College mit seinen netten Girls und all diesen wohlgelungenen Söhnen ihrer Eltern würde der leblose Mechanismus der bundesrepublikanischen Schulapparatur für einen Moment wenigstens verschwinden. Entsprechend legten sich dann auch bestimmte Kreise ins Zeug.
In einer meiner Klassen war die Tochter eines reichen Spirituosenhändlers. Man beschloß, das großzügige Angebot dieses Vaters anzunehmen und auf dem Schulfest eine Bar mit zum Selbstkostenpreis überlassenen Getränken aufzubauen. Das Ganze wurde dann ein großer Erfolg. Die elegant ausstaffierte Bar, an der meine Schüler mit professionellen Handgriffen allerlei raffinierte und teure Cocktails mixten, war eine der Hauptattraktionen. Sie stach glänzend ab von den unscheinbaren Pfannkuchen- und Erdbeermilchständen der anderen. Animiert durch eine graziöse Modeschau mit großmütterlichen Kostümen, machten die Herrschaften, besonders wohl die Herren, tatsächlich einen drauf. Sie soffen ganz schön, und das Geld strömte nur so in unsere Kasse.
Ich Idiot. Ich hatte als Klassenlehrer diesen aufwendigen Stil zu verantworten und schlich mich böse und mit schiefem Maul in den Hintergrund des Geschehens. Dieser verfluchte Weinhändler. Er machte mir mit seinem ingeniösen Einfall womöglich ein halbes Jahr Arbeit kaputt.
Einige Tage später, auf einem Klassenausflug, kommt seine Tochter im vollbesetzten Bus langsam auf mich zu und hält mir triumphierend, demonstrativ vor aller Augen einen Packen Hunderter hin. In diesem Moment sind wir Gegner. Wir wissen das beide. Wir erkennen uns sozusagen. Ich bin nicht mehr der Lehrer und sie ist nicht mehr die Schülerin. Wir stoßen vielmehr direkt aufeinander ohne die pädagogischen Puffer der Schule. Stumm natürlich. Ich wüßte nicht, wie ich die Konfrontation in dem Moment ausdrücken könnte. Sie ist schließlich noch sehr jung. Sie ist erst 16. Ich kann das Mädchen schließlich nicht anstelle des Vaters bekämpfen.
Aber das ist nicht das Entscheidende für mich. Ich schone nicht

eigentlich sie, ich schone mich. Ich schweige, weil ich nicht den Mut finde, den Schutz, den mir die Lehrerrolle bietet, zu verlassen. Weil ich das nicht wage, werde ich tückisch. Ich will nicht, daß sie sich von diesem Geld *›korrumpieren‹* lassen. Ich werde pädagogisch. Ich drohe der Klasse damit, sie sobald als möglich abzugeben, wenn sie das Geld für sich behalte und es nicht an die Schulkasse abführe. Ich wolle nicht länger der Klassenlehrer solcher Leute sein.
Die Schüler schweigen. Einige scheinen betroffen, andere eher unangenehm berührt zu sein. Befremden über den neuen Abraham a Santa Clara von Tuttlingen. Einer murmelt etwas von Erpressung. Ein schwarzer Tag in meinem Lehrerdasein.
Ich komme aber nicht mehr dazu, mich zu korrigieren. Nach den Ferien erfahre ich, daß die Klasse überraschend einem anderen Lehrer zugeordnet ist. Ich rege mich auf. Hat da etwa der Schnapsverkäufer dran gedreht? Oder ähnliche Typen, denen ich politisch nicht genehm bin? Eine Intrige, ein Komplott also? »Ich bin im Dickicht dieser Kleinstadt nicht zu Hause«, so formuliere ich meine Empörung in einer Art Flugblatt an die Kollegen und Schüler. Im nachhinein muß ich diese Reaktion aber als egozentrisch bezeichnen. Es war wohl eher die routinemäßige Gleichgültigkeit der Schulmaschinerie, die mich gerade im Moment eines ernstlichen Versagens von meinen Schülern wegriß.

Non scholae, sed vitae discimus

Die ersten Tage dachte ich, ich halte es nicht länger aus. In der Halle, wo ich arbeitete, war es so laut, daß man es nicht ausdrücken kann. Als ich Feierabend hatte, konnte ich nicht mehr richtig hören. Es dauerte zwei bis drei Stunden, bis meine Ohren sich wieder normalisiert hatten. Doch dann machte mich eine Arbeiterin darauf aufmerksam, daß es für den Lärm eine Spezialwatte gibt, die einen Teil des Kraches schluckt. Die Watte half wirklich. Trotzdem kann ich mir nicht vorstellen, daß die Arbeiter, die dort jahrelang ihrem Beruf nachgehen, folgenlos mit dem Gehör weiterleben können.
Nun zur Arbeit selbst. Die Tätigkeiten, die man dort ausüben muß, sind wirklich leicht. Es ist ›Idiotenarbeit‹ ... So monoton, primitiv, ja wirklich spastikerhaft. Alles wird von Maschinen gemacht, man muß ›nur‹ den ganzen Tag denselben Handgriff tun. Wirklich einfach. Der Arbeiter wird ja nicht gefragt, er muß ruhig sein. ›DIE MASCHINE BLEIBT MASCHINE. DER MENSCH WIRD ZUR MASCHINE.‹ Ich habe an mir interessante Beobachtungen gemacht: Man schaut ständig auf die Uhr, ob es nicht schon 4 Uhr ist. Ich dachte immer an das Ende und automatisch arbeitete ich immer schneller und schneller, mit der Ansicht, je schneller ich arbeite, desto schneller ist Schluß ...
Aber eines, wirklich etwas Positives ist, daß die Arbeiter gegenseitig zusammenhalten; sie trauen sich zwar nicht, Klagen vorzubringen, aber sie bleiben hart, denken nur an das Geld und versuchen, die Monotonie und Eintönigkeit zu vergessen. Sonst, sagen sie, wird man verrückt. Die Arbeiter sind freundlich und aufgeschlossen. Sie wollen reden und sie grüßen alle, ob sie denjenigen kennen oder nicht, es wird gegrüßt. Ein Mann hat mir sogar von seinen familiären Problemen erzählt. Von seiner Frau,

seinen Kindern, von seiner Scheidung und von seinem Intimleben. Die Arbeiter wollen reden, sie brauchen Abwechslung. Ich habe viele nette Leute kennengelernt. Arbeiter, die jeden akzeptieren, die sich nichts einbilden, die Kontakt suchen ... Nicht so wie die vom Gymnasium, nicht wie die Kapitalisten, diese Eingebildeten ... Man lernt nicht nur in der Schule, sondern sogar vielmehr im wirklichen Leben. Die Praxis ist das Wichtigste. Die Theorie kommt erst an zweiter Stelle ... (Auszug aus dem Brief einer 17jährigen Gymnasiastin, deren Mutter selbst in der Fabrik arbeitet.)

Klassen in der Klasse?

Ich wäre gern näher mit ihm in Kontakt gekommen. Er ließ mich aber abblitzen. Er ließ überhaupt kaum jemand an sich herankommen, glaube ich. In der ersten Zeit hatte ich ihn öfters um Rat gefragt: er galt als einer der fähigsten Lehrer an der Schule. Er hat mir auch immer nützliche Hinweise gegeben. Später bin ich auch meinerseits auf Distanz gegangen. Nicht, daß ich nun sein Können und sein Format als Fachlehrer bezweifelt hätte. Es war eher die Schärfe, mit der er gelegentlich über Schüler sprechen konnte, die mich abstieß.

Freilich, auch fesselte. Im Kollegenkreis wurde viel über ihn geredet, mit Respekt, gelegentlich etwas melodramatisch, nie herabsetzend oder gehässig. Man sprach davon, daß gewisse böse Erfahrungen mit älteren Schülern ihn stark verbittert hätten. Genaueres konnte ich nicht in Erfahrung bringen, nur, daß einmal einige politisch rechtsstehende Schüler seinen Unterricht regelrecht überwacht und sich sogar einzelne seiner Bemerkungen notiert hätten. Das überzeugte mich nicht. Ich konnte nicht glauben, daß dieser Mann sich von ein paar lächerlichen Amateurspitzeln dermaßen hatte beeindrucken lassen. Das gebrochene oder mißtrauische Verhältnis dieses Kollegen zu den Schülern mußte tieferliegende Gründe haben.

Es handelte sich hier aber mit Sicherheit auch nicht um die naturwüchsige Freudlosigkeit und Agressivität von Leuten, die im Grunde den falschen Beruf gewählt haben. Der Kollege war seit Jahren ununterbrochen Vertrauenslehrer, und ich habe selbst aus der Nähe beobachten können, wie einfallsreich und zäh er sich für die Belange und Interessen der Schüler einsetzte. Merkwürdige Komplexität, vielleicht Widersprüchlichkeit, die sich meinem möglicherweise etwas versimpelten und voluntaristischen Begriff von Identität entzog. Besser so, sagte ich mir auch, als umgekehrt: die Jugend romantisch verklären und idealisieren, aber nichts für sie tun.

Gelegentlichen Bemerkungen entnahm ich dann, daß dieser Lehrer die Schülerschaft als eine Art Klassengesellschaft im kleinen sah. Wieso ich denn jede Disziplinlosigkeit unbesehen entschuldige? In zahlreichen Fällen handele es sich dabei doch um die Rücksichtslosigkeit von Privilegierten, deren Eltern zur Not auch ein teueres

Internat in der Schweiz bezahlen könnten. Die Masse der Schüler sei hingegen auf den normalen Unterricht nun einmal angewiesen. Ich mache es mir zu leicht mit meiner pauschalen Verteidigung der Jugendlichen gegenüber dem »Apparat«. Es gebe an einer solchen Schule auch genug »asoziale« Egoisten, die sich mit dem Geld ihrer Erzeuger im Rücken hier einen sonnigen Lenz machten.
Ich nehme an, er lehnte aus ähnlichen Gründen auch meine nivellierende Notengebung ab: diese Inflation der guten Noten würde die parasitären und eigensüchtigen Verhaltensweisen der *happy few* auch noch honorieren. Und in einem langen Interview, das er unlängst anläßlich seines Rücktritts als Vertrauenslehrer der Schülerzeitung gab, zeichnet er das Bild einer gymnasialen *leisure class:*

Es gibt Schüler, die sagen nicht nur, sie seien gestreßt, sondern sie seien überstreßt. Und mein Mitgefühl gilt all denjenigen, bei denen dies ehrlich zutrifft. Aber ich habe manchmal den Verdacht, daß sich hinter den Schwierigkeiten einiger Schüler, die es wirklich seelisch und intellektuell schwer haben, andere verstecken, Streß im Munde führen, Abbau von Streß verlangen und damit eigentlich nur ›noch mehr Freizeit‹ meinen. Um das deutlich zu sagen, ich meine, daß sich sehr viele Oberstufenschüler ein sehr schlaues Leben leisten können, was Freizeitumfang und was Freizeitgestaltung anbetrifft. Das Auto, das Moped schafft Bewegungschancen, die frühere Schülergenerationen in dem Umfang nicht hatten. Die Möglichkeiten im Sport, Tennisangebote werden wahrgenommen, es gibt Schüler, die segeln, es gibt viele Schüler, die reiten. Man wird unglaubhaft, wenn man den Streß in der Schule, in all den Fällen, wo er tatsächlich da ist, angreift, aber gleichzeitig in Wirklichkeit Freizeit von einem Zeitumfang und einer Intensität genießt, wie sie keine gleichaltrige Gruppe der letzten 100 Jahre genossen hat und auch keine gleichaltrige Gruppe heute genießt. Denken Sie nur an den Unterschied der Belastung zwischen einem Lehrling und einem Oberstufenschüler. Da gibt es viele Schüler, die sind viel mehr belastet. Die sitzen Abend für Abend noch da und arbeiten was, die fühlen sich nie fertig, während vielleicht ein Lehrling sich fertig fühlen kann, wenn nachmittags um 4 Uhr die Glocke schrillt, dann kann er abschalten. Aber es gibt genau so gut viele Schüler, denen gelingt es auch schon, um ¾ 12 Uhr hier abzuschalten.

Ich habe die Auseinandersetzung mit dieser Sicht vor mir hergeschoben. Das Plausible und Zwingende daran habe ich glatt verdrängt. Konnte ich in meiner Sehnsucht nach Harmonie mit den Schülern die Realität nicht verkraften? Habe ich mir in die Tasche gelogen aus dem fragwürdigen und unstillbaren Bedürfnis nach Symbiose mit diesen Jugendlichen? Nicht nur Schönfärberei, sondern auch Konfliktscheu, Flucht vor der moralischen Auseinandersetzung mit den Schülern, ein geheimes Desinteresse also? Eine Kollegin, mit der ich einen Schullandheimaufenthalt organisiert habe, hat mir einmal ganz erbost vorgehalten, ich betrachte es wohl auch noch als ein Stück Jugendrevolte, wenn einer von diesen verwöhnten und verzogenen Bengeln einen Pudding gegen die Wand schmeiße.

Ja, das tue ich. Nach wie vor. Der Pudding war schlecht. Aber sehen wir davon ab. Zu Hause darf er nichts an die Wand werfen. Er mag in mancher Hinsicht verwöhnt sein, in anderer Beziehung ist er wohl eher arm. Sie nudeln ihn, aber sie lassen ihm vielleicht zu wenig Freiheit. Woher will man als Lehrer wissen, in welchen Verhältnissen ein Jugendlicher lebt? Daß seine Eltern betucht sind, kann für ihn auch verschärfte Unterdrückung bedeuten. Kälte, Einsamkeit inmitten materiellen Reichtums.
Der Apfel fällt nicht weit vom Baum? Was erlaubt uns überhaupt, einen bestimmten Jugendlichen als bloßes ›Produkt seiner Erziehung‹ zu sehen? Wir kennen ihn doch gar nicht. Wir kennen doch nur gewisse Ausschnitte seines Verhaltens, seines Anstaltsverhaltens genauer gesagt. Verhalten ist aber grundsätzlich und in jedem Fall vieldeutig. Ich mißtraue erst einmal allen, die genau zu wissen vorgeben, was ›Egoismus‹ ist und was Egoismus von Auflehnung unterscheidet. Woher haben sie dieses Wissen? Ihr braver und fleißiger Schüler, Herr Kollege, der Ihrem Unterricht zu folgen sich bemüht, kann der nicht auch ein Egoist sein? Ein ziemlich extremer sogar? Wieso schießen Sie sich gerade auf die Disziplinlosen und Verwahrlosten ein? Haben Sie vergessen, daß Sie Lehrer sind und Ihre Schüler von Berufs wegen im Zaum halten müssen? Ist das nicht der Blickwinkel der Kontrolle? Was läßt sich aus dieser Perspektive überhaupt noch wahrnehmen? Nicht sehr viel mehr als das eigene Weltbild, befürchte ich.
Und merkwürdig berührt mich auch Ihr ›Lehrling‹. Gibt es ihn überhaupt noch? Sie stellen Lehrlinge und Gymnasiasten neben- und gegeneinander wie zwei fest umrissene soziale Typen oder Kategorien, man spürt zwischen den Zeilen ihre Faible für das Proletariat. Aber sind diese Konturen in der gesellschaftlichen Wirklichkeit auch noch so scharf und klar? Ich kenne persönlich eine ganze Reihe von Schülern und auch Studenten, die, was ihre berufliche Zukunft angeht, so hoffnungslos sind, wie es früher wohl nur Arbeiterjugendliche waren. Andererseits scheint es heute immer mehr Arbeiterjugendliche zu geben, die sich in ihren persönlichen Ansprüchen an das Leben so weit vorwagen, wie vormals wohl nur die Kinder der privilegierten Klassen. Ich möchte hier nicht für eine Verdrängung der Klassenanalyse durch eine ›Theorie der Subkultur‹ plädieren. Aber eine Klassenanalyse, die sich mehr oder weniger auf die Arbeitsbedingungen und die familiären Einkommensverhältnisse beschränkt und den Wandel des Lebensstils, des Bewußtseins, der kulturellen Bedürfnisse vernachlässigt, erscheint mir wertlos. Ich könnte mir gut vorstellen, daß Sie mit Ihrer etwas säuerlichen Kritik am unersättlichen Freizeithunger mancher Ihrer Schüler gerade bei klassenbewußten Lehrlingen auf Verständnislosigkeit träfen.
Aber nehmen wir einmal an, Sie hätten in einem konkreten Fall wirklich recht. Nehmen wir an, wir hätten da ein wirklich ganz

verkommenes Subjekt von Bürgersöhnchen vor uns. Was dann? Ich meine, wie verhalten Sie sich dann?
Geben Sie ihn auf? Oder kämpfen Sie um ihn? Was wir in einer solchen Situation machen, hängt doch gar nicht primär von unserer Analyse ab. Es hängt vielmehr von unserer Kraft ab und von unseren Zielen.

Nachwuchssorgen
Auf einem anderen Elternabend sind auch einige Schüler anwesend. 16-, 17jährige. Eine Dame mir gegenüber, höchstens 40, deutet an, daß sie das für übertrieben hält. Auf diese Weise könne man ja nicht so offen reden, wie es eigentlich wünschenswert sei. Dabei macht sie aber ganz und gar kein mißmutiges Gesicht. Die Person lächelt vielmehr, sie lächelt sogar mädchenhaft schüchtern, wie mir scheint.
Ihre Befürchtungen haben sich dann auch nicht bestätigt. Es ging sehr offen zu. Atembeklemmend offen zu sogar. Zum Beispiel als ein Herr, der sich im Laufe seiner Ausführungen als Betriebsleiter vorstellte, eingehend darlegte, daß sein Sohn nur arbeite, wenn man ihn unter Druck setze. Der sei noch nicht soweit, daß er für sich selbst denken könne. Andere vielleicht, der nicht. Der sei noch ganz kindisch.
Der Herr widmete sich dieser Problematik noch längere Zeit. Er forderte in diesem Zusammenhang auch von der Schule mehr Härte. Der Sohn, der auch anwesend war, sagte demgegenüber nichts.

Raumplanung
Eine 17jährige Schülerin aus gutem Hause hat mir gelegentlich einmal erzählt, in dem neuen Haus, das ihre Eltern sich gerade hätten bauen lassen, grenze das ›Kinderzimmer‹ direkt an das elterliche Schlafzimmer. Sie fühle sich dadurch sehr eingeschränkt. So könne sie zu später Stunde keine Musik mehr hören und dürfe nach 10 Uhr auch keine Freunde mehr bei sich haben. Ihre Eltern hätten auf diese Weise auch einen genauen Überblick darüber, wieviel sie für die Schule arbeite.

Grammatik
Ich hatte mir fest vorgenommen, wenigstens im Unterricht keine substantiellen Konzessionen zu machen. Wenn ich schon politisch auf Tauchstation gehen mußte, so wollte ich mich doch wenigstens im Bezirk des Klassenzimmers behaupten. Nicht sehr kühn, das gebe ich zu; nicht einmal realistisch, man kann die Freiheit ja leider nicht stückweise haben.
Immerhin habe ich an meiner vagen Idee eines antiautoritären Sprachunterrichts mit einer gewissen Konsequenz festgehalten. Ich

hatte mich von vornherein auf Auseinandersetzungen mit bestimmten Elternkreisen eingestellt – mit Leuten also, die auf dem Primat des korrekten Deutsch bestehen würden, weil ihre Kinder in dieser Hinsicht eben einen enormen Vorsprung haben. Die würden mich nicht dazu bringen, das Schreiben von Aufsätzen über das freie Sprechen, die sogenannte Hochsprache über den Dialekt und die standardisierte Kommunikationstechnik über den individuellen Ausdrucksversuch zu setzen. Ich konnte mich dabei ja auch auf die Soziolinguistik und ihre Entzauberung der ›elaborierten Sprachcodes‹ berufen.

In Wirklichkeit ist die Situation aber viel komplizierter. So leicht lassen sich die Privilegien in der Schule nicht außer Kraft setzen. Im Gegenteil, ich habe im Laufe der Zeit gemerkt, daß mein Kult des Spontanen wiederum nur die kleine privilegierte Minderheit meiner Schüler bevorzugte. Bereits auf den ersten Elternabenden kam die Frage, wie ich es denn mit der Grammatik zu halten gedächte – und sie kam von allen Seiten. Ich spürte, daß das ein ganz heikler Punkt war, dem ich nichts, keine eigenständige Konzeption entgegenzusetzen hatte. Ich war immer froh, wenn das vorbei war. Ich bin überzeugt, daß auch die Mehrheit meiner Schüler nicht zufrieden war. Nicht wenige waren wahrscheinlich sogar ernstlich beunruhigt. Und zwar gerade die, die ich besonders fördern wollte. Was würde später werden, wenn dieser Meister die Zügel wieder aus der Hand geben und anderen Lehrern Platz machen würde? Würde dieser Deutschunterricht »in der Nähe der musischen Fächer« (so habe ich es einmal in einem Diskussionspapier für die Fachkollegen formuliert) nicht insbesondere denen schaden, die die Schule bald verlassen und in den Beruf gehen würden? Ein Moment der Unsicherheit, der Undurchsichtigkeit, der Gefahr mehr.

Ich hatte ja nur die Anode und die Kathode der Leistung umgepolt, Plus und Minus vertauscht. Aber dieser unvermittelte Wechsel der Norm brachte wieder nur ein Kommando hervor, dem viele nur mühsam folgen vermochten. So werden sie hin- und hergetrieben, einmal in diese Richtung, dann wieder in jene. Die antiautoritäre Denkungsart kann in der Praxis härter, elitärer, indifferenter sein als mir das vorher bewußt war. Sie ist nichts Universales und Klassenübergreifendes. Es haften ihr vielmehr Momente einer sozialen Exklusivität an, die ihre Herkunft der Studentenbewegung verdanken. Sie ist eine sublime Variante des *Laisser faire*.

Meine Schüler fühlten sich im Stich gelassen. Meine emanzipatorischen Bemühungen waren zu luftig. Sie hätten ein methodisches, langfristig angelegtes Sprachtraining umfassen müssen. Ein Praktikum, meine ich, das auf die Entwicklung der persönlichen Durchsetzungsfähigkeit und Verhandlungsstärke jedes einzelnen hätte zielen müssen – und nicht auf eine grammatikalische Frühdressur. Anstatt die Grammatik verächtlich beiseite zu schieben, hätte ich meinen Schülern Gelegenheit geben sollen, sich die

sprachlichen Standards *sanktionsfrei* anzueignen. Ich habe mich mit meiner spontaneistischen Ideologie der Selbstentfaltung an der zentralen Aufgabe vorbeigedrückt: auf eine Situation wenigstens hinzuarbeiten, in der die Jugendlichen ohne Kotau und ohne Bruch mit ihrer Vergangenheit die nun einmal etablierten Sprachformen erlernen können. Statt des musischen ästhetischen Klimas, das ich die ganze Zeit über zu erzeugen versuchte, wäre ein technisches und kritisches Klima vonnöten gewesen. Nicht Ausblendung, sondern Studium und Entmystifizierung der Sprache auf breiter Front.
Eine Möglichkeit vielleicht: wie sprechen Eltern mit ihren Kindern, Lehrer mit ihren Schülern, Männer mit (oder über) Frauen, Richter mit Angeklagten, Chefs mit ihren Angestellten – und was könnten jene dagegen setzen? Den Wortschatz der Vorgesetzten studieren, den Satzbau der Kommandierenden, die vorsichtige, vage, befangene und blockierte Sprache der Gehorchenden. Wenn ein Schüler mit seinem Lehrer so reden würde wie dieser gelegentlich mit ihm, würde er einiges riskieren. In gewissen Situationen auch in der Schule wirken bereits klare Artikulation und sorgfältige Ausdrucksweise provozierend auf den Pädagogen. Man fühlt sich irgendwie tiefer angegriffen. Wenn einer sich schon exponiert und Stellung bezieht, dann soll er doch wenigstens stottern. Wenn er nämlich stottert, kann man ihm sagen: das war jetzt ins Unreine, jetzt schön ruhig noch einmal. Oder man kann ihm helfen, hebammenartig, seine Aussage auf die Welt zu bringen, und das Baby dabei unbemerkt austauschen.
Oder die vielfältigen Verwirrspiele der Herrschenden mit der Grammatik: jenes »Wie geht es uns denn heute?« des Arztes zum Beispiel, das gerade nicht mit dem Patienten fraternisiert. Oder die falsche Inflation des Konjunktivs in der Rede zu allem entschlossener Technokraten.

Prinzip Laisser faire

». . . Ich möchte Ihnen in diesem Brief nur kurz meine eigenen, teilweise sehr unangenehmen Erinnerungen aus der Schule, speziell im Fach Deutsch berichten. Als Sohn eines Holzfällers wuchs ich in einer von der Sprache her nicht sehr gebildeten Familie auf und hatte dadurch bis zum Abitur sehr große Schwierigkeiten.
Vor allem in der Zeit bei Herrn . . . wurde mein Selbstbewußtsein im Fach Deutsch durch permanente 5en, einmal sogar eine 6 dermaßen kaputtgemacht, daß ich zum Abituraufsatz mit schrecklichen Ängsten gegangen bin.
Durch aktive Mitarbeit bekam ich in der Anmeldenote zum Abitur eine 4. Mein Selbstbewußtsein hob sich dann geringfügig, als ich durch Äußerungen von Herrn . . . erfuhr, daß er mir eine schlechte Note (wahrscheinlich 5) gab, der Zweitkorrektor mir aber, da ich nicht in die mündlichen Prüfung kam, eine 3 geben mußte.
Ich wollte damit nur aussagen, daß ich in allen anderen Fächern dem Durchschnitt entsprach, nie eine Klasse wiederholen mußte, mich mit allen Schülern auch in Deutsch zumindest im Unterricht gleichwertig fühlte und daß ich trotzdem vor Deutschaufsätzen eine Panik entwickelte.

Obwohl mein Schriftbild in den Deutschaufsätzen damals ein reines Chaos war, machte Herr . . ., der große Pädagoge, nichts, sondern empfahl mir irgendwelche blödsinnige Literatur von deutschen Schriftstellern . . .«

(Aus dem Brief eines ehemaligen Schülers des Tuttlinger Gymnasiums; Hervorhebung von mir, E. K.)

Die Stadt

Soweit die Füße tragen

Blicke

Ich solle aufhören, in diesen Herrenmagazinen herumzublättern, sagte der Mann im Kiosk zu mir. Das gehe hier nicht, und dabei wies er mit den Augen auf eine kleine Schlange von Frauen, die ihre Lottozettel abgeben wollten. Also: auf gut Glück kaufen, einrollen lassen, Gummi drum, ab. Aber nicht nur unter pornographischen Gesichtspunkten war es eine Umstellung. Ich hatte, glaube ich, mein ganzes Leben nie daran gedacht, mit nacktem Oberkörper durch eine Stadt zu laufen. Aber hier, auf einem meiner Streifzüge durch diese Stadt kam ich überraschend auf diese Idee und malte mir schaudernd aus, wie ich, von kaltem Schweiß überströmt, an den Spießen und Ruten ihrer Blicke vorbeihasten würde.

Diesen Blicken bist du aber auch ausgesetzt, wenn du manierlich gekleidet, Zeitung unter dem Arm, Aktentasche in der Hand, also äußerlich durchaus ununterscheidbar zur Schule gehst. Du spürst dann schon von weitem, daß man dich ansieht, und während du wie ein einsamer Seiltänzer auf der Kante des Trottoirs balancierst, starren dir diese beiden Augen unentwegt ins Gesicht.

Ich brauchte ziemlich lange, bis ich begriff, daß dieses merkwürdige Fixieren nicht unbedingt bösartiger Natur sein mußte. Ich vermute, es handelt sich eher um eine etwas geistesabwesende Suche nach bekannten Gesichtern. In größeren Städten hat man in dieser Beziehung längst resigniert und pflegt um einige Hoffnungen ärmer durch die Straßen zu laufen. In einer Kleinstadt wie Tuttlingen scheinen die Leute demgegenüber die in der Regel ergebnislose Prüfung und Erforschung unbekannter Gesichter noch nicht ganz aufgeben zu wollen. Wider alle Erfahrung, scheint es; denn das Leben verläuft in dieser Industrie-, Geschäfts-, Verwaltungs- und Schulstadt nicht weniger rasant und hektisch als anderswo in der Bundesrepublik.

Allerdings gibt es in dieser Stadt noch gewisse schwindende Reste, vereinzelte Enklaven älterer Lebensverhältnisse oder doch Spuren einer zählebigen Erinnerung daran, die sich einem Fremden freilich nicht auf den ersten Blick erschließen. Zuerst kommt einem diese Stadt ohne eigentlichen historischen Kern mit ihrer schnurgeraden, schneisenartigen Hauptgeschäftsstraße, mit ihren klotzigen Kaufhäusern, Banken und Fabriken, mit ihren großflächigen und strukturlosen neuen Wohnvierteln als geschichtslos-neudeutsche Gründung vor – als ein Ort, der dem modernistischen Druck und Zugriff des Profits nichts entgegenzusetzen hat. Trotz der Burgruine auf dem Honberg, die sich in dieser Umgebung deplaziert oder museal ausnimmt. Da hilft auch die allnächtliche Festbeleuchtung nichts.

Aber der Anschein totaler Homogenität oder Gleichzeitigkeit trügt selbst hier noch. Die Vermieterin meines Zimmers, eine etwa 70 Jahre alte Frau, handhabte Schlüsselübergabe und Zahlungsbedingungen mit geradezu vorkapitalistischer Nonchalance. Sie sah mir kurz in die Augen und vertraute mir dann. Sie mahnte die Miete selbst dann nicht an, als ich sie einmal drei Monate darauf warten ließ. Mit der Zeit verstand ich, daß dieses altmodische Verhalten sich in gewisser Weise gut einfügte in das soziale Profil des Stadtquartiers, in dem mein Zimmer lag. Man kann ohne den leisesten Anflug von Idealisierung sagen, daß hier eine ältere Ökologie und ein älterer Lebensstil um ihr Überleben kämpfen. Hoffnungslos vermutlich, aber beharrlich, um jeden Fußbreit Boden. (Für versierte Bodenseetouristen füge ich hinzu: ähnlich wie im Paradies, einem Stadtteil von Konstanz). Der große Gemüse- und Obstgarten hinter dem Haus, den meine Vermieterin trotz ihrer Jahre ganz allein und mit Meisterschaft bewirtschaftete (was ihre Kompost-Technik betrifft, so könnte wohl mancher Anhänger biologischen Gartenbaus bei ihr in die Lehre gehen), gehörte ebenso dazu wie die außerordentliche handwerkliche Fertigkeit, mit der die alte Frau das Haus reparierte.

Dazu gehörte weiter, daß eine der Hausbewohnerinnen ihren über 80jährigen Vater bei sich aufgenommen hatte. Es steht mir nicht zu, mich hier darüber zu äußern. Aber es scheint mir klar zu sein, daß eine derartige Entscheidung sich gegen den Trend der Zeit stellt.

Die Bewohner des Haues wußten noch etwas, teilweise sehr genaues voneinander, von ihrer Geschichte – ich selbst hatte spätestens, als der Konflikt über meine Noten sich dramatisierte, eine handfeste Stütze an diesem nachbarschaftlichen Interesse (Annahme oder auch Abwehr von Telefonanrufen, Berichte über Meinungen in der Nachbarschaft, auch moralische Rückendeckung). So etwas hatte ich in den letzten Jahren nicht erlebt. In den besseren Wohngebieten schließt man sich in der Regel schärfer voneinander ab. Die Familien sind hier wie kleine Staaten, die über ihre Frauen miteinander diplomatische Beziehungen unterhalten. Es gab zwar Hausversammlungen, sogar gelegentlich Anläufe zu gemeinsamer Aktion: etwa eine Initiative, den Kinderspielplatz in der Nähe von ›verwahrlosten Jugendlichen‹ aus der Nachbarschaft zu säubern – aber bei solchen Anlässen wurde einem gerade kalt ums Herz. Dann doch lieber für sich bleiben. Und die Organisation der totalen Sauberkeit, die Vertreibung der Kinder aus dem Haus, die rigorose Scheidung der Klassen individuell unterlaufen.

Die Möglichkeit nachbarschaftlicher Kontakte über die Mitbewohner im Haus hinaus wurde durch die Struktur, Anlage und Gruppierung der Häuser begünstigt. Ich habe beobachtet, daß diese Möglichkeiten besonders intensiv von zwei italienischen Familien genutzt wurden, deren Frauen oft und in notorischer Lautstärke von Fenster zu Fenster miteinander palaverten. Vielleicht kennzeichnet das die Lage: die Gastarbeiter nisten sich in den Ritzen und Lücken einer verfallenden Lebensweise ein. Die Internationalisierung solcher Stadtquartiere scheint paradoxerweise die Bedingung für die zeitweise Sicherung ihres historischen Charakters zu sein. Denn die bodenständigen Stützpunkte und Zentren traditioneller Nachbarschaft gehen langsam unter. Ich habe zweimal, in einem Abstand von einem Jahr in einer alten Gaststätte, ganz in der Nähe meiner Wohnung gegessen. Beim zweiten Mal sah mich die Wirtin groß an und sagte dann, ich sei ja wohl schon einmal dagewesen. Ob ich denn mittlerweile Tuttlingen wieder verlassen habe? Man lud mich gutgelaunt an den Tisch, an dem sich die wenigen Gäste, meist ältere Leute zusammengefunden hatten. Aber auf mich wirkte dieser lebhafte Kreis mit seinen zahlreichen lokalen Erinnerungen in dem sonst leeren Gasthaus doch sehr verloren.
Der ›Anker‹, eine andere, aber noch sehr gut besuchte Gaststätte dieser Art, in dem man noch für 6,– bis 8,– DM ausgezeichnet essen konnte, ist gegen Ende meiner Zeit in Tuttlingen abgerissen worden. Ich habe das wirklich bedauert; denn die dortige Stammtischrunde war besonders frech und witzig und machte in ihrer unverschämten Spottlust auch vor den Pfaffen nicht halt. »Ja, junger Mann, hören Sie nur ruhig zu, hier können Sie etwas lernen!« Und wo können schon noch zwei Sechzigjährige ungeniert, geschützt vom Humor ihrer alten Bekannten, miteinander flirten? Ein gutes Gelände für unwürdige Greise. Vor der NS-Zeit hätte man die kleinen, aber respektlosen, finanzschwachen, aber genießerischen, ungebildeten, aber redegewandten Leute, die hier mehrheitlich verkehrten, dem ›Volk‹ zugerechnet.
Ein Milieu, das lokal und provinziell bestimmt, aber durchaus nicht völlig domestiziert, purifiziert, ohne Abgründe war. Gelegentlich tauchten auch dunklere Typen auf. Einmal setzte sich nach einem Streit am Stammtisch ein hünenhafter, ziemlich schmutzig aussehender Mann an meinen Tisch. Ich erfuhr zunächst, daß er gerade als Kohlenträger arbeite. Eine harte Arbeit für einen Fünfzigjährigen. Daneben verfüge er noch über eine Pension von rund tausend DM, die ihm der französische Staat monatlich überweise. Ich ahnte schon nichts Gutes. Auf meine Frage griff er in die Tasche seines Jacketts und warf einen Packen abgegriffener Fotos auf den Tisch. Bilder, auf denen Gruppen lachender, besoffener, halbnackter junger Männer zu sehen waren. Einer hatte eine Papierkrone auf dem Kopf. Fremdenlegionäre in Indochina. Sie hätten damals mal eine dieser Bestien vom Vietkong langsam über dem Feuer

gebraten. Er stehe auch heute noch zur Verfügung. Wenn man, was längst fällig sei, die Todesstrafe wieder einführe, sei er persönlich bereit, den Henker zu machen. Und zwar mit Vergnügen. Es laufe viel zuviel Gesindel herum. Er stehe sich übrigens gut mit der Polizei. Vor einem Jahr habe er einmal einen Landstreicher, der auf offener Straße eine Frau angesprochen habe, eigenhändig von der Brücke in die Donau geworfen. Die herbeigerufenen Polizisten hätten nur gelacht und ihm auf die Schulter geklopft.
Mein entsetztes Schweigen ließ auch ihn verstummen. Er sagte dann noch, er habe viel Dreck gefressen in seinem Leben. Seine Jugend während des Nationalsozialismus habe er in einem Waisenhaus und in verschiedenen Erziehungsheimen verbracht. Unter einer furchtbaren Disziplin. Sie hätten schon als Kinder auf den Feldern sehr schwer arbeiten müssen. Ohne Pardon. Das alles habe er einfach hinter sich lassen müssen.

Lebendig begraben

Diese Stadt sei eine Gruft, hat mir einmal ein Referendar gesagt. Sie umschließt und erdrückt deine leibliche Überreste mit ihrem massiven Konformismus, ihrer kulturellen Finsternis, ihrer eisigen Gleichgültigkeit gegenüber Eros, Spiel und Revolte. Noch ganz warm von den Freunden und Festen deiner Universitätsstadt kommst du hier an und erstarrst binnen kürzester Zeit. Es ist dann nur noch eine Frage der Zeit, daß dich die kleinen grauen Würmer der Depression anfressen.
Eine etwas barocke Imagination, gewiß; es gehört schon einige Phantasie dazu, eine Stadt mit solchem Durchgangsverkehr als Grab zu empfinden. Der Mann mußte auch eine ausnehmend glückhafte Studentenzeit erlebt haben. Immerhin, etwas Wahres war daran, so schien mir. In den ersten Monaten war ich von einem Kollegen, der, wie er sagte, seinen Frieden mit dieser Stadt gemacht hatte, nach Hause eingeladen worden. Er hatte mich durch sein gerade fertig gewordenes Haus geführt, durch den Garten, an dessen geschmackvoller Eingrenzung er noch arbeitete. Ich hatte einen Blick auf die zersiedelte Baulandschaft um dieses Haus herum geworfen, und es hatte mir gelangt. Was würde er denn machen, wenn diese familiäre Pionierzeit vorbei und Haus und Garten bestellt sein würden? Würde er dann nicht für immer in dieser neuen Heimat und ihren fixen Kosten festsitzen und mit der vor Frau, Kindern und Nachbarn verheimlichten Frage alleinbleiben, ob das es denn schon gewesen sei. Die Bücher, die man als Student mit kritischem Eifer durchgearbeitet hatte, würden langsam an Bedeutung verlieren – bis auf einige Nachschlagwerke, Handbücher und klassische Texte vielleicht. Pläne für eigene wissenschaftliche oder künstlerische Arbeiten würden vor den praktischen Problemen des Alltags ihre Relevanz einbüßen – ähnlich wie die Gedichte, die man als Zwanzigjähriger schrieb. Die Gespräche würden um den Beruf,

um einen Beruf ohne Perspektive auf Veränderung, kreisen, später vielleicht noch um die Erziehung und Ausbildung der Kinder. Diese Gespräche würden vielleicht wirklichkeitsnäher, aber auch armseliger sein als die Diskussionen früherer Jahre, mutloser, zynischer und vor allem: sie würden vom Tratsch nicht nur an den Rändern zerfressen sein.
Die Logik des Familienlebens, des Hausbaus und der Verbeamtung ist eine eiserne. Und sie hat etwas Totalitäres. Ich habe einmal irgendwo gelesen, daß junge Eheleute, wenn sie eines Tages nicht mehr zum Tanzen gehen, sich oft erlesene Services oder Möbel zulegen. Sie tanzen eben nur einen Sommer. In einem der wenigen besseren Häuser von Tuttlingen, in denen ich zu Gast war, lag ein feiner weißer Teppich auf dem Boden; als jemand zu später Stunde ein Glas Rotwein darauf vergoß, beugte sich die Hausfrau über den Fleck wie über eine klaffende Wunde.
Ein Horror. Aber ich war ja Gott sei dank nicht nach Tuttlingen gekommen, um mich hier niederzulassen, sondern lediglich, um hier zu arbeiten. Es stand für mich fest, daß ich in Tuttlingen arbeiten und in Konstanz leben würde. Eine Pendlerexistenz also. Den damit verbundenen Streß würde ich gern in Kauf nehmen, wenn ich auf diese Weise nur einen gehörigen Abstand zu der Stadt halten konnte, in die man mich ohne mich zu fragen versetzt hatte. Ich vertuschte dieses kalte Desinteresse vor meinen Kollegen, die mir anfangs häufig ihr Bedauern über meine sicher sehr schwierige Lage mitteilten und sich nach meinen privaten Zukunftsplänen erkundigten. Denn ich wußte wohl: ich hätte mir die Sympathien dieser wohlmeinenden Leute verscherzt, wenn ich ihnen gesagt hätte, ich wolle es ja so und sie sollten mich gefälligst in Ruhe lassen mit ihrer abgefuckten Anteilnahme. So schlug ich also meine freie Zeit an den Wochentagen in den Kinos und Kneipen von Tuttlingen tot und freute mich auf das Wochenende in Konstanz. Morgens lief ich gesenkten Blicks zur Schule, wenn ich ihn mal hob, dann nur, um in der geballten Masse von Autonummern mit dem Ortskennzeichen TUT nach einer Abweichung zu suchen – sinnloses Geglotze, das mich einmal fast in einen Verkehrsunfall verwickelt hätte.
Mit der Zeit wurde mir diese säuberliche Lösung unerträglich. Den Lebensentwurf anderer Leute verwerfen und etwas anderes – etwas Alternatives, wie man es heute nennt – dagegensetzen – das sind zwei Paar Schuhe. Ich hatte mich zwar dem Lehrermilieu mit seinen Skat- und Kegelrunden, seinen sportlichen Aktivitäten, Sauftouren und dem Karussell sterbenslangweiliger Einladungen entzogen, aber nur um allein mein abendliches Quantum zu saufen, allein durch den Wald zu laufen und mich mit mir allein zu langweilen. Auf die Dauer kann es nicht befriedigen, in der hereinbrechenden Dämmerung an Bungalows, gepflegten Steingärten und schmiedeeisernen Gittern vorbeizuschleichen und sie halblaut zu beschimp-

fen. Und die Fresserei nachmittags im Café kann einen langfristig auch nicht trösten; darauf hat Udo Jürgens ja bereits mit der notwendigen Klarheit hingewiesen.
Notgedrungen und widerstrebend fing ich an, meine selbstgewählte Exterritorialität ein wenig zu lockern und in der Stadt nach Leuten zu suchen. Meine erste Anlaufstelle war ein kleiner Buchladen, der es überraschenderweise fertigbrachte, Texte von P. P. Zahl oder ähnliches ins Schaufenster zu legen. Ich ging dorthin, nicht um Bücher zu kaufen, sondern um zu reden. Der so arbeitslos gemachte Verkäufer, ein etwa 30jähriger Mann von zartem Körperbau, ewig frierend und dicht am Ofen, interessierte sich einen Dreck für meine Jeremiaden aus der Schule. Er interessierte sich für Philosophie. Höchstens noch für Literatur. Bakunin, Bataille, Artaud – für mich alles böhmische Dörfer. Ich hatte den Eindruck daß es ihn amüsierte, mich im Saft meiner marxistischen Orthodoxie schmoren zu sehen. Der Typus des linken Akademikers hatte es ihm überhaupt angetan. Einmal hat er zwei Stunden schweigend einem gesellschaftskritischen Gespräch von jüngeren Lehrern gelauscht, zu dem ich ihn hingeschleppt hatte, und uns dann plötzlich mit einem Fluch verlassen, den ich hier besser nicht wiedergebe.
Ich will hier auch nicht näher auf die ausschweifenden Gespräche eingehen, zu denen dieser ehemalige Metallarbeiter, Kunstmaler, mich verführte. Wenn einmal ein echter Kunde hereinkam, um, sagen wir, ein Glückwunschkärtchen zu erstehen oder den großen Rommel zu kaufen, unterbrachen wir unsere gelegentlich ziemlich aufrührerischen Reden kurz – wir wollten schließlich niemand erschrecken.
Er erzählte mir von Berlin, wo er lange Jahre gelebt hatte. Aber es fiel mir dennoch schwer, zu glauben, daß dieser Migrant, dieser Großstädter »mit dem Asphaltbrocken im Maul« ein legitimer Sohn Tuttlingens sein und die ersten 20 Jahre seines Lebens wirklich in diesem Nest verbracht haben sollte. Dieser rolling stone konnte wohl auch früher nicht allzu fest im Gemäuer des provinziellen Lebens gesessen haben. Gewisse Aufzeichnungen, die ich später in Berlin, wohin er mittlerweile wieder zurückgekehrt war, bei ihm las, deuten auf ein frühes Herauskippen aus dem Nexus der Normen und der Selbstverständlichkeiten. Leider scheint der Autor selbst nicht viel von seinen Aufzeichnungen zu halten, sie liegen mir daher auch nicht vor. Ich erinnere mich aber an eine Passage über die bedrohliche Unbeirrbarkeit bäuerlicher Kirchgänger am Sonntag. Angst vor einer Tuttlinger Jagdszene? Wenn ich daneben das wenige stelle, das ich sonst noch von der Biographie dieses Mannes weiß: die plötzliche und eigenmächtige Unterbrechung der Mechanikerlehre durch eine längere Reise, den kaltblütigen Umgang mit der Militärbehörde, später weitere monatelange Reisen in die Türkei und den ganzen mittleren Osten, dann verdeutlicht sich das Bild eines freien Flottierens, einer ganz unprovinziellen Beweglich-

keit oder – wenn man will – Wurzellosigkeit. Freiheit, nicht Sicherheit, persönliche Autonomie, nicht soziale Geborgenheit scheint in dieser Existenz das wichtigste zu sein.
Gab es da etwa unter der Eisdecke, die eine derartige Stadt dem isolierten und sich isolierenden Fremden zunächst einmal zeigt, eine unsichtbare und unbekannte Strömung? Zum Freundeskreis meines neuen Bekannten gehörten jedenfalls einige junge Leute, die bereits mit 20 ihre letzte Naivität weggeworfen zu haben schienen. Der historische Optimismus des westdeutschen Wiederaufstiegs, die Hoffnung auf das Machbare, das Vertrauen in den ›Sozialstaat‹ und die neoliberale Doktrin von der fortschreitenden Humanisierung aller Lebensbereiche – all das scheint heute in der Provinz nicht weniger rapid und radikal zu zerfallen als in den Metropolen. Diese subversive und subterrane, von der öffentlichen Selbstdarstellung weitgehend ausgeschlossene Meinungsbildung scheint die traditionelle Differenz von Stadt und Land zu unterminieren. Auch in Baden-Württemberg, wo doch, wie man aus der Ferne und von den Wahlergebnissen her annehmen könnte, die Welt für sehr viele noch in Ordnung ist. Aus der Nähe betrachtet scheinen die alten starren Blöcke von Bewußtsein und Mentalität zu zerbröckeln. Die Erfahrung, daß das Leben in der Bundesrepublik beschädigt ist bis an die Grenze des Kaputtgehens, ist auf das heftigste präsent.
Von einer jungen Altenpflegerin beispielsweise, die ebenfalls hinter den Tuttlinger Bergen aufgewachsen ist, habe ich eine Charakterisierung der bundesrepublikanischen Psychiatrie gehört, wie wir sie in mehreren Seminaren über Foucault und Antipsychiatrie an der Universität Konstanz nur selten erreicht hatten. Wie war diese Frau dazu gekommen, das karitative Ethos und den therapeutischen Wahn, die Ideologie des Helfens und die Ideologie des Heilens, in deren Zeichen sie ihren Beruf vermutlich gewählt und angetreten hatte, für sich zu zerstören? Was hatte sie in die Lage versetzt, *eine Destruktivität von derartigen Dimensionen* zu entfalten? Um hier kein Mißverständnis aufkommen zu lassen: ich rede hier nicht von Zynismus. Im Gegenteil: die Art, wie diese Frau mir Fotos von ihren Patientinnen zeigte, überzeugte mich davon, daß Humanismus nur auf den Trümmern von Caritas und Medizin gedeihen kann. Und was bedeutete diese Zerstörungsarbeit für ihre Lage als Frau in ihrer Familie, an ihrem Arbeitsplatz und in dieser Stadt? Rätsel über Rätsel für mich, die mich darauf stießen, daß mir der Erfahrungszusammenhang unserer Epoche in seiner Dynamik und in seinen weniger sichtbaren Verzweigungen so gut wie unbekannt geblieben war.

Der Pazifist

In seinen Augen seien wir Lehrer vom Gymnasium eine Art kultureller Parasiten. Er müsse das einmal so bitter formulieren. In den Universitätsstädten hätten wir uns »an den Kulturbetrieb

angehängt«, uns von ihm füttern lassen. Hier, wo es nichts oder fast nichts dergleichen gebe, lasse sich die Mehrheit dieser angeblich so kultivierten Leute in die Untätigkeit zurücksinken und klage nur noch in endlosen Variationen darüber, in diese Einöde verschlagen worden zu sein. Dabei seien die Leute hier wie ausgehungert. Jeder, der sich hier engagiere, könne auf eine beträchtliche Resonanz rechnen. Man solle doch einmal bedenken, daß dieses Defizit an kulturellen Angeboten, diese Abwesenheit von Professionellen dem Bürger, dem Dilettanten, dem Laien Möglichkeiten der Selbstbetätigung gebe, die er in den großen Städten und Kulturzentren längst eingebüßt habe. Provinzielle Armut, das Vakuum als Chance, aus der Passivität des Kulturkonsumenten herauszutreten und am Rande der imperialen Kulturapparate und ihrer entmutigend perfekten Leistungen wieder selbst ein wenig zum Zuge zu kommen? Ich hätte ihm diese paradoxe These gar nicht zugetraut. Ich hätte ihm auch die Schärfe nicht zugetraut, mit der er die Gymnasiallehrer, die schließlich seine Hauptkunden waren und außerdem als die Intellegentzia der Stadt auftraten, als träge Masse kennzeichnete. Bis dahin hatte ich eher jenen Typ von Buchhändler kennengelernt, für den der akademische oder gar professorale Kunde König ist, den es höflich zu umschmeicheln gilt und dem man auf keinen Fall Widerworte gibt – Epigonen jener alten Goldschmiede und Perückenmacher, die die Aristokraten ihrer Zeit mit Luxusgütern beliefert hatten.
Nun, ich konnte zwar sehen, daß dieser Mann es persönlich ernst meinte und auf seine Weise längst mit der praktischen Realisierung seiner Idee begonnen hatte. Er beriet mich beispielsweise nicht als Käufer, sondern als Lehrer, indem er mir etwa detailliert über die zähen und unorthodoxen Versuche einiger Hauptschullehrer berichtete, ihre Schüler zum Lesen und Schreiben zu ermutigen. Auf diese Weise ermöglichte er mir einen Blick über den engen Dunstkreis des Gymnasiums hinaus. Er führte mich in seine Utopie eines Deutschunterrichts für die Sprachlosen und Mundtoten ein, denen er als früherer Arbeiter lange genug angehört hatte. Es kam vor, daß er über der Kritik an den herrschenden Formen eines ausschließlich auf den sozialen Aufstieg einer Minderheit hin programmierten Sprachtrainings seine Kunden vergaß. Der gängige Unterricht war für ihn Gewalt. Sein Geschäft war trotz der in ihm herrschenden kommerziellen Hektik ein Refugium für mich.
Aber ich war dennoch nicht bereit, ihm zu folgen. Er erinnerte mich von weitem an einen jener Enthusiasten der alten Arbeiterbildungsvereine. Ich sage das ohne jeden Spott, aber im deutlichen Bewußtsein der Distanz zwischen uns. Derartige Vorstellungen von kultureller Kleinarbeit, der Gedanke einer kleinschrittigen und behutsamen Aufbauarbeit demokratischen egalitären und gewaltfreien Charakters scheinen mir viel zu spät zu kommen. Einmal sind unsere Schulen nicht danach, und sie werden es nie sein. Und dann

ist auch das Gegenüber, der Partner, der Adressat solcher Bemühungen verschwunden (wenn er je da war). Die heutigen Jugendlichen sind, glaube ich, schon zu weit weg, um noch unsere Pfleglinge sein zu können. Sie sind in unvorhergesehenem Ausmaß dabei, sich uns zu entziehen. Weder unsere Härte noch unsere Güte werden sie wohl wesentlich beeinflussen oder gar aufhalten können.

Man kann hier auch die grundsätzlichere Frage aufwerfen, was denn heute *Kultur* noch mit *Bildung* zu tun hat, mit institutionalisierten Bildungsprozessen, mit schulischem oder schulähnlichem Lernen? Was sich unter den Jugendlichen auch in der Provinz an Kulturbedürfnissen regt, weist jedenfalls in eine fundamental andere Richtung. Ich weiß, daß zu den Kunden eines kleinen alternativen Buchladens in Konstanz zahlreiche junge Leute vom Lande zählen, die teilweise von ziemlich weit her anreisen, um sich hier mit Literatur zu versorgen. Es hat in der letzten Zeit ein Musikfestival in Fischbach am Bodensee gegeben, zu dem junge Leute aus der ganzen Region zusammengekommen sind. Mit einem Teilnehmer, einem Lehrling aus Tuttlingen, habe ich gesprochen: es falle ihm schwer zu sagen, was ihm daran so gefallen habe. Vielleicht sei es die Erfahrung gewesen, daß man nicht allein stünde mit seiner Lebensauffassung. Daß es viele, sehr viele gebe, die ähnlich dächten. Die musikalischen Veranstaltungen seien allerdings zu konsummäßig abgelaufen. Er hoffe, daß das bei kleineren Veranstaltungen ähnlicher Art zu vermeiden sei.

Das sind Ausdrucksformen keimender Unabhängigkeit, die man nicht in irgendeiner Theorie der Subkultur verkorken sollte. Es sind Zeichen, die es, meine ich, verbieten, die Jugendlichen in der Provinz ausschließlich als Opfer kultureller Deprivation zu sehen. Dazu sind sie zu informiert, zu mobil, zu wählerisch. Unterprivilegierte zumindest von einer merkwürdigen Eigenwilligkeit. Wenn sie uns gegenüber schweigen, tun sie das vielleicht, *weil sie nicht mit uns reden wollen* – und nicht, weil sie nicht sprechen könnten. In einem Moment, in dem die Schule sich gigantisch aufbläht und mit ihrem Monopol auf Daseinssicherung und Lebensglück den ganzen Horizont zu verdüstern scheint, beginnt sie ihre Schüler zu verlieren. Ich weiß nicht, wie schnell und in welchem Ausmaß. Ich behaupte nicht, daß dieser Koloß auf tönernen Füßen steht. Aber seine Macht, faktisch ungebrochen, ist mittlerweile nackt. Er beherrscht uns nach wie vor über unsere Angst vor der Zukunft, aber längst nicht mehr über unsere Hoffnung auf kulturelle Entfaltung.

Der Mäzen

Ganz über den Weg getraut habe ich ihm nie. Er besaß mir einfach zuviel Macht. Er besitzt nämlich sämtliche Kinos am Ort und darüber hinaus einige in anderen Städten. Ein erfolgreicher Ge-

schäftsmann also. Seine Tochter war bei mir in der Klasse und so kam ich auf die Idee, ihn in meinen Unterricht einzuladen. Zu einer Diskussion über die Filmprogramme in seinen Häusern. Ich hatte damit gerechnet, daß er eine kluge Ausrede finden würde. Er kam aber - bewaffnet mit einer Masse von Prospekten. Die Schüler schoben das aber zunächst einmal beiseite und fragten ihn, warum er denn vorwiegend pornographische Filme à la »Es juckt in der Lederhose« zeige. Es gehe ihm wohl nur ums Geld. Insbesondere den Jugendlichen werde kaum etwas Vernünftiges angeboten.
Der Mann reagierte sachlich. Vielleicht nicht zuletzt deshalb, weil seine Tochter gar nicht daran dachte, ihn zu verteidigen, sondern sich amüsiert lächelnd heraushielt. Zunächst murmelte er etwas von der »älteren Generation«, die »noch nicht so frei erzogen« sei und deshalb ein echtes Bedürfnis nach Filmen dieser Art habe. Das sei verständlich und darauf müsse er eingehen. Aber mit diesen bis in das eiserne Zeitalter von Stalingrad zurückgehenden sexualpolitischen Überlegungen kam er nicht durch. Da lenkte er ein und schlug eine Zusammenarbeit vor. Er habe ja auch bisher an einem Tag in der Woche und im Rahmen allsommerlicher Festivals gute Filme gezeigt. Das könne man ausbauen.
Ich vermute, daß das der Moment der Zeugung war, dem einige Monate später die Geburt des Wechselbalgs folgten sollte: halbkommunales Kino, an einem Tag in der Woche in einem der Kinos des Monopolisten, für DM 2,– Eintritt. Das Programm würde vom Stadtjugendring und einem freien Arbeitskreis von Interessierten gemeinsam zusammengestellt werden. Einige grimmige Manichäer aus dem Kreis der städtischen und gewerkschaftlichen Jugendfunktionäre standen dem Bastard allerdings mißtrauisch gegenüber. Sie schienen das Abkommen mit dem Unternehmer für eine Art Pakt mit dem Teufel zu halten. Wir würden schon sehen, der wolle uns alle nur instrumentalisieren und vor seinen Wagen spannen. Arme Idealisten, wir hätten ja keine Ahnung, was Kapitalismus sei.
Es ging aber dann doch. Der Kapitalist hielt sich im großen und ganzen an den Pakt, weiß der Teufel, aus welch dunklen Motiven. »Deutschland im Herbst« haben sich immerhin über 200 Leute angesehen. Mittlerweile hat sich freilich, wie ich höre, von der Direktion meines Gymnasiums aus eine filmische Gegenreformation formiert. Plakate wurden abgehängt. Die von uns gezeigten Filme seien »zu schmutzig« und »zu brutal«. »Clockwork Orange« beispielsweise verherrliche die Gewalt. Untragbar. Ich verstehe das. Man kann nicht auf der einen Seite den Goetheschen Erlkönig wegen seiner deprimierenden Ausstrahlung aus dem Lesebuch herausnehmen wollen und auf der anderen Seite diese Aktion schmutzige Leinwand einfach tolerieren. Das wäre schizophren. Das wäre gänzlich unglaubwürdig. Das wäre ja noch schöner.

Entmischen, vermischen

Es war für mich, wie gesagt, schon schwierig genug, aus meinem Bau ins Freie zu kriechen und ein wenig durch die Stadt zu streunen. Aber noch schwieriger war es, etwas von diesen Ausflügen in den Bau zurückzubringen. Auch alte Füchse verlieren in diesem Bau leicht die Witterung und die Orientierung. Das wäre die Fabel.

Die Schule liegt in der Stadt, aber die Stadt ist in der Schule nur auf eine außerordentlich verdünnte oder abstrakte Weise präsent. Die Jugendlichen verwandeln sich in Schüler, wenn sie die Pforten der Schule durchschreiten, und ihre Geschichte ist dann in ihrer Leistungsfähigkeit oder ihrem Schulversagen, in ihrer Unauffälligkeit oder ihren ›Verhaltensstörungen‹ verschlüsselt. Und es ist nur schwer möglich, diesen institutionellen Code zu dechiffrieren. Er ist hermetisch. Aber das ist nicht alles. Die Schullaufbahn wirkt auf das Leben des Schülers zurück. Es handelt sich um einschneidende Wirkungen. Das Gymnasium isoliert den Gymnasiasten. Freunde leben sich auseinander, wenn der eine auf das Gymnasium geht und der andere nicht. Soziale Milieus, die sich während der Kindheit berühren, überlappen, vermischen konnten, scheiden sich jetzt schärfer. Der Schüler weiß immer mehr über die Schule und immer weniger über die Arbeitsverhältnisse, in denen seine Altersgenossen mittlerweile stehen. Sein Leben droht zu veröden, weil ihm die Erfahrung der Relativierung durch andere Lebensverhältnisse weitgehend abgeht. Die Loslösung von der Familie verzögert sich um mindestens ein halbes Jahrzehnt, und diese perverse Ausdehnung kindlicher Abhängigkeit blockiert über Jahre hinweg die selbständige Bewegung dieser Heranwachsenden in der Gesellschaft. Sie sitzen tief im Schoße der Familie und heben sich und ihre längst erstarkten Kräfte für eine künftige Selbstverwirklichung auf. Der Gymnasiast wird unter dem Druck der Schule aus der Gegenwart herausgeschnitten und für die Zukunft bearbeitet. Spätestens in diesen Jahren wird er in jenes ganz auf die Erreichung ferner Ziele gestelltes Zeitbewußtsein hineingezwungen, das dann die Antriebskraft eines vielleicht lebenslangen Alleingangs sein wird.

Das ist jedenfalls das traditionelle Muster: die Gymnasialzeit als langer Tunnel, an dessen unendlich weit entrücktem Ende das Tageslicht des Abiturs schimmert. Ich habe aber auch beobachtet, daß sich ein Teil meiner Schüler diesem Muster zu entziehen versuchte. Ich weiß freilich nicht wirklich, wie es um diese Dinge steht. Dazu müßte man länger in einer solchen Stadt leben, als ich es tun wollte, und vor allem engere Beziehungen zu einzelnen Schülern knüpfen, als es mir gelungen ist. Die meiste Zeit bin ich an der Schule und an der Lehrerrolle kleben geblieben. Es war da immer so etwas wie eine unsichtbare Trennscheibe zwischen mir und meinen Schülern. Erst der Konflikt über die Noten hat mich in dieser Hinsicht etwas entkrampft. Es ist traurig, aber erst im Moment meiner Entlassung aus dem Schuldienst bin ich meinen

Schülern nähergekommen.
Immerhin habe ich mitbekommen, daß man auf zahlreichen unscheinbaren Wegen der besonderen Isolierung des Schülers zu entkommen sucht. Manche haben es offensichtlich leichter, denn sie scheinen sich nie so ganz und rückhaltlos auf das Gymnasium eingelassen zu haben. In allen meinen Klassen gab es Schüler, die es sich bewußt offenhielten, ob sie nun weitermachen würden oder nicht. Diese kleine Freiheit des Disponierens erlaubte es ihnen zumindest, den Blick nicht immer nur starr nach vorne und nach oben zu richten, sondern ihn auch einmal zur Seite zu wenden – auf andere Ausbildungsmöglichkeiten, eine Lehre etwa, und auf andere Lebensläufe. In einer meiner Klassen haben solche Schüler einmal eine Diskussion mit einigen ihnen persönlich bekannten Berufsschülern und Lehrlingen über die Ausbildungsmöglichkeiten und Arbeitsverhältnisse für Jugendliche in Tuttlingen initiiert. Die Gymnasiasten waren dabei durchaus der nehmende Teil. Der Höhepunkt für sie und auch für mich war wohl die Kontroverse zwischen einem Berufsschüler, der Koch lernen wollte und einem Lehrling, der über die Lehre eines Freundes in einem großen Stuttgarter Hotel berichtete. Ernüchternde Details über Bezahlung, Arbeitsbedingungen, Arbeitszeiten, ferner über die Unterentwicklung der gewerkschaftlichen Organisierung in gastronomischen Betrieben, auch in Großbetrieben. Der Berufsschüler war befremdet, er gab das auch zu. Und meine Schüler, die doch mehrheitlich durchaus nicht aus privilegierten Schichten stammten, machten den etwas verwirrten, aber aufgekratzten Eindruck von Leuten, die gerade aus einer längeren Quarantäne kommen. Am Schluß formulierten sie denn auch eine harte Kritik an der mangelnden Seriosität und an der Realitätsferne der ›Berufsberatung‹ auf dem Gymnasium. Hier interessiere man sich eben ausschließlich für die Leute, die die Schule bis zum Ende durchmachen wollten. Der Rest könne sehen, wo er bleibe.
Ferienjobs (die zum Teil heimlich schon ein oder zwei Wochen vor Ferienbeginn aufgenommen werden, damit noch genügend Zeit zum Ausgeben und Genießen des verdienten Geldes bleibt) stellen ein Gegengewicht gegen die Klausur der Schule dar. Unsere Kulturkritiker sind erbarmungslos, wenn es um das gesteuerte und entfremdete Interesse der Jugendlichen an Mopeds und Autos geht. Fetisch Motor und Maschine, Rausch des Tempos, infantiles Allmachtsgefühl – liege ich in etwa richtig? Wenn Sie sich entschließen könnten, anläßlich eines jener weithin bekannten Konstanzer Seenachtsfeste ihr Arbeitszimmer kurz zu verlassen, werden Sie gleich Tausende, ja Tausende junger Fetischisten auf mehr oder weniger schweren Motorrädern in die Stadt einfahren sehen. Ich empfehle Ihnen, sich den köstlichen, ja fast erotischen Schauer und Schwindel, den der Vernünftige angesichts dieser Hingerissenen empfindet, auf keinen Fall entgehen zu lassen.

Ein 17jähriger Schüler, mit dem ich mich einmal eingehend über seine Ferienarbeit und seinen Plan unterhalten habe, mit 18 den Führerschein zu machen und sich ein Auto anzuschaffen, hielt sich allerdings etwas abseits von diesem motorisierten Totentanz des Spätkapitalismus. Ich hatte eher den Eindruck, daß selbstverdientes Geld, Führerschein und Auto seine Position in der Familie verbessern und seine Distanz zum Gymnasium sozusagen materiell absichern sollten. Er hat mir jedenfalls in einem dieser Gespräche gesagt, daß er »über die Schule hinaus sei« und es einfach albern finde, wenn ein Lehrer ihm noch zu drohen versuche. »Die können mir doch gar nichts mehr.« Wenn er für die Schule arbeite, dann doch ausschließlich aus eigenen Überlegungen heraus. Sie werden ernsthaft an meinem Antikapitalismus zweifeln, aber in meinen Augen waren Geld, Markt und Konsum für diesen Jungen auch Mittel und Wege, aus der Unmündigkeit des Schülers herauszukommen. Wenn ich Ihnen jetzt auch noch mitteile, daß er nicht zuletzt zu diesem Zweck eine Zeitlang sogar plante, Polizist zu werden, werden Sie vermutlich sogar an meinem Verstand zweifeln.

Aber vielleicht kann ich mir Ihr Vertrauen ein Stück weit zurückerobern, wenn ich abschließend noch auf einen weiteren Ausweg aus der Misere des Schülerdaseins hinweise. Sie würden ihn freilich, wie ich vermute, nicht als einen der zahllosen Fluchtwege, die jungen Leute heute offenstehen, bezeichnen, sondern eher als Königsallee der Politisierung. Ich habe aber nur sehr wenige Schüler kennengelernt, die Anschluß an die gewerkschaftlich und politisch (VVN) organisierten linken Kreise der Stadt suchten. So viel ich weiß, waren für diese übrigens recht vorsichtigen, auf die Wahrung persönlicher Unabhängigkeit bedachten Verbindungen zudem private Beziehungen und Anregungen, familiäre Vorbilder oder doch Vorgänger entscheidend. Die Gewerkschaften haben so gut wie keinen Einfluß auf die Gymnasien der Stadt. Die paar GEW-Lehrer fühlen sich sehr isoliert. Wir hatten sogar untereinander kaum mehr als privaten oder fachlich-beruflichen Kontakt. Wir waren bestenfalls ein Kreis von Geistesverwandten. In der Schule haben wir uns kaum je zu erkennen gegeben, was nicht heißt, daß man uns nicht gekannt hätte. Jedenfalls waren wir keine Gruppe, die in der Schule kollektiv und organisiert aufgetreten wäre und gehandelt hätte.

Und an die Schüler kommen die Gewerkschaften noch schwerer heran. Ich habe in meinen zwei Tuttlinger Jahren auch nicht gesehen, daß sie es ernsthaft versucht hätten. Nein, das ist nicht ganz korrekt. Im Umfeld des NPD-Parteitages 1979 und mit dem Erfolg des Holocaust-Films im Rücken haben sie es versucht. Mit einigem Erfolg sogar: die vom DGB in den Kinos der Stadt vorgeführten antifaschistischen Filme sind bei den Schülern gut angekommen (vor allem »Nackt unter Wölfen«: diesen Film haben sich Hunderte von Gymnasiasten angesehen; sie haben, wie ich weiß, auch darüber

geredet). Von dieser Resonanz getragen und über die Vermittlung der örtlichen VVN ist es uns sogar möglich gewesen, einen antifaschistischen Widerstandskämpfer, Alfred Hausser aus Stuttgart, in die Schule zu holen. Es sind auch 60-80 Schüler gekommen (dagegen nur zwei oder drei Lehrer) und haben dem ungebrochenen alten Mann zugehört.
Doch das war, wie ich meine, eine Episode, die sich einer Ausnahmesituation verdankte. Vorher und auch nachher hat es meines Wissens nichts dergleichen gegeben. Und ich möchte bei allem Respekt auch sagen, daß Alfred Hausser die vor ihm sitzenden Gymnasiasten meines Erachtens nicht wirklich erreicht hat. Dafür hat er zu unpersönlich gesprochen. Oder zu exemplarisch. Jemand hat ihn gefragt, wie er es denn im Zuchthaus so lange, jahrelang ausgehalten habe, in dieser Verlassenheit, ohne umzufallen? Hausser hat die Bedeutung dieser Frage nicht begriffen. Er hat sie mit ein paar fast trockenen, nüchternen, bescheidenen Bemerkungen beiseite geschoben. Er war sich nicht wichtig. Für ihn war das Schicksal der Arbeiterklasse wichtig. Die Geschichte des Widerstands. Die Konsequenzen und Lehren, die heute daraus zu ziehen sind. Die heutigen Berufsverbote ferner, das politische Klima in der BRD. Zuviel Belehrung oder Mahnung, zuwenig Selbstdarstellung und Subjektivität. Die persönliche Erzählung verschwand hinter der politischen Rede. Und das ist ein Typ von Heroismus und eine Art der Selbstlosigkeit, die die jungen Leute nicht mehr verstehen und nicht mehr wollen.

Die mittellosen Kritiker des Alltagslebens

Wir sind noch da

Das Jugendhaus in Tuttlingen verdient seinen Namen nicht. Das ist wenigstens die Auffassung einer jungen Frau, früher Schülerin an meinem Gymnasium, die sich am Kampf für ein derartiges Zentrum beteiligt hatte. Diese Initiative sei mittlerweile versandet. Sie sei im Grunde vorläufig gescheitert. Vor der ursprünglich angestrebten Selbstverwaltung oder, wenn das zu hoch gegriffen sei, von den geforderten Mitspracherechten sei so gut wie nichts realisiert worden. Die Jugendlichen hätten die wenigen Räume, die man ihnen nach langem Hin und Her endlich zugestanden habe, zwar mit viel Fleiß und Mühe herrichten dürfen, aber zu sagen hätten sie dort nichts. Der amtierende Jugendleiter sei ihnen aufgezwungen worden, er sei nicht der Kandidat der Jugendlichen gewesen. Schon die Tatsache, daß dieser Mann die ihm angebotene Stelle gegen den erklärten Willen der Jugendlichen akzeptiert habe, beleuchte das Ausmaß der Niederlage. Die Bitterkeit und die Trauer der Veteranen?

Ich habe den Mann einmal in den Unterricht eingeladen. Von der konfliktreichen Vorgeschichte dieses Jugendzentrums hat er kein Wort gesagt. Aber die überaus aufgeräumte, etwas gezwungen wirkende Art, mit der er uns seine Pläne darlegte, ließ erkennen, daß ihm diese Vorgeschichte und seine eigene *illegitime* und *usurpatorische* Stellung peinlich bewußt sein mußte. »Hat noch jemand eine Frage?« Auf meine Schüler wirkte er offenbar wie ein Lehrer – und zwar wie ein schlechter. Sie sagten fast nichts.
Er betonte seine Bereitschaft, den Wünschen und Anregungen der Jugendlichen Rechnung zu tragen, sagte aber kurz darauf, daß er den KBW nicht hereinlassen möchte. Nach reiflicher Überlegung. Er selbst habe zwar nichts gegen diese Leute, müssen aber »aus taktischen Gründen« gewisse Grenzen ziehen.
Ich hatte mich eigentlich von diesem Mann in die Jugendszene der Stadt einführen lassen wollen. Wir hatten uns auch schon für einen Streifzug durch gewisse Kneipen verabredet. Er hatte mir bereits verwaltungsinternes Material über die Jugendkriminalität und Rauschgiftabhängigkeit in Tuttlingen zukommen lassen. Man hatte begonnen, mich ins Vertrauen zu ziehen. Vielleicht hätte ich mich unter der Führung dieses Hermes noch zum Sozialarbeiter qualifiziert.
Auf dem Höhepunkt der Bewegung für ein Jugendhaus hatten sich anscheinend etwa 40 Jugendliche nicht nur aus Tuttlingen, sondern aus den umliegenden Ortschaften regelmäßig in einem alten verlassenen Forsthaus getroffen. Zunächst habe man das rege Treiben dort gar nicht so richtig zur Kenntnis genommen und die Jugendlichen in Ruhe gelassen. Aber diese Schonfrist sei bald vorüber gewesen. Insbesondere die Vereine und die kirchlichen Jugendorganisationen hätten dann angefangen, das ›Waldhaus‹ zu diffamieren. Man habe in diesen Kreisen wohl um den eigenen Nachwuchs gebangt. Möglicherweise hätten auch einige Gastwirte gegen die Jugendinitiative gearbeitet, weil sie einen Rückgang des Alkoholkonsums in ihren Kneipen befürchteten. In diesem Fall wäre dann der moralische Vorwurf des Alkoholmißbrauchs in dem improvisierten Jugendzentrum aus dem geschäftlichen Interesse am Alkoholmißbrauch der Jugendlichen in den ordentlichen Gasthäusern hervorgegangen. Diese Gerüchte wiederum hätten manche Eltern beunruhigt und zu Überwachungsmaßnahmen veranlaßt. Diese machtvolle und komplexe Maschinerie der sozialen Kontrolle hat den spontanen und zunächst auch sehr lebhaften, aber doch wenig widerstandsfähigen Ansatz unabhängiger Geselligkeit offensichtlich niedergewalzt.
In diesem Fall. Aber die Hydra hat hundert Köpfe. Seit einigen Jahren lassen sich im Oberschwäbischen einige tapfere Ritter beobachten, die mit furchtbaren Schwertschlägen und Lanzenstichen dem Ungeheuer den Garaus zu machen suchen. Im Zivilberuf sind sie ganz gewöhnliche Bürgermeister oder auch Lokalredak-

teure, und wenn man ihnen ihr martialisches Visier hochklappen würde, sähe man wahrscheinlich in wenig heroische, eher bürgerliche Gesichter. Fürchten sich diese Helden etwa in der Heimlichkeit ihrer Rüstungen? Was ist das überhaupt für ein Monstrum, das da in diesen abgelegenen Landstrichen unseres Vaterlandes aus dem Erdinnern hervorzubrechen scheint?
Ich zitiere im folgenden einige Passagen aus einem mehrstündigen Gespräch mit Jugendlichen, das wir Anfang 1980 im Jugendhaus von Friedrichshafen am Bodensee geführt und aufgenommen haben. Im Kontrast zu der schäbigen Arme-Leute-Lösung, die man in Tuttlingen gefunden hatte, war man den Jugendlichen hier auf das Großzügigste entgegengekommen. So schien es jedenfalls auf den ersten Blick. Man hat eine ehemalige Molkerei für diese Zwecke umgebaut. Neben dem Armenhaus von Tuttlingen wirkt das hier fast wie ein Palast – eine provinzielle Music Hall. Wie wir erfuhren, kann sie über 1 000 Jugendliche fassen und zieht sie solche Massen gelegentlich an Wochenenden auch tatsächlich an – aus der ganzen Umgebung bis hin nach Ravensburg. Sind das zwei Varianten kommunaler Jugendpolitik: ihnen nichts geben und ihnen zuviel geben? Ihnen jede Basis für ihre besondere und abgesonderte Verständigung von vornherein verweigern und ihnen einen speziellen Amüsierbetrieb zur Verfügung stellen, der den Gedanken jugendlicher Autonomie unvermeidlich entmutigen und diskreditieren muß?

Wir haben gesagt, es bringt einfach nichts, über solche Methoden zu motzen. Eine blöde Reaktion irgendwie. Aufgeben, ja. Und dann halt auch bloß in der Teestube hocken und seinen Tee schlürfen und dann wieder rausgehen. Wir haben gesagt, man muß an die Leut' ran und versuchen, mit denen gemeinsam irgendwas aufzustellen, ja. Aber als dann der Betrieb hier im Haus angefangen hat, haben wir gemerkt, daß es sinnlos ist, echt total sinnlos. Man kann an die Leute naschwätze . . . Mir händ versucht, das war der letzte Versuch eigentlich, mit dene Leut, e' Kreativitätswoche zu gestalten. Es hieß halt, daß Konsum abgestellt werden sollte, dafür mehr Kreativität kommen sollte. Wir haben mit Orff-Instrumenten gearbeitet. Na, ja, aus Fez, gewisse Gegenstände im Haus, die da normal sind, total verändert. Zum Beispiel den Eingang durch 'nen Pappkartontunnel gemacht. Aber die Leut' hänt ihn abgerissen. Wir haben versucht, einfach so ein Gesellschaftsspiel zu machen . . . oder ein paar gruppendynamische Spiele zu machen . . . Sie sind immer noch unten. In der Teestube haben sie ihren Tee getrunken. Es war echt total frustrierend, die Kreativitätswoche . . . Wenn man bedenkt, daß unten in der Disco 300 Leut' hocken, und du willst oben was anfange' und es kommt kei' Sau. Da haben wir gesagt, das Haus ist . . . ., da kann man nichts machen hier drin. Das Haus verleitet einfach zu arg dazu, daß du hier reingehst und konsumierst. In fast jedem Raum hast du 'nen Sound um dich rum, in jedem Raum wird dir irgendwo irgendwie was angeboten – na, ja, man macht's sich zu leicht irgendwo dann, ja? Man setzt sich rein und – okay! Ab und zu kann ich auch nicht viel brauchen, sondern hock' mich auch na und dann hör ich auch Musik, aber die Aktivität von denen . . . ist einfach schwach. Wir händ weiß Gott wieviel

Flugblätter und Zeitungen geschrieben, damals in den Zeitungs-AK. Wir haben echt wirklich oft versucht, auch harte Artikel, nicht irgendeinen Scheiß herauszubringen. Aber es hat überhaupt nichts gebracht. Und das ist die große Misere in dem Haus.

Hier scheint der Funke vorerst ausgetreten. Aber an einer anderen Stelle glimmt er wieder auf. Hier ein Auszug aus dem ersten Flugblatt einer sich gerade entfaltenden Jugendhausbewegung im nahegelegenen Tettnang:

WIR HABEN ES GRÜNDLICH SATT!!!

Die Zustände in Tettnang sind für Jugendliche katastrophal. Nirgendwo gibt es Räumlichkeiten, in denen man sich ungezwungen treffen kann, sondern nur beaufsichtigte und bevormundete Jugendorganisationen . . ., die Andersdenkenden sehr wenig oder gar keinen Freiraum lassen.
Es bestehen keine Möglichkeiten, die es erlauben, eigene Ideen zu verwirklichen.
Wir aber wollen uns nicht in die Vorstellungswelt biederer Stadtväter und engstirniger Organisatoren pressen lassen und geben uns mit der jugendfeindlichen Stimmung in Tettnang nicht mehr länger zufrieden.
Wir wollen mehr Freiraum zur Bestätigung, weil wir über die derzeitigen Gegebenheiten unzufrieden sind. Wir wollen zum Beispiel ein Jugendhaus, das uns die nötige Selbständigkeit und angestrebte Unabhängigkeit geben könnte.
Einmal schon sind wir mit scheinheiligem, vorurteilsvollem und inhaltslosem Geschwätz seitens des Gemeinderats chancenlos gemacht worden.
Wir aber fangen mit ungebrochenem Willen und neuen Ideen wieder an und wenn jeder mithilft, schaffen wir's.

Mehrere Jugendliche, die zu den treibenden Kräften dieser Initiative gehören, kommentieren in einem Interview:

J.: Vor einem Monat ungefähr haben wir wieder angefangen. So ungefähr 20 Leut'. Wir haben schon vorher, so ungefähr vor zwei Jahren oder so, schon mal so was gehabt. Das haben wir dann aber wieder aufgegeben. Jetzt vor einem Monat haben wir wieder angefangen, was zu machen. Grundsätzlich geht es zuerst einmal bei mir darum, mal in Tettnang was zu machen. Einfach mal Fez zu machen. Daß wieder Jugendliche zusammenkommen, daß wir einfach mal auf so 'nen Platz gehen, den Bärenplatz, dem zentralen Platz in Tettnang, daß wir da einfach mal Flugblätter verteilen, daß da irgendwie so halt etwas abläuft. Es ging jetzt weniger ums Jugendhaus bei mir. Denn so realistisch ist das in Tettnang nicht, das zu kriegen.

E: Einfach mal zeigen, daß man da ist. Und das ist gelungen, oder?

B: Ja, aber wir haben bis jetzt ja noch nicht so arg viel gemacht. Ein Flugblatt verteilt und dann haben wir einen Informationsstand gemacht. Ein großes Echo bislang . . . Und morgen mittag machen wir den nächsten Informationsstand. Und mit Flugblatt verteilen . . .

P: Was mich noch interessiert, ist es bei dir der gleiche Grund, weshalb du da mitmachst, daß da mal wieder was läuft in Tettnang? Oder ist es vor allem das Jugendhaus?

B: Ja, dann aber auch das Jugendhaus. Daß wir einen Raum haben in Tettnang, der dringend nötig ist für uns. Um ein bißel unsere Ideale zu verwirklichen, ein bißel freier zu werden, gemeinsam. Zu zeigen: wir sind Jugendliche, wir können nicht übergangen werden . . .

J: Bei mir war der Grund, stand im Vordergrund, am Anfang, da jetzt einfach was zu machen. Zu zeigen, wir sind noch da, ein bißel Protest zu machen. Jetzt, würd' ich sagen, kriegt man ungefähr 20, 30 Leut', zunächst. Ziemlich gut. Jetzt steht wieder die Forderung im Vordergrund, daß wir da jetzt ein Jugendhaus haben wollen. Aber vielleicht bauen wir ein Jugendhaus. Jetzt hat man wieder gemerkt, da sind jetzt wieder 20, 30 Leut' da, mit denen könnt' man echt toll was machen dazu. Vielleicht einfach ein Haus bauen.

E: Es ergibt sich von selbst, daß ihr ein Haus braucht. Ist das bei den andern auch so, daß sie also hauptsächlich irgendwann einmal auf den Putz hauen und sagen, es geht ihnen um viel mehr als das Nichtvorhandensein eines Jugendhauses? Sie lehnen die gesamte Nichtbeachtung der jugendlichen Interessen ab.

J: Bei dem ganzen Protest geht es nicht bloß um ein Jugendhaus. Das wollen wir jetzt halt, das stellen wir als unsere Forderung auf, jetzt ein Jugendhaus. Denn wir haben uns gedacht, wenn wir ein Jugendhaus haben, verbessert das einiges in Tettnang.

E: Und wer sind die Gegner dabei? Scharfe Gegner, die wirklich gefährlichen und harten Gegner?

J: . . . die anderen Jugendorganisationen, so Jugendvereine . . . evangelische und katholische.

E: Die sind gegen euch?

J: Wahrscheinlich schon, schätz' ich. Gegen unsere Vorstellungen, die wir haben von einem Jugendhaus. Da sind die schon dagegen. Und dann halt der eine Redakteur von der ›Schwäbischen Zeitung‹, Altmann, der wahrscheinlich.

E: Ich glaube, mit dem hat auch der ›Motzer‹* einiges ausgefochten.

P: Mit der Zeitung überhaupt, ja.

E: Was ist das für ein Typ, dieser Altmann? CDU?

J: Ja, ja. Steht hinter dem Stadtrat.

P: In dem Stadtrat sitzt bloß CDU. Oder einiges von dem.

E: Die sehen darin einen Wertzerfall, wenn ich richtig vermute? Sehen die in euch eine Generation, die die Werte der Bundesrepublik in Frage stellt? Und der man mit moralischer Aufrüstung begegnen sollte?

J: So denken die, glaube ich. Die haben einfach Angst davor, so Schandfleck der Gemeinde zu werden, vor Skandalen. Die haben einfach Angst vor den Problemen, die ein Jugendhaus aufwirft. Die so auch schon bestehen, die Probleme, unter den Jugendlichen. Aber wenn ein Jugendhaus da ist, treten sie halt offen zutage, so wie Alkohol oder sonst etwas. Sonst läuft das halt alles in Kneipen. Wie Rauschgift und so. Dann ist halt ein zentraler Punkt da, wo alles dann abläuft. Und davor haben sie Angst.

Wenigstens die Blickrichtung ändern

Einige unserer Gesprächspartner in Friedrichshafen waren Schüler. Das hat mich irritiert. Ich habe mich gefragt, warum ich ein derartiges Gespräch auf einem anderen Terrain als der Schule erst

*) »A oberschwäbischs Blättle, en dem jeder schreiba ka ond soll, was er will – ozensiert!« (Untertitel) Auflage zur Zeit etwa 1500.

nach meiner Entlassung aus dem Staatsdienst gesucht habe. War ich als Lehrer etwa zu angespannt, um mich für das Leben der Schüler zu interessieren? Ich glaube eher, daß man als Lehrer zuviel mit Schülern zu tun hat, um sich noch für Jugendliche interessieren zu können. Sind wir ihrer nicht unendlich überdrüssig?

Der Schüler ist in erster Linie Objekt unserer Bearbeitung. Wie kann der schulische Kontakt zu ihm uns die Augen öffnen für die Anstrengungen der Jugendlichen, freiere Subjekte zu werden? Ich behaupte sogar, der pädagogische Altruismus, die falsche professionelle Aufgeschlossenheit für die ›Probleme‹ unserer Schüler, die permanente zwanghafte Bemühung um Geduld bei wachsender Nervosität laugt uns aus. Wir sind Maschinen der Selbstkontrolle. Wir haben genug damit zu tun, unsere Tendenz zu Übergriffen im Zaum zu halten.

Eine Umkehrung dieses Verhältnisses ist zumindest denkbar. Man könnte sich einen Lehrer vorstellen, der aus der Tiefe der Provinz auftaucht und durch die Schule nur hindurchgeht. Einen Lehrer, der das ›Waldhaus‹ kennt und der zu bestimmten Zeiten am Bärenplatz gesehen wurde. Einen Lehrer, der vielleicht sogar eines Tages das große respektable Schweigen des Beamten bricht und anfängt zu motzen – vielleicht erst einmal im ›Motzer‹, wo man es ihm und seinen Artikeln sicher leichtmachen wird, aber dann möglicherweise auch in der ›Schwäbischen Zeitung‹, wo ihn der Lokalredakteur Altmann zensieren wird.

Eine vollständig neue Spezies von Pädagoge, ganz offensichtlich. Eine pädagogische Mutation sozusagen. Ein Erzieher, der sich verzettelt und viel über Land geht. Jemand, der den Jugendlichen bei ihren verstreuten und freien Zusammenkünften genügend zugehört hat, um seinen Schülern ihr Schweigen zu gönnen. Jemand, der zu viele Stimmen im Ohr hat, als daß er dieses abnorme Schweigen in der Schule noch als eine Ausfallserscheinung, als einen psychischen Defekt, als eine blanke Störung ohne Sinn und Verstand sehen könnte. Ein Deutschlehrer, der dorthin geht, wo die Leute ungezwungen reden, und dem dabei die Motivation abhanden kommt, seine Leute zum Reden zu zwingen.

Es könnte ja sein, daß sie freiwillig nur reden, wenn gewisse raum-zeitliche Bedingungen gewährleistet sind. Räumlich etwa: wenn die dunkle Silhouette der Schule in der Ferne zu einem winzigen Punkt zusammenschrumpft. Zeitlich: wenn die strengen Linien des Schuljahres unter dem belebenden Hauch der Geselligkeit oder der Rebellion erst zu mäandrieren und dann zu tanzen beginnen.

Man wird einwenden, das sei Schönfärberei. Man könne nicht so tun, als sei das Verstummen in der Schule von einem langsam anschwellenden Stimmengewirr draußen umströmt. Im Gegenteil, das Schweigen breite sich zur Zeit von den Institutionen über das ganze Land aus. Ist nicht das zitierte Gesprächsprotokoll selbst ein

eindrucksvoller Beleg dafür? Schließlich ist hier vom Verlöschen einer kulturellen Initiative die Rede. Und bei allem Respekt vor dem Fähnlein der sieben Aufrechten, das die Jugendhausbewegung vom Anfang der 70er Jahre auch heute noch weiter zu führen versucht, müsse man sehen, daß das politisch Rückzugsgefechte sind. Die große Masse der Jugendlichen sei mittlerweile, wie auch alle ernsthaften Erfahrungsberichte zeigten, an politischen Auseinandersetzungen nicht mehr interessiert.
Welche Erfahrungsberichte? Zeigen Sie mir einen, der die Dinge so darstellt. Berichte von Lehrern akzeptiere ich freilich nicht ohne weiteres. Ich will (leicht verspätet) ja gerade über meinen Lehrerhorizont hinauskommen. Wenn mir jemand sagt, die Jugendlichen seien heute nicht mehr rebellisch und kämpferisch, sondern angepaßt oder eskapistisch oder beides, weiß ich zu 90%, daß ich einen Lehrer oder einen Hochschullehrer vor mir habe. Auch die jüngste Theorie über den ›Narzißmus‹ der jungen Generation ist ja in einem pädagogischen Verlag ausgebrütet worden. Daß es ein linker Verlag ist, macht die Argumente auch nicht stichhaltiger.

Gerade in den Kleinstädten, in denen es noch immer eine politische Jugendszene gibt, nimmt die Zahl der Jüngeren, die mitarbeiten, zu, wodurch die Überlebenschancen der Alternativszene verbessert werden. Ohne diese politischen Anlaufspunkte (die meist Jugendzentrums-Initiativen sind) würde nicht nur der individuelle Protest der Jüngeren versacken und sie keine Rückendeckung erhalten, sondern auch die Alternativszene langsam aussterben. Die Präsenz von politisierten Leuten ist deshalb notwendig, um die neue Jugendgeneration, die ohne die sinnliche Erfahrung einer großen Jugendbewegung und daher auch ohne Bewußtsein von der eigenen Geschichte aufgewachsen ist, nicht einfach den Provinzverhältnissen zu überlassen, sondern ihren immer noch berechtigten Protest zu bestätigen und politisch zu unterstützen. Ihr Widerstand gegen konkrete Schul-, Betriebs- und Freizeitverhältnisse, ihr Protest gegen die alte häusliche Unterdrückung, enthält noch jene Unmittelbarkeit, die heute der Alternativ-Bewegung größtenteils fehlt, da diese meist nicht mehr konkret bestimmen kann, wogegen sie ist, sondern in der *totalen* Ablehnung und im Widerstand gegen das gesamte System, auch das System in uns, in einen Selbstzerfleischungs- und Selbstzerstörungsprozeß hineingeraten ist . . . (A. Herrenknecht, Unsere zehn Jahre danach, in: Aesthetik und Kommunikation 34, Dezember 1978, S. 76).

Ich habe den Eindruck, genaue, praktische und solidarische Analysen dieser Art besitzen heute Seltenheitswert. Man kann die angeblich historischen und die angeblich politischen Thesen über den Aufschwung und den Niedergang der Jugendbewegung seit 1968 schon nicht mehr hören. Ganz substanzlos sind sie natürlich nicht. Aber diese Argumentation ist außerordentlich steril, weil nur das sie beeindruckt, was Schlagzeilen macht. Sie verarbeitet nur das, was durch die Filter der bürgerlichen Öffentlichkeit zu ihr dringt. Sie hat keine Ahnung davon, was zwischen den Gipfeln der Revolte geschieht, die zur Kenntnis zu nehmen sie sich versteht, und füllt diese Erfahrungslücken mit zweifelhaften psychosoziologischen Theoremen auf. Sie klebt ferner immer an den Erscheinungsformen der jeweils letzten Bewegung und interessiert sich wenig für die Momente, aus denen sich unter Umständen eine neue Bewegung entwickeln könnte. Sie neigt dazu, in Zeiten der Auflehnung nur die Auflehnung und in Zeiten der Unterwerfung nur die Unterwerfung zu sehen. Alles, was dieses Denken berührt, wird eindimensional. Ein Rebell ist eben ein Rebell und ein Konsument ein Konsument. Entweder verweigert sich einer oder er paßt sich an. Man idealisiert den Protest von 68 und diffamiert die veränderten Haltungen von heute.

Jeder von uns kennt aber doch mindestens Jugendliche, die aus unserer Sicht nur als haltlose Konsumfetischisten bezeichnet werden können und die zugleich eine überraschend große Distanz zu sich haben und gelegentlich hellsichtig und schonungslos über sich reden können. Die oben zitierte Kritik an der Perversion eines Jugendhauses mag in ihrer Schärfe und Klarheit untypisch sein - aber sie baut sich auf aus Elementen einer verbreiteten Mangelerfahrung. Wo ordnet man diesen befremdlichen Kritizismus ein, der aus der Verfallenheit an das Kritisierte herauszuwachsen scheint und seinen Gegenstand nicht mehr möglichst weit von sich wegschiebt. Wir begreifen nur schwer. Wir erwarten eine solche Kritik doch im Grunde eher von einer *Instanz,* die aus einem prinzipiellen, unwiderruflichen, revolutionären Bruch mit dem kapitalistischen Alltagsleben hervorgegangen ist und jetzt in makelloser Reinheit dasteht.

Die Frage ist: wie kann dieses zarte, aber zählebige, vielleicht verkrüppelte, aber gut verwurzelte Pflänzchen unter den erschwerten Wachstumsbedingungen der Provinz überhaupt gedeihen? Nicht die Schwäche, sondern die Vitalität dieser Ansätze von Abweichung und Auflehnung ist das Überraschende. Wie halten sie sich? Worauf stützen sie sich? Das ist so gut wie unbekannt, da der große, jetzt bereits seit Jahrzehnten andauernde Diskurs über Subkultur, Jugendrevolte und Alternativ-Bewegung dem Spektakulären und Durchsetzungskräftigen nachläuft. Auch dieser Diskurs ist, so sublim er sich gibt, positivistisch. Fakten zählen, Spuren zählen nicht.

Straflos

Ich war der Meinung, man überschätze die NPD. Man dürfe diesen Parteitag nicht so hochspielen. Damit laufe man Gefahr, den wirklichen Gegner zu verfehlen. Der sitze vielmehr in Staatspositionen, im Parlament, in den Vorständen der Parteien, in den Chefetagen der Medien, der Konzerne, der Wirtschaftsverbände, überall. Die wehrhaften Demokraten, die einen Jungnazi vielleicht demonstrativ jagen und unter Umständen sogar einsperren, seien viel gefährlicher als dieser arme Wirrkopf. Die Leute, die immer so um die weiße Weste der Bundesrepublik besorgt sind, seien im Grunde viel antidemokratischer als die jugendlichen Hakenkreuzschmierer. Die Geschichte wiederhole sich nicht. Es zeuge von geistiger Trägheit, das zu glauben. Oder es stecke eine sozialdemokratische Bündnispolitik dahinter. Der künftige Faschismus werde nicht braun und nicht populistisch sein. Er werde sich nicht auf der Straße entfalten. Er werde auf leisen Sohlen kommen, er werde von innen, von oben, aus den Zentren der Staatsmacht kommen.

Ich konnte daher die offensichtliche Spannung, die die Stadt in den Wochen vor dem NPD-Parteitag erfaßte, nicht recht ernst nehmen. Der öffentlich ausgetragene Streit zwischen den Rechten und Liberalen, die der NPD als einer legalen Partei den angeforderten Saal zur Verfügung stellen wollten, und den Antifaschisten, die dagegen waren und ein offizielles Verbot des Parteitags erzwingen wollten, ließen mich gleichgültig. Ich habe mich denn auch als Lehrer zu der ganzen Angelegenheit nicht geäußert, obwohl ich in allen meinen Klassen ein wachsendes Interesse daran spürte.

Das Engagement eines meiner Schüler, der in der katholischen Jugend mitarbeitete und bislang meines Wissens politisch ziemlich desinteressiert gewesen war, rief in mir ein erstes leises Unbehagen über meine Abseitsstellung wach. Er sei für eine Demonstration gegen die Neonazis. Wenn es nötig sei, wolle er auch den Ordner dabei abgeben. Er hoffe, meinte er lächelnd, daß er bei dieser Gelegenheit nicht mit seinem Bruder, der Polizist sei, zusammenstoßen werde. Ich erinnere mich, daß ich mich mit dem Gedanken tröstete, der Junge werde möglicherweise auf Umwegen zu einer korrekteren Sicht der Dinge kommen. Einer meiner Tuttlinger Bekannten, Ende 20, hatte mir erzählt, wie schnell die Leute auf der großen antifaschistischen Demonstration in Frankfurt von den wenigen Faschisten auf die vielen Polizisten gekommen seien. Merkwürdig nur, daß auch dieser Bekannte Feuer und Flamme war für eine resolute Absage an die NPD – trotz seiner korrekteren Sicht der Dinge.

Ich lasse micht überreden, auf eine Sitzung des ›Antifaschistischen Arbeitskreises‹ zu gehen. Erstaunen meinerseits. Wie ich erfahre, hat man mit 20 Leuten gerechnet. Es kommen über 80. Überwiegend ganz junge Leute, die weder mit der Gewerkschaft noch mit der DKP noch mit der VVN noch mit Amnesty international etwas zu tun haben. Diese Organisationen haben nicht einmal einen Beobachter geschickt. Der KBW ist zwar anwesend, wird zunächst auch unbefangen angehört, geht aber bald unter. Unorganisierte. ›Treibsand‹ – so heißt eine der Jugendzeitungen in Baden-Württemberg. Anderntags ist in der Lokalzeitung zu lesen:

Unklar bleibt den ganzen Abend, wer hinter dem ›Antifaschistischen Arbeitskreis‹ steht, woher die Mitglieder kommen, wo man sie parteipolitisch einzustufen hat. (Gränzbote 16. 3. 1979).

Untereinander scheinen sie sich aber gut zu kennen. Keine langen politischen Reden, nur kurze Statements. Viele reden, auch ganz Junge, auch Frauen. Keine erkennbare Führung, keine Manipulation, nicht einmal eine richtige Diskussionsleitung. Man bedauert die Spaltungspolitik des offiziellen Antifaschismus in Tuttlingen. Man kritisiert die voreingenommene Berichterstattung der Presse. Sarkasmen über das politische Vorurteil der Kirche gegen die ›Linksradikalen‹ und über die Feindseligkeit einiger Gastwirte. Im Zentrum steht die Bedrohung der Demokratie durch den Staat, durch die Aktivitäten des Verfassungschutzes. Ein etwas älterer Diskussionsteilnehmer, vermutlich ein Lehrer, will sogar seinen Namen nicht nennen. »Ich müßte dann morgen aufs Arbeitsamt gehen.« Das macht einen tiefen Eindruck.
Auch einer der Redakteure des ›Tuttlinger Blättle‹, das ich, ohne es gelesen zu haben, für ein naives Körnerfresser-Blättchen gehalten habe, ist da. Als ich mir diese Zeitung daraufhin genauer ansehe, wird mir deutlich, daß hier eine Verbindung von demokratischen, antimilitaristischen und ökologischen Positionen versucht wird. ›Politisch‹ und ›alternativ‹ – das muß sich offenbar nicht unbedingt ausschließen. Mir kommt dabei der seltsame Gedanke, daß eine Fusion der verschiedenen Strömungen des Protestes in dem wenig differenzierten, aber auch wenig doktrinären Milieu einer solchen Kleinstadt vielleicht sogar leichter gelingen kann als in den Universitätsstädten.
Einige Wochen später dann die Konfrontation: 160 NPD-Anhänger, 500 Polizisten und – 5000 antifaschistische, in der Mehrheit jugendliche Demonstranten aus ganz Baden-Württemberg. Die Stadt scheint für ein paar Stunden den Demonstranten gehört zu haben. Man berichtet mir, sie seien so überlegen gewesen, daß die Polizei friedlich habe bleiben müssen. »Man konnte sich frei in der Stadt bewegen und demonstrieren, ohne zu fragen. Niemand griff ein.« An dem Drahtverhau, hinter dem sich die Polizei unnötigerweise verschanzt habe, habe jemand ein Schild angebracht mit der übermütigen Aufschrift: »Bitte nicht füttern.« Alles sei durcheinander geströmt, alles habe miteinander gesprochen, und der geschlossene 800-Mann-Block der Türken habe allen großen Auftrieb gegeben und sie geradezu inspiriert.
In einem Gespräch über dieses Kräfteverhältnis, das uns alle überrascht hat, meint jemand, für die Jugendlichen sei die NS-Thematik heute wahrscheinlich eine Möglichkeit, die ältere Generation einmal ungestraft zu kritisieren. Der Gedanke erscheint mir bemerkenswert, weil er einerseits der Offensive der Macht Rechnung trägt, andererseits aber die Spielräume der in die Defensive gedrängten Opposition nicht unterschätzt. Ein derart komplexes politisches Urteil ist selten. In dieser Interpretation weicht die öffentliche Kritik zwar auf ein relativ abgelegenes und sicheres Terrain aus – aber nur, um sich dort einigermaßen

selbständig zu bewegen. Auf der anderen Seite scheint die triumphierende Staatsmacht in gewisser Weise unbeweglich geworden zu sein, die Gefangene ihrer eigenen Ideologiebildung. Man kann sagen: Gerade weil es in der Bundesrepublik bisher so gut wie keine politische Auseinandersetzung mit der nationalsozialistischen Vergangenheit gegeben hat, ist die *Vergangenheitsbewältigung* tabu. Sie darf nicht angetastet werden. Die Resonanz der Holocaust-Serie hat die Lage für die kleinen und großen Machthaber noch etwas schwieriger gemacht. Meinem Direktor war es offenbar ganz unmöglich, einen Mann wie Alfred Hausser als Referenten in der Schule abzulehnen. Er hat die Kröte ohne Kommentar geschluckt. Er hat nicht einmal gewagt, mich zu fragen, ob das denn auch kein Kommunist sei. Die Kultusministerien sahen sich gezwungen, von den Schulen eine intensivere Aufarbeitung der NS-Zeit zu fordern. Wir schwammen zeitweise in einschlägigen Erlassen, Materialien, Handreichungen – wer hätte einen daran hindern sollen, sich darin frei und unberechenbar zu bewegen wie ein Fisch im Wasser?

Oberschwäbische Graffiti

Anfang der 70er Jahre habe es einmal eine Art Kulturkampf in Biberach gegeben. Unbekannte Täter hätten über Nacht den Brunnen auf dem Marktplatz mit merkwürdig verspielten bunten Arabesken bemalt. Außerdem sei noch das Schaufenster und die Fassade einer Apotheke, deren Inhaber sich mehrfach in Leserbriefen gegen die moralische Verwahrlosung der Jugend gewendet habe, mit einigen abfälligen Parolen besprüht worden. Selbst ihn als Künstler und notorischen Außenseiter habe diese Aktion völlig überrascht, obwohl er seit Wochen fast täglich einige Stunden an diesem Brunnen verbracht und mit den sich dort regelmäßig in größerer Zahl versammelnden Jugendlichen geredet und auch mit ihnen gezeichnet habe. Er und auf andere Weise auch sein Bruder hätten sich damals eines gewissen Ansehens bei der Biberacher Jugend erfreut. Sein Bruder sei einmal auf einer städtischen Festversammlung als Priester verkleidet erschienen und habe mit einem einfachen Holzkreuz die Geschlechtsteile der anwesenden Honoratioren gesegnet. Damals müsse es auch gewesen sein, daß sein Bruder den katholischen Pfarrer aufgesucht und ihn gebeten habe, seinen toten Hund kirchlich zu begraben.

Er selbst sei dagegen immer eine pazifistische Natur gewesen. Er habe die Aufmerksamkeit und vielleicht auch Zuneigung der Jugendlichen eher durch den Versuch gewonnen, ihnen etwas von der Weisheit des Ostens zu vermitteln.

Nach 1945 habe ihn sein Vater, der plötzlich wieder fromm geworden sei, und das ganze aus der Versenkung auftauchende katholische Biberach dermaßen angeekelt, daß er auf eine weite Reise gegangen sei. Er habe den fernen Osten jahrelang durchwandert – immer auf der Suche nach irgendwas. Zeitweise habe er auch

als Bettelmönch gelebt, davon sei er aber bald wieder abgekommen. Er sei eben doch ein Europäer.
Diese Erfahrungen habe er dann jahrelang, über ein Jahrzehnt in sich verschlossen. Als er um 1970 nach Jahren der Abwesenheit wieder einmal nach Biberach zurückgekehrt sei, habe er aber gewisse Veränderungen wahrgenommen. Er habe an vielen Jugendlichen Zeichen eines Widerwillens und einer Unruhe bemerkt, die ihn an seine eigene Jugend in den ersten Jahren nach Kriegsende erinnert hätten. Das sei für ihn etwas sehr Merkwürdiges gewesen.
Er habe sich in dieser Situation ein bißchen verantwortlich für diese Kinder gefühlt. Als er jung gewesen sei, habe ihm auch einer geholfen. Ein damals etwa 45jähriger, äußerlich ganz unscheinbarer Mann, von Beruf Stadtschreiber. In seinem Bekanntenkreis sei das der einzige gewesen, der 1945 nicht zu Kreuze gekrochen sei. Dieser Mann habe damals vielmehr begonnen, an einem Essay über die Strukturverwandtschaft vom Katholizismus und Nationalsozialismus zu arbeiten. Das sei unter den damaligen Bedingungen ein Beweis für Charakter und Unabhängigkeit gewesen. Der vermutlich sehr einsame Mann habe ihn, den gänzlich Ungebildeten und Unbelesenen, in seine Gedanken eingeweiht und ihm auch Bücher ausgeliehen. Er erinnere sich noch, daß er ihm einmal von Nietzsche abgeraten und ihm statt dessen die Lektüre Hesses empfohlen habe.
Er habe sich einfach auf ähnliche Weise nützlich machen wollen. Nicht als Lehrer. Aber es fehle der Jugend an Gesprächspartnern in der älteren Generation. In der wohlhabenden Bundesrepublik stünden die Alten heute ärmer da als das für die Jungen gut sei.
Man habe die Langhaarigen am Marktplatz zunächst in Ruhe gelassen. Er habe schon auf die langsame Evolution friedlicher Verhältnisse gehofft – das sei sowieso seit jeher sein Ideal, eine Illusion vielleicht, aber unausrottbar. Allmählich seien die Treffs und die Gespräche gelöster und freier geworden. Es sei wohl auch gelegentlich ein bißchen geraucht worden. Ideen über eine Veränderung der Stadt nach den Bedürfnissen der Jugend seien aufgetaucht. Schwärmerische, utopische zum Teil, wie der Gedanke, den ganzen Marktplatz von Biberach zu entkommerzialisieren und aus einem Einkaufszentrum in eine Art Forum für philosophische Gespräche und politische oder festliche Versammlungen zu verwandeln. Aber durchaus auch unmittelbar realisierbare Forderungen wie die nach Grünanlagen auf dem Marktplatz an Stelle von Parkplätzen, nach Sitzbänken für jung und alt, nach einem Straßencafé, nach einem selbstverwalteten Kommunikationszentrum. Die Bemalung des Brunnens und besonders die Texte und Zeichen an der Apotheke hätten dann aber die schärfsten Reaktionen hervorgerufen. Er selbst sei mehrere Male tätlich angegriffen worden von rechtsradikalen Leuten, die sich wohl als Kern einer freiwilligen Bürgerwehr verstanden hätten. Ein Bürger habe sogar versucht, einige Jugendliche mit Säure zu übergießen, um sie zu vertreiben.

Die Polizei habe Hausdurchsuchungen vorgenommen, als ob es sich um die Aufdeckung eines Schwerverbrechens gehandelt habe. Die Angelegenheit sei im Gemeinderat erregt diskutiert worden, und die Freien Wähler hätten sich dieses Themas im kommunalen Wahlkampf ausgiebig bedient. Diesem massiven und vielseitigen Druck seien die Jugendlichen nicht gewachsen gewesen. Sie hätten sich rasch verzogen und in alle Winde zerstreut. Das sei im Sommer gewesen. Im Herbst habe dann die Polizei die ersten Drogenabhängigen in Biberach verhaftet, 16-, 17-, 18jährige Leute. Da habe alles laut geschrieen und lamentiert, aber die Zusammenhänge seien im dunkeln geblieben. »DIE ›HASCH-WELLE‹ HAT LÄNDLICHE BEREICHE ERFASST.« (Schlagzeile in »Schwäbische Zeitung«, 30. September 1971). »DROGENWELLE HAT JETZT AUCH BIBERACH ERFASST.« (Schlagzeile in »Schwäbische Zeitung« 9. Oktober 1971).

Aus der Diskussion im Gemeinderat:

Als erster nahm Stadtrat Gaupp Stellung. Eigentlich seien, so meinte er, die ›Marktbrunnen-Gammler‹ zu bedauern, da sie mit ihrer Freizeit nichts Besseres anzufangen wüßten. Für viele auswärtige Besucher sei jedoch der Marktplatz Hauptanziehungspunkt, und es müsse dann eingegriffen werden, wenn die Sauberkeit beim Brunnen nicht mehr gewährleistet sei oder gar parkende Fahrzeuge beschädigt würden. Die Blockierung der Eingänge zum Haus Marktplatz 13 sei Geschäftsschädigung und Hausfriedensbruch und könne gerichtlich verfolgt werden. (›Schwäbische Zeitung‹, 8. September 1971).

Aus dem Wahlprogramm der Freien Wähler:

Bekennen wir ehrlich: Mancher schweigt, weil er Angst hat, als nächstes könnte sein Haus beschmiert und könnten seine Scheiben eingeschlagen werden. Es ist aber nicht damit getan, daß man die Rolläden herunterläßt und erklärt: ›Es war ja diesmal nur das Haus meines Nachbarn‹ oder ›es war ja nicht meine Frau, die überfallen wurde‹. Mit geschlossenen Augen und vollen Hosen provoziert man Randalierer und Straftäter nur zu weiteren Unternehmungen. Wir werden keine paradiesischen Zustände bekommen, aber es würde sicher manche Tat ungeschehen bleiben, wenn die Bürger mehr Entschlossenheit und Mut an den Tag legen würden. (Zur Sache, Wahlmitteilung der Freien Wählervereinigung zur Gemeinderatswahl am 24. Oktober 1971).

Aus der Kandidatenliste der Freien Wähler:

Alfred Gaupp, 54 Jahre, Inhaber der Firma Guter-Gaupp, verheiratet, 2 Kinder. Als aktiver Sportler viele Jahre führend in der Turngemeinde Biberach und im Turngau Oberschwaben tätig. Im Gemeinderat von 1951-1956 und 1965-1971, Sprecher der Fraktion seit 1966. (Zur Sache, a.a.O.).

Eine Gegenstimme:

Größtenteils sind es Schüler, denen ihre Eltern weismachen wollen, daß die Kinder genauso sein sollten wie die Eltern, obwohl sich die Eltern dauernd beschimpfen . . . Weil die Jungen nie gelernt haben, an ihre eigene Fähigkeit zu glauben, sich gegen die Unterdrückung der Eltern zu behaupten, kurz, weil ihnen oft jedes Selbstvertrauen und Selbstwert fehlt, haben viele von ihnen resigniert und suche Scheinlösungen in alten Rauschgiften – wie die Alten im Alkohol – und in neuen, wie Hasch, dessen Gebrauch sie aber kriminalisiert, oder in anderen, die aber sehr gefährlich sein können. (Aus dem Programm der Wahlinitiative ›Aktion Fortschritt‹, die in der Kommunalwahl 1971 immerhin 4 402 Stimmen bekam).

Gäste

In dieser an sich nicht ungemütlichen Gaststätte mit guter schwäbischer Küche stand der Stammtisch in der Mitte. Er war für mein Raumgefühl viel zu groß, und wenn er abends vollbesetzt war mit alten und jungen Einheimischen, kam ich mir an meinem peripheren Tischlein, obschon höflich und aufmerksam bedient, gelegentlich etwas asozial vor. Aber das ist ja wohl normal, und ich möchte hier keinesfalls das Bild eines bedrohlich zusammenrückenden Spießbürgertums zeichnen. Das waren friedliche, abgearbeitete Leute, die in Ruhe ihr Bier trinken wollten. Auch mein beleidigtes Auge konnte keine Spur von Dämonie an dieser Runde entdecken, wenn mir auch die dort geführten Reden oft unangenehm laut und rechthaberisch vorkamen. Aber das hatte wohl mehr mit Alkohol zu tun als mit Volksseele, kochender zumal. Einmal sah ich eine junge, sehr blasse Frau zwischen diesen Mannsbildern. Anfangs hielt sie noch mit und lachte ein paarmal ziemlich ordinär. Später redete sie nur noch flüsternd auf den bereits angetrunkenen Mann neben ihr ein und versuchte offensichtlich, ihn zum Aufbruch zu bewegen. Vergeblich, sie ging dann allein weg.

Mehrmals sah ich an diesem Tisch einen marokkanischen Arbeiter sitzen. Die anderen waren eher nachlässig, freizeitmäßig gekleidet, zum Teil hatten sie noch ihre Arbeitskleider an – er immer im korrekten Anzug, wie aus dem Ei gepellt, sorgfältig rasiert. Er saß die ganze Zeit kerzengerade auf seinem Stuhl und trank enorme Mengen in sich hinein. Was ging in diesem Mann wohl vor? Ich habe nicht gesehen, daß er auch nur einmal das Wort ergriffen hätte. Er steckte wie ein hölzerner Pflock in dieser Flut von Stimmen. Seine Nachbarn bogen sich nach vorn oder nach hinten, um miteinander zu reden. Er blieb aber. Einmal, zu später Stunde, erhob er sich unvermittelt und begrüßte von seinem Platz aus einen neu hereinkommenden Gast mit merkwürdig vornehmen und großspurigen Gesten. Ich habe so etwas in den maskulinen Cafébars von Sizilien gesehen. Aber wir waren hier in Tuttlingen, und der andere nickte ihm denn auch nur kurz zu und setzte sich anderswohin.

Im *Valentin* gab es keinen Stammtisch. Sein Stammpublikum wollte etwas anderes. Ein Bekannter, der hier aufgewachsen und nach jahrelangen Streifzügen durch die Welt für einige Zeit zurückgekehrt war, hatte mir schon ein halbes Jahr vor der Eröffnung über das Projekt dieser Kneipe berichtet. Man wolle sie auf die Bedürfnisse der jungen Leute, nicht nur der winzigen Freak-Szene am Ort, sondern aller irgendwie Nichtangepaßten zuschneiden. Anspruchsvolle Musik, gelockerter Konsumzwang, reiche Auswahl nichtalkoholischer Getränke zu vernünftigen Preisen, literarische Lesungen. Entsprechendes Interieur. Einige erhofften sich darüber hinaus auch, daß es so etwas wie ein politischer Stützpunkt würde. Und tatsächlich liefen dann hier einige Fäden des politischen Netzwerks zusammen. Ein potentieller Kriegsdienstverweigerer konnte hier mit Sicherheit Vorgänger treffen und sich mit ihnen beraten. Hier konnte sich am ehesten über Mitfahrgelegenheiten informieren, wer zu einer Demonstration nach Frankfurt oder Bonn fahren wollte. Einmal, vor dem Parteitag der NPD 1979, war diese Kneipe sogar so etwas wie ein Hauptquartier für einen Teil der Antifaschisten. Aber das alles blieb Randerscheinung oder verlor sich doch nach und nach wieder fast ganz. Was sich zäher hielt, war ein nonkonformistisches oder doch tolerantes Klima: nachmittags Schüler beim Schachspiel; am Abend Lehrlinge, junge Damen vom Gymnasium, denen es zu Hause langsam zu eng wurde, eine Menge junger Erwachsener, denen diese Stadt zu eng oder zu kalt war; noch später dann ein paar alte Flaneure und Kneipengänger wie ich. Kaum Arbeiter über 30.

Dieses bunte und ein ganz klein wenig bohèmehafte Durcheinander mochte sie angelockt haben. Der weiße Mann würde vielleicht hier nicht ganz so massiv präsent sein. Mir waren die beiden nordafrikanischen Gesichter im Halbdunkel der Kneipe zunächst gar nicht aufgefallen. Aber plötzlich setzte sich der eine, ein etwa 40jähriger kleiner, drahtiger Mann, dem das bereits angegraute Haar wirr vom Kopfe stand, grell in Szene. Er sprang in die Mitte des Raumes und fing dort sehr laut, fast schreiend an zu reden. Ich verstand zunächst kein Wort. Wir sahen uns betroffen an. Hoffentlich dreht der nicht durch. Langsam begann ich, einzelne Worte und Sätze, die er dauernd wiederholte, zu verstehen: Seine Füße seien wie tot. In dieser Stadt stürben einem die Füße ab. Er schlug auf seine Beine und überall auf seinen Körper: Man fühle hier seinen Körper nicht mehr. Arme, Beine, alle Glieder, das Geschlecht – alles sei taub, alles falle ab.

Ich begriff mit einem Mal, daß das eine Predigt war. Als der Mann unsere Bewegung sah, kam er auf uns zu, faßte uns an und redete erregt, wie glühend auf uns ein. Wir hätten ja Angst, wir hätten vor allem Angst, sogar vor ihm. *»Bundesrepublik ist Angst.«* Dieser Satz ist mir wörtlich im Gedächtnis geblieben. Dann ließ er abrupt von uns ab und zog sich zurück.

Sein um vieles jüngerer Begleiter hatte sich die ganze Zeit ruhig im Hintergrund gehalten. Er wirkte sehr gepflegt, kühl, beherrscht –

der Typ des integrierten Gastarbeiters, den man sich gut in einem technischen Fortbildungskurs vorstellen kann. Er lächelte uns beim Weggehen zu. Ich dachte schon, er wolle uns damit um Nachsicht für seinen wilden Landsmann bitten, da sagte er noch: »Das ist ein sehr weiser Mann. Er weiß viel. Er ist mein Lehrer.«
Es ist nicht leicht, etwas von dieser Konfrontation der ausländischen Arbeiter und ihrer Familien mit uns in die Schule hineinzubringen. Ich muß sagen: in das Gymnasium; denn nicht wenige Grund- und Hauptschulen der Bundesrepbulik sind ja schon zur Hälfte mit ausländischen Kindern gefüllt. In Berlin, in Frankfurt, in Essen. Aber auch in Tuttlingen war das Problem schon so gravierend geworden, daß man diese Kinder und Jugendlichen nicht mehr einfach mitschleppen oder an die Sonderschule abgeben konnte. Dort ist die Konfrontation dann praktisch und unvermeidbar geworden. Das Gymnasium kann es sich demgegenüber noch leisten, auf einer philantropischen Sicht der Dinge zu bestehen. Und es besteht auf ihr. Man kennt die Patenschaften für arme Kinder aus Indien, deren strahlend dankbares, wenn auch etwas vergilbtes Lächeln an viele Schulwände genagelt ist. Ich habe die Erfahrung gemacht, daß diese gut christlich-imperialistische Barmherzigkeit meine Schüler blockiert hat. Denn ihre Alltagserfahrungen kollidieren natürlich mit diesem imaginären armen farbigen Lazarus. So mitleiderregend elend sind diese Gastarbeiter doch gar nicht dran. Die machen sich hier doch gelegentlich ganz schön breit. Neulich habe eine türkische Familie in der Nachbarschaft irgendein Fest gefeiert und dazu offenbar Verwandtschaft aus dem ganzen Bundesgebiet zusammengezogen. Die seien in einem überfüllten Kleinbus angekommen. Drei Tage seien sie zusammengeblieben. So etwas sei doch schwer zu verkraften. Hier regte sich freilich Widerspruch, wie überhaupt – war der Bann des *Ecce homo* erst einmal gebrochen – die Meinungen kräftig aufeinanderstießen. Was denn dagegen einzuwenden sei, wenn eine große Familie so zusammenhalte. »Bei uns kommen sie doch höchstens zur Kinderkommunion einmal alle zusammen.« Ich vermute, Kinder haben und äußern solche Ansichten nicht, weil sie der westdeutschen Familienideologie zum Opfer gefallen wären. Großfamilien bieten vielmehr reichere Kontaktmöglichkeiten, weitere Spielräume, größere Schlupflöcher als die geschlossene Gesellschft der Kleinfamilie. Oder: auch unter denen gebe es solche und solche. Das seien keinesfalls arme liebe Heilige. Er habe beispielsweise jahrelang mit einem türkischen Jungen Fußball gespielt, der sei in Ordnung gewesen. Aber es gebe da auch ganz bösartige und aggressive Typen, die einen grundlos angriffen. Wenn du diesen harten Common Sense durch eine psychologische Theorie des Frusts und der Unterprivilegierung aufzuweichen versuchst, wechselst du nur vom Terrain der Barmherzigkeit auf das angrenzende Gebiet der Sozialarbeit. Und dahin folgen dir nur die angepaßtesten oder

unerfahrensten deiner Schüler. Ihr bildet dann einen kleinen Kreis aufgeklärter Technokraten inmitten einer Masse, die sich nur schwer beeinflussen läßt und sich hartnäckig an ihre Erfahrungen hält. Möglicherweise ahnen sie, daß deine sozialwissenschaftlichen Schemata die Bedeutung, sagen wir, einer Clique oder Bande türkischer Jugendlichen nicht erfassen können. Eine derartige Gruppenbildung ist vermutlich für deine Schüler ein faszinierendes, vielleicht furchterregendes, jedenfalls rätselhaftes Ereignis. Und dieses abenteuerliche Rätsel kannst du grundsätzlich nicht lösen, auch wenn du ihnen noch soviel über die Probleme der ›Akkulturation‹ erzählst. Ein einziges Gespräch mit einem jungen Türken würde ihnen mehr bringen.

Aber die gibt es nicht im Gymnasium, dieser ärmlichsten aller Welten. Das Gymnasium ist ein sanitärer Raum, der sich penibel, ja nach Möglichkeit hermetisch vor Verschmutzungen und Infektionen durch kulturellen Mischmasch verschließt. Ich habe keine Skrupel, das westdeutsche Gymnasium als eine strategische Bastion des Rassismus zu bezeichnen. Auf jeder Baustelle wird ein höheres Niveau erreicht als in diesen Zentren der höheren Bildung. Jedenfalls stößt man dort persönlich aufeinander und kann sich aus dem bundesrepublikanischen Schmelztiegel nicht in ein Sanatorium kultureller Diät und Bettruhe zurückziehen.

Von der Schule aus ist es überhauut besonders schwer, die Ausländer als Subjekte zu sehen. Als eine Kollegin von der Grundschule, die ich wegen ihrer Erfahrungen als Deutschlehrerin für ausländische Kinder in den Unterricht eingeladen hatte, von einem jugoslawischen Mädchen erzählt, das fließend deutsch lesen könne – aber kein Wort des Vorgelesenen verstünde, sind alle terrorisiert. Ich auch. Degradierung des Menschen zum dressierten Affen. Davon versteht man etwas in der Schule. Wer dieses Mädchen sonst noch ist – ja selbst, was dieses sinnentleerte, aber gekonnte Lesen *für sie selbst* bedeutet, taucht kaum als Frage auf. Das Mädchen verschwindet in einer Figur des Leidens. Das Moment des Spielerischen oder des Betrugs, das möglicherweise in diesem Verhalten auch zum Ausdruck kommt, wird verdeckt von dem eindeutigen Bild der Hilflosigkeit und der Selbstaufgabe.

Das weitet sich dann leicht aus zu einem allgemeinen Bedauern darüber, daß die Gastarbeiter auf ihrem mühseligen Weg zu uns auf halber Strecke steckenbleiben. Tragische Gestalten, hingerissen und ganz verbogen von der unerfüllbaren Sehnsucht, zu werden wir wir. Die erwähnte Kollegin wurde gefragt, ob die folgende Geschichte wirklich passiert sein könne: eine Familie aus Anatolien, gerade in der Bundesrepublik eingetroffen, habe in der leeren und kalten Wohnung, in die man sie eingewiesen habe, zunächst einmal ein Feuer gemacht. In einer regelrechten Feuerstelle mitten auf dem Fußboden, mit dem Holz vom Türrahmen. Man muß schon einigermaßen standfest sein, um hier nicht vom atavistischen

Triumph über diese Bauern-Barbaren übermannt zu werden. Der Spott unserer Eltern galt dem Russen, der sich den Kopf angeblich im Klobecken wusch. Wir machen modifiziert weiter. Ich kann mich jedenfalls nicht eines ernsthaften Versuchs entsinnen, mit meinen Schülern zusammen das Vorgehen dieser türkischen Familie zu entziffern.

Daß Bemühungen in dieser Richtung gut hätten glücken können, demonstrierte mir die lebhafte und kontroverse Resonanz eines Interviews, das einer meiner Schüler mit einem 18jährigen Türken geführt hatte. Provozierend wirkte die Widersprüchlichkeit dieses jungen Mannes. Er wolle zurück, hier bleibe er auf keinen Fall. Das Leben sei zu frostig hier, alle seien nur hinter dem Geld her. Seine deutschen Bekannten hätten zudem keinen richtigen Respekt mehr vor ihren Vätern. Andererseits schien dieser herbe Kritiker aber geradezu amerikanische Ansprüche, auch finanzielle, an das Leben zu stellen. Er wolle sich etwas leisten können, modische Kleider. Er besitze beispielsweise eine teure Stereo-Anlage. So etwas müsse bei ihm schon drin sein. Vielleicht traf man sich gerade in dieser Zwiespältigkeit, bei der ja auch meine Gymnasiasten von ganz anderen Voraussetzungen aus angelangt waren. Jedenfalls schien ihnen dieser selbstbewußte und unbekümmerte Virtuose der kulturellen Synthese um vieles näher und verständlicher zu sein als die archaisch anmutenden Orientalen der älteren Generation. Aber auch die hätten vermutlich nicht ganz fremd bleiben müssen. Auf einem Stadtfest, an dessen Organisation sich auch der türkische Arbeiterverein am Ort beteiligte, kam einer meiner Schüler zu mir und lockte mich zu einem Stand mit verführerisch duftenden Spezialitäten, die er mir kennerisch empfahl. Er bewegte sich wie selbstverständlich unter diesen Leuten. Aber das war im Sommer, in der Stadt, mitten im Festgewimmel – und nicht in der Schule.

Der Konflikt

Querulatorisch

Die einigermaßen spektakuläre Entlassung hat eine Art Leere bei mir hinterlassen. Ich empfinde bis heute einen starken Widerwillen dagegen, diese Dinge wieder aufzugreifen und sie, wie man so sagt, aufzuarbeiten. Ich weiß nur, daß ich froh bin, aus der Schule heraus zu sein. Alles andere ist mehr oder weniger unklar. Es ist ja auch befremdlich, daß ein Unberufener sich plötzlich auf einen derartigen Kampf einläßt. Ich wollte doch nie in der Schule arbeiten; ich habe das nur notgedrungen gemacht und die ganze Zeit auf eine Alternative gelauert. Wieso aber dann dieser effektvolle Abgang? Man hat mich das des öfteren gefragt – und es ist mir jedesmal etwas mulmig dabei geworden. Warum ich mich nicht einfach zurückgezogen und gekündigt habe, als es mir zuviel geworden sei? Es sei doch mindestens fragwürdig, sich in der Öffentlichkeit als konsequenter Verteidiger der Schüler darzustellen oder doch unwidersprochen darstellen zu lassen – als selbstloser Vorkämpfer für eine humane Schule und als Opfer der Schulbürokratie, in Wirklichkeit aber längst mit anderen beruflichen Möglichkeiten zu liebäugeln.
Ich sehe noch das betroffene Gesicht eines mir sehr sympathischen Kollegen vor mir. Eine ehrliche Haut. Er hatte mich mitten in der Kneipe spontan umarmt und mich zu meiner beispielhaften Revolte beglückwünscht. Er selbst habe für so etwas zuwenig Mut. Er sei auch noch nicht verbeamtet, 2 kleine Kinder. Das war mir denn doch zuviel, und ich habe ihm gesagt, daß ich nicht der leidenschaftliche Pädagoge sei, für den er mich offenbar halte. Was ich dann noch alles geredet habe, weiß ich nicht mehr. Auf jeden Fall war es ein bitterer Moment.
Ein nicht ganz echter, nichtsdestoweniger aber weithin publik gemachter Altruismus also. Unecht und publikumswirksam – so neu ist das ja nicht. Dieses Moment durchschauter, aber nicht zerstörter Mystifikation ist es wahrscheinlich, das mir den Spaß an dieser ganzen Sache gründlich verdorben hat. Ein paar Freunde, die mich wohl auch bei noch dubioseren Geschäften nicht ganz aufgeben würden, haben versucht, den Widerspruch ein wenig zu entschärfen. Vermutlich könne heutzutage nur einer, der nicht darauf angewiesen sei und der es sich ökonomisch leisten könne, so offen und direkt gegen das schulische Leistungssystem rebellieren.

Das Monopol, das der Staat als Arbeitgeber für Lehrer habe, sei eben schlicht erdrückend. Aber ganz abgesehen davon, daß diese Interpretation das fachliche oder pädagogische Interesse vieler Lehrer an ihrer Arbeit unterschätzt und eine durchaus komplexe und widersprüchliche Situation auf ihre eindeutig zwanghaften Aspekte reduziert, überschätzt sie auch die Bedeutung von Außenseitern. Wo sind diese denn? Sie stellen jedenfalls keine Kraft dar. Wenn man kavaliersmäßigen Einzelgängern dieser Art den Kampf gegen die Schule überlassen wollte, müßte man sich auf säkulare Wartezeiten einrichten. Das kann, das darf so nicht richtig sein.

Das ist also ein schlechter Trost. Eine Rechtfertigung ist es schon gar nicht. Ich habe es mittlerweile auch aufgegeben, über meine Motive nachzusinnen. Kenne Sie Ihre Motive? Ich kenne meine nicht so genau. Die Selbstreflexion ist nach meiner Erfahrung ein schlüpfriges, um nicht zu sagen sumpfiges Gelände. Gut, ich habe dem Spiegel-Redakteur gesagt, ich hätte den Schülern »nicht zu nahe treten« wollen. Also Respekt vor den Versuchen dieser Jugendlichen, sich zu artikulieren? Wenn ein solcher Versuch nach unseren Maßstäben scheitert, dann erst recht. Ja, ich glaube, diesen Respekt habe ich empfunden. Ich wollte diesen Leuten, die ich gerade erst dazu ermuntert hatte, aus sich herauszugehen, keinen Schlag versetzen.

Und schlechte Noten sind für mich Schläge, Schläge des Stärkeren gegen den Schwächeren (und die guten verlieren natürlich ihre Bedeutung ohne die schlechten). Es sind Selektionsmaßnahmen in fremdem Interesse. In einem seiner ultimativen Schreiben hat das Oberschulamt mir folgendes entgegengehalten:

»Ihre grundsätzliche Weigerung, die Notenverordnung zu beachten, stellt in mancherlei Hinsicht einen Vertragsverstoß dar, der insbesondere den Schülern und den Eltern schadet. Mit dem Entschluß, keine schlechtere als befriedigende Note zu geben, nehmen Sie bewußt in Kauf, den Eltern das wirkliche Leistungsbild ihrer Kinder vorzuenthalten. Damit sind die Eltern und die Schüler außerstande, aus den Ergebnissen der Leistungskontrollen die für den weiteren Lernvorgang notwendigen Folgerungen zu ziehen. Die von Ihnen ermittelten Schülerleistungen sind nicht nur für Vergleiche der Schüler untereinander unbrauchbar, sie sind mit den Grundsätzen der Gleichbehandlung, und damit einer gerechten Benotung nicht vereinbar.«

Das ist pure Ideologie. In Wirklichkeit sind die Noten natürlich keine individuelle Orientierungshilfe, sondern eine gefährliche Konfrontation des einzelnen Kindes mit gewissen institutionell etablierten Leistungsstandards. Es besteht insbesondere die große Gefahr, daß jemand in dieser permanenten Konfrontation sein Selbstbewußtsein und seine Lebensfreude verliert. Auf kaltem Wege, in einem scheinbar sauberen, beinahe maschinellen Verfahren werden da tiefe, oft verheerende Eingriffe in die Persönlichkeit vorgenommen. Viele haben wahrscheinlich nicht die Kraft, sich von diesen Operationen langsam wieder zu erholen und sich zu

regenerieren. Kein Mensch weiß, was in diesen Schülern vorgeht. Man kann es nur ahnen.
Aber auch wenn scheinbar alles gutgeht, kann man leicht einen schweren Schaden davontragen. Lernt man nicht in der Schule, sich selbst hauptsächlich über den Bonus des Erfolgs zu definieren? Und wenn diese Bestätigung dann später einmal ausbleibt? Die beruflichen Perspektiven für die Jugend sind doch heute mehr als unsicher, auch in der reichen BRD. Ein Gutteil unserer Schüler wird sich morgen vermutlich in krisenhaft instabilen Verhältnissen befinden. Spätestens dann wird diese verinnerlichte Abhängigkeit vom Prestige des Erfolges eine Last für sie sein.
Niemand kann sich dem in der Schule entziehen. Man ist als Lehrer hoffnungslos in dieses System verwickelt und verstrickt. Dennoch stand für mich von Anfang an fest, daß ich es nach Kräften unterlaufen und sabotieren würde – trotz der heillosen Widersprüchlichkeit eines solchen Ausscherens, die mir auf Dauer nicht verborgen bleiben konnte. Solange sie mich machen lassen würden. Sie haben mich dann ja auch volle 2 Jahre lang machen lassen. Dann hatten sie mich aber. Ich hatte mit einer kürzeren Frist gerechnet. Aber sie können eben heute auch nicht mehr so wie sie wollen. Sie müssen in diesem Punkt vorsichtig, umständlich, legalistisch verfahren. Sie müssen ihre fadenscheinigen Argumente zusammenkratzen. Sie können nicht einfach zuschlagen. Dazu ist der Punkt zu heikel. Auf die öffentliche Meinung ist in dieser Hinsicht längst kein Verlaß mehr.
Aber wenn ich mich frage, warum ich im Moment meiner Entlarvung nicht einfach alles hingeschmissen habe, sondern die Sache an die große Glocke gehängt habe, bin ich mir schon nicht mehr so sicher. Sicher bin ich mir nur, daß ich allmählich eine schwere Wut empfunden habe über den Druck, der in dieser Angelegenheit von allen Seiten auf mich ausgeübt wurde – zuerst eher informell, aber massiv von seiten eines Teils der Kollegen, dann offiziell, aber eher vorsichtig von meinem Direktor und schließlich, korrekt, sachlich, aber unerbittlich vom Oberschulamt. Noch am ehesten kann ich wohl sagen, daß ich aus Wut über die Zumutung des Gehorsams in einer für mich wesentlichen Frage gehandelt habe – und nicht aus Überlegung, schon gar nicht aus einer weitblickenden Strategie heraus. »Ein Zeichen setzen« oder dergleichen, wie es mir wohlmeinende Kollegen unterstellt haben. Und auch einige scharfsinnige Gegner, die sich vermutlich gar nicht vorstellen konnten, daß jemand einen so gravierenden Schritt ohne viel Überlegung, ohne klares Ziel, einfach aus Rage tut. Die totale Aussichtslosigkeit meiner Revolte war mir so klar wie nur irgendeinem. Ich bin schließlich nicht blöde. Aber das hat mich nicht im geringsten gestört. Das hat mich höchstens noch wütender gemacht.
Man wird sich vielleicht an den Kopf fassen. Aber bitte, ganz ohne

Koketterie, ich würde lügen, wollte ich behaupten, ich hätte mich inzwischen abgekühlt. Das habe ich nicht. Ich glaube, ich würde es wieder so ähnlich machen. Wieder nach dem Motto: wenn die dich schon nicht in Ruhe lassen wollen, dann sollen sie sich wenigstens einigen Ärger dabei auf den Hals ziehen. Eine Art subalterner Rachegedanke. Etwas primitiv, wie ich zugebe, aber ich will mich nicht davon distanzieren. (Eine Freundin, der ich diese Interpretation vortrug, wollte mir das allerdings nicht ganz abnehmen. Ein derartig impulsiver Hitzkopf und Gefühlsmensch sei ich ja nun wohl doch nicht. Sie könne sich hingegen gut vorstellen, daß da meine jahrelange ›politische Sozialisation‹ an der Universität eine große Rolle gespielt habe. Im abgegrenzten Milieu der Universität mit seinen speziellen Bedingungen seien ja seit 68 besondere Standards in der Austragung von Konflikten entwickelt worden, zu denen insbesondere ein öffentlicher und konfrontativer Stil zu zählen sei. Ihr sei das beim Übergang in das Berufsleben sehr bald deutlich geworden. Dort seien die Spielräume bedeutend kleiner. Das Netz der Kontrollen und der Sanktionen sei viel enger geknüpft. Man müsse dort andere, weniger demonstrative und laute, eher subversive Formen der Auseinandersetzung entwickeln, wenn man sich nicht schnell aufreiben und auch isolieren wolle. Ich hätte das wohl nicht respektiert, weil der Schwerpunkt meiner Interessen auch während der Tätigkeit in der Schule weiterhin an der Universität gelegen habe. Ich hätte dort auch nach wie vor meine ›Bezugsgruppe‹ gehabt – also die Leute, an deren politischen Maßstäben ich mich orientiere. Kurz – ich hätte mich an der Schule so verhalten, wie es von gewissen linken Kreisen an der Universität für richtig befunden werde).
Bedauerlich nur, daß ich dieses Querulantentum nicht so habe stehen lassen. Aber das war für mich zu schwer. Ich habe, wie gesagt, nicht viel über mein Handeln nachgedacht, wohl dann aber darüber, wie ich es am besten verkaufen könne – wie ich den von den Eltern, den Kollegen, von der Öffentlichkeit an mich gestellten Erwartungen gerecht werden könne. Hochgeschraubten Erwartungen. Auf so etwas sollte man sich, wenn man die Kraft dazu hat, niemals einlassen. Ich habe mich an die Öffentlichkeit gewandt, um den Apparat, der mich als Mensch und als Lehrer negierte und der meine Beziehungen zu den Kindern anzutasten versuchte, nach Kräften zu schädigen, zu diffamieren. Aber kaum hatte ich den ersten Schritt in diese Richtung getan, wurde ich von verschiedenen Seiten nach meinen Gründen, Absichten, Gedanken, Zielen, Werten gefragt. Ich sah mich genötigt, nachträglich Logik und Rationalität und Perspektive in meine Revolte hineinzubringen. Und was für eine Logik! Ich hob mich vom sicheren Boden meiner Gefühle ab und begann zu schweben. In höhere Regionen zu entschweben. Die Medien, die sich meinem Fall für ein paar Wochen zuwandten, würden einen streitbaren Humanisten gerade noch akzeptieren,

einen Don Quichotte der Pädagogik – nicht aber einen Staatsfeind. Sie wollten, im Jahre des Kindes zumal, einen selbstvergessenen Kinderfreund, keinen verbissenen Individualisten. Ich habe ihnen leider gegeben, was sie wollten. Ich war dieser plötzlich über mich gekommenen Publizität nicht gewachsen und verlor mich in dem Versuch, es allen recht zu machen. Seltsame Flexibilität: ich erinnere mich sehr genau daran, wie ich mir bei den ersten Interviews die Argumente noch zusammenstoppeln mußte. Ich mußte höllisch aufpassen, daß ich mir nicht selbst widersprach. Da muß ich also noch einigermaßen bei mir selbst gewesen sein. Später ging das dann entschieden glatter und zuletzt, als das öffentliche Interesse schon wieder abzuflauen begann, konnte ich so ein menschenfreundliches Statement lässig aus dem Ärmel schütteln. Seltsame Dünnhäutigkeit: wie ist das Wort »Streß« in meinem Wortschatz zu solchen Ehren gekommen? Binnen kurzem hörte ich mich bei zahllosen Gelegenheiten die Misere der Schulkinder beklagen. Dabei war es mir doch ursprünglich um etwas anderes gegangen, um *Rechte* nämlich: in erster Linie um mein Recht auf Unabhängigkeit, auf freie pädagogische Betätigung.

Der Elternvertreter

Er will erst gar nicht. Wenn er ahnte, was alles auf ihn zukommen wird in der nächsten Zeit, würde er sich vermutlich noch zäher gegen dieses undankbare Amt zur Wehr setzen. Leitende Stellung im öffentlichen Dienst. Kein Jurist zwar, Gott sei Dank, auch nicht eigentlich der typische Beamte, wie es schien; mehr der Prototyp des distinguierten Herrn. Aber der wird ja wohl kaum viel übrig haben für meine extravagante Notengebung. Ich hüte mich denn auch, ihn einzuweihen oder ihn gar um Unterstützung zu bitten. Die ersten Untersuchungen gegen meine Bewertungspraxis laufen bereits. Man ist mir schließlich doch auf die Schliche gekommen und fordert jetzt Rechenschaft. Ich bin mir schon zu diesem Zeitpunkt sicher, daß das der Anfang vom Ende meiner Lehrertätigkeit ist. Dennoch trete ich diesem Mann gegenüber so auf, als ob ich kein Wässerchen trüben könnte. Er ist sicher voll etabliert – mit allem, was dazugehört: Familie, Haus und Garten, geachtete berufliche Position, souveräne Sicherheit im Gespräch. Also tue ich so, als ob das alles auch bei mir so sei. Ich verberge meine Schande, das Unseriöse an mir, den unmittelbar bevorstehenden Bankrott.

Wir unterhalten uns ein wenig über die besondere Unrast der heutigen jungen Generation. Lethargisch, aber ruhelos. Wir nehmen dabei einen gemäßigt konservativen Standpunkt ein. Es fehle in der Schule an Persönlichkeiten, die das Vertrauen der Jugendli-

chen gewinnen und ihnen einen Halt geben könnten. Das kann ja wohl der Weisheit letzter Schluß nicht sein. Aber ich hoffe, daß er hofft, ich sei eine solche Persönlichkeit. Warum lege ich überhaupt einen solchen Wert auf sein Urteil? Die Meinung eines Tuttlinger Honoratioren! Kann mir doch schnuppe sein.
Es gefällt mir, wie er dann seine neue Funktion angeht. Der Stundenplan dieser Klasse ist miserabel strukturiert. Deutsch haben sie bis auf einmal jeweils nur in den letzten Stunden oder sogar nachmittags in der 7. und 8. Stunde. Die Schulleitung hat sich meinem Einspruch gegenüber stur gestellt, kriegt sie also Druck. Ich »klemme mich hinter die Eltern«, wie es in dem schönen Jargon der pädagogischen Subalternbeamten heißt. Der Elternvertreter sagt, er habe jetzt mehrere große Kinder und verfüge über eine vieljährige und reiche Erfahrung mit den verschiedensten Schulen. Es habe schlechte Zeiten gegeben, aber sicher auch gute Momente. Aber ein Stundenplan sei seiner Erinnerung nach noch nie geändert worden. Trotzdem, man solle etwas unternehmen. Schon, damit dieser Schwachsinn sich nicht wiederhole. Er schlägt ein Protestschreiben an die Direktion vor.
Eine Säule der Gesellschaft ist der jedenfalls nicht. Wenn das ein Konservativer ist, dann doch jedenfalls keiner von der wilhelminischen Sorte. Ich merke, daß der verhaltene Sarkasmus dieses Mannes bei den Eltern gut ankommt. Er ist kein Redner, er kriegt kaum den Mund auf, wenn er etwas sagt. Aber er trifft offenbar den richtigen Ton. Die anderen beleben sich. Das Eis des Elternabends schmilzt. Zwei, drei jüngere Frauen mischen sich ein. Sie scheinen etwas von jenem unvermuteten weiblichen Radikalismus in Alltagsfragen in sich zu haben, der ja zu den Zeichen der Zeit gehört. Das sei mal wieder typisch: irgendwas planen, irgendwas organisieren, ohne die einfachsten Bedürfnisse der Kinder zu beachten. Kein Mensch könne sich doch nach 5, 6 Stunden Unterricht noch konzentrieren. Eine gewisse Schärfe kommt in die Diskussion und schlägt sich dann auch in dem Schreiben des Elternvertreters nieder:

Wir finden es unverantwortlich, den Unterricht für eines der wichtigsten Hauptfächer so zu legen, daß ein vernünftiger Unterricht überhaupt nicht möglich ist und eine Chancengleichheit nicht gegeben ist, da es körperlich schwächere Kinder gibt, die schneller ermüden.

Ich kann meinen Chef gut verstehen, als er ein paar Tage später einen genauen Bericht über diese Elternversammlung von mir fordert. Er fragt mich, ob ich den Eltern denn nicht den Standpunkt der Schule klargemacht habe. Letztlich sei doch mein Wunsch nach einem freien Montag für diesen Stundenplan verantwortlich. Wieso das denn? Nun ja, für die Details müsse er mich auf den Stundenplanmacher verweisen. Er verlangt von mir eine schriftliche Erklärung zu mehreren Fragen. Vor allem: warum ich nicht ihn oder seinen Stellvertreter hinzugeholt habe. Sie seien doch beide im

Haus gewesen und hätten sich extra für derartige Fälle bereit gehalten. Das will er schriftlich haben. Er hat offenbar Zweifel an meiner Loyalität. Berechtigte Zweifel.
Eine Woche später sind sie persönlich da: der Elternsprecher und seine Stellvertreterin. Sie wollen eine Antwort. Ich begegne ihnen nach ihrem Gespräch mit dem Direktor auf dem Gang. Sie sind zornig. Sie hätten nichts erreicht. Wie erwartet übrigens. Aber der habe ja überhaupt nichts zugegeben. Man werde doch eine Panne noch eine Panne nennen dürfen. So etwas könne ja doch jedem einmal passieren. Wir seien alle bloß Menschen. Unerträglich werde es nur, wenn einer total unangefochten aus allem hervorgehen wolle. Ist dieses Schulregiment so schwach, daß es sich auf eine so idiotische Weise verteidigen muß? Mir macht die natürliche Verärgerung dieser Leute deutlich, welche Rolle die Leugnung der Probleme in dieser Schule spielt und wie rigide es hier zugeht. Destruktiv direkt: wenn der andere alle deine Argumente abweist wie der Gummimantel den Regen, dann wirst du jedesmal ein bißchen verrückt (ich meine durchaus irre – im buchstäblichen Sinn). Aber sogar daran gewöhnt man sich, so scheint es.
Diese Schule, jede höhere Schule ist ein Pfahl im Fleische ihrer Stadt. Die Stadt belauert die Schule, wachsam, mißtrauisch, bisweilen feindselig. Als Lehrer liege man auf einem Tablett, hat mir ein Kollege bei meinem Dienstantritt gesagt. Es gebe immer Gerüchte über dunkle Vorkommnisse, Machtmißbrauch, pädagogisches Versagen in der Schule. Etwas bleibe davon immer hängen. Man könne jederzeit mit Schmutz beworfen werden. Auch die Berichterstattung der lokalen Presse sei in der Regel alles andere als ausgewogen, gut informiert und sachlich. Sie bausche im Gegenteil genüßlich jedes Problem, jeden kleinen Konflikt in der Schule auf. Ich sehe keinen Grund, diese Sicht grundsätzlich in Zweifel zu ziehen – so larmoyant, borniert und apologetisch sie auch ist. Das neue Gymnasium in Tuttlingen war binnen kurzer Zeit geradezu berüchtigt. Der neue Direktor galt weithin als unfähig. Er kämpfe zwar den ganzen Tag und manchmal bis tief in die Nacht mit seinen Akten wie Jakob mit dem Engel und versuche offenbar, jeden Atemzug in seiner Umgebung schriftlich festzuhalten – aber eine Schule leiten oder sie gar in einem bestimmten Stile prägen, das könne er nicht. Eine verfehlte Personalisierung der Probleme, wie ich meine: Man muß sich ja mindestens fragen, wie solche Leute in solche Positionen gelangen und warum sie dort so lange bleiben. In solcher Kritik kommt außerdem immer auch ein stark verstümmeltes Problembewußtsein zum Ausdruck. Als ob eine starke Führerpersönlichkeit, ein Genius von Direktor den Karren aus dem Dreck reißen könnte. Als ob es einen Karren gäbe, den man aus dem Dreck herausreißen könnte. Dennoch ist diese Art von Kritik wirkungsvoll, unter Umständen sogar gefährlich. Wenn sie sich erst einmal festsetzt, kann sie einen Mann wohl vernichten.

Es galt bald weithin für ausgemacht, daß in dieser scheinbar so perfektionistisch reglementierten Schule an allen Ecken und Enden das Chaos auszubrechen drohte. Das ist noch gefährlicher. Ich nehme an, daß die Toleranz gerade in diesem Punkt heute rasch abnimmt. Das widersinnige Bild einer Ordnung, die das Durcheinander produziert, scheint heute unerträglich geworden zu sein und abgründige Reaktionen hervorzurufen. Möglicherweise gerade in einem Land, in dem man seit jeher immer so auf das Funktionieren gesetzt hat. Wenn es dann nicht funktioniert, geht die Desillusionierung vielleicht besonders tief und setzt eine ganz unberechenbare Dynamik frei. Ihr produziert ja nur Kälte und Leere. Ihr wollt jede Störung im voraus ausschalten und macht gerade damit alles kaputt. Das ist doch keine Schule mehr, in der die Kinder leben können. Das ist vielmehr ein Apparat, der nur noch an seiner Selbsterhaltung interessiert zu sein scheint.

Sehr viele Schüler denken so. Auch sehr viele Eltern, mögen sie politisch sonst stehen, wo sie wollen. Ich habe oft den Eindruck einer latenten Brisanz gehabt. Wenn die bürokratische Lösung sich so offenkundig blamiert wie an diesem Gymnasium, dann kommen die betroffenen Leute aufeinander zu. Sie hören gewiß nicht plötzlich auf, sozusagen privat, im Alleingang mit der Schule zu verhandeln. Aber daneben fangen sie doch an, nach einer Basis der Verständigung und vielleicht des gemeinsamen Handelns zu suchen. Ich habe beobachtet, daß sich die Kommunikation zwischen den Eltern unter dem Druck dieses peinlichen Scheiterns einer gerade erst eröffneten Schule verflüssigt hat. Es entwickelte sich da ein Medium der Kritik, ein Ansatz von Gegenöffentlichkeit, in der eingeschränkte und ausufernde, partielle und fundamentale Einwände gegen die Schule nebeneinander kursierten und miteinander in Berührung kommen konnten. Es kann sich dann beispielsweise zeigen, daß einer, der seit langem von der Beharrungskraft des Status quo tief überzeugt ist und sich beim besten Willen nur die allerkleinsten Veränderungen vorstellen kann, kein Reformist im ideologischen Sinne zu sein braucht. Er ist es vielleicht meistens nicht. Er mag resigniert sein, resigniert bis zur Verhärtung sogar, aber er kann sich auch in einen großen produktiven Widerspruch mit sich selbst verwickeln, wenn sich irgendwo Widerstand regt.

Als es in der Notenangelegenheit spitz auf Knopf stand, mußte ich die Eltern mindestens meiner eigenen Klasse ja nun endlich informieren. Ich warf ein Dossier mit sämtlichen amtlichen Briefen und Erlassen an mich, aus dem der ganze Ernst der Lage sichtbar wurde, in den Briefkasten des Elternvertreters. Verstohlen, wie eine kleine Bombe. Als ich am Abend dann wieder hinging, erwartete ich, inmitten der Trümmer meiner Respektabilität als Pädagoge und als Beamter auf einen Gegner zu treffen.

Zu meinem Erstaunen bezog er aber Stellung gegen meine Oberen.

Er habe den Schriftwechsel gelesen: Hier träfen ja »zwei Welten aufeinander«. Später, auf einer Elternversammlung hat er dem Direktor ins Gesicht gesagt, hier handele es sich um einen »grundsätzlichen Konflikt zwischen zwei gegensätzlichen Begriffen von Schule«. Es ist mir auch heute noch ein Rätsel, wie ein Mann des Establishments zu solchen Ansichten kommen kann. Ich war schließlich ein Pinscher. Das ist es: Ich verstehe nicht, warum dieser Bürger seine Einschätzung nicht prinzipiell an den Machtverhältnissen orientiert hat. Es hat immer etwas Beschämendes, wenn man jemanden aus seiner Schublade herauslassen muß. Das sind Momente eines umfassenden Unbehagens, in denen dir die Starrheit und Unfruchtbarkeit deiner Denkmuster ansatzweise bewußt wird. Nun wird man vielleicht einwenden, eine Schwalbe mache noch keinen Sommer. Der Marxismus habe es bekanntlich mit Klassen zu tun und nicht mit einzelnen Elternvertretern. Man verzeihe mir, wenn ich insistiere: In meinen Augen führt diese Argumentation geradewegs in die Metaphysik, in einen linken Obskurantismus. Ist das der Preis, den wir für unsere vielleicht etwas rapide Radikalisierung vor 10 Jahren bezahlt haben: daß wir die soziale Landschaft mit monumentalen Statuen bevölkert haben, die dem Blick des wissenschaftlichen Betrachters immer die gleichen Umrisse darbieten? Die steineren Gäste des Marxismus.
Auch wenn ich nicht ganz begriff, was da vor sich ging – ich hätte doch eigentlich aufatmen können. Ich stand jedenfalls nicht allein. In den folgenden Wochen zeigte sich vielmehr, daß die Mehrheit der Eltern dieser einen Klasse wenigstens ihrem Sprecher folgte. Sie stellten sich hinter mich. Oder richtiger gesagt: Sie stellten sich vor ihre Kinder. Sie wandten sich an das Oberschulamt in Freiburg:

Zu der angeblich zu guten Benotung ist zu sagen, daß dadurch eine gelockerte und entspannte Atmosphäre in der Klasse entstanden ist, die sich zweifellos leistungssteigernd auswirkt. Bei dem Streß, dem unsere Kinder heutzutage ausgesetzt sind, ist es hier geradezu eine begrüßenswerte Ausnahme, und es ist nachzuweisen, daß sogar bisher aggressive Kinder sich begeistert am Unterricht beteiligen. In jedem Fall ist die Benotung nicht mit einem generellen Schlüssel zu messen, der in Freiburg oder in Stuttgart festgelegt wird, sondern kann sich nur an den jeweils gestellten Aufgaben und den vollbrachten Leistungen der Klassen orientieren. Es wird immer gute und schlechte Klassen geben, und es ist auch für uns Laien naheliegend, daß in einer Klasse, die sich begeistert am Unterricht beteiligt, bessere Leistungen zu erwarten sind als in einer Klasse, in der die Kinder kein Vertrauen zum Lehrer haben. Jeder Deutschlehrer wird seinen eigenen Stil haben, und wir setzen als selbstverständlich voraus, daß der gestellte Stoffplan durchgearbeitet wird, aber gerade der Deutschunterricht kann sich nicht ausschließlich an der Grammatik orientieren, sondern ist wie kein zweites Fach dazu geeignet, die Kinder zu kritischen Menschen zu erziehen, die es gelernt haben, sich auf sachliche und demokratische Weise mit den Problemen des alltäglichen Lebens auseinanderzusetzen. (Schreiben vom 20. 5. 1979)

Noch weiter konnten sie schlecht gehen. Sie konnten sich nicht gut auf eine direkte und grundsätzliche Konfrontation mit dem staatlichen Schulsystem einlassen. Das wäre abenteuerlich gewesen. Sie hatten schließlich Kinder in diesem Betrieb und konnten sie nicht herausholen. Sinnvoll konnte für sie nur eine defensive Linie sein: Verteidigung – wie man sieht, ziemlich konsequente Verteidigung – der Kinder gegen eine konkrete Verschärfung, gegen die Liquidierung eines kleinen, aber wertvollen Freiraums. Der Text formuliert eine durchaus scharfe Absage an die Tendenz der Verwaltung, alles zu Tode zu standardisieren.
Für manche war diese Position vielleicht nicht ein Minimum, sondern ein Maximum. Ich will hier nicht behaupten, daß alle diese Eltern lediglich aus Realismus gehandelt haben. Ich konnte nicht in sie hineinblicken – und einige haben auch nicht viel gesagt. Es kann durchaus sein, daß ich einigen Eltern suspekt war. Daß sich nicht wenige von ihnen einen vorsichtigeren, bedächtigeren, besser integrierten, jedenfalls stiller arbeitenden Lehrer gewünscht hätten, der nicht soviel zusätzliche Unruhe an ihre Kinder herangetragen hätte. Ich schließe auch nicht aus, daß ein paar Leute mich für einen verantwortungslosen Chaoten, bestenfalls Wirrkopf hielten und im Grunde auf der anderen Seite standen. Mein Sohn war auch vorher gut in Deutsch. Was hat er langfristig davon, wenn Sie ihn jetzt auf sehr gut hochhieven? Zumal Sie die andern fast durchweg auf gut heben. Mein Sohn verliert also eher dabei.
Aber kennzeichnend für die Situation war es eben, daß sich diese Logik nicht hervorwagen und schon gar nicht durchsetzen konnte. Dennoch entwickelte sich eine tiefe Differenz zwischen den Eltern und mir. Nicht, weil sie nicht hätten kämpfen wollen, sondern im Gegenteil, gerade weil sie sich engagierten. Denn sie forderten etwas von mir. Sie waren bereit, sich für mein Verbleiben an dieser Schule einzusetzen. Aber ich müsse es natürlich auch selber ernsthaft wollen. Auch ich müsse das Meinige dazu beitragen. Kurz, man erwartete eine gewisse taktische Geschmeidigkeit. Formal einlenken, der Obrigkeit gegenüber die geforderte Unterwerfung in Gottes Namen simulieren, in der Sache selbst weitermachen. Ich erinnere mich, daß mich auf einer dieser Versammlungen einmal eine etwas ältere Frau anredete, ohne jede Aggressivität, sehr freundlich, fast mütterlich. Man müsse eben manchmal im Leben nachgeben. Jeder müsse da irgendwann einmal durch. Das sei doch auch nicht so schlimm. Ich solle sie doch jetzt nicht im Stich lassen. Ob wir nicht alle gemeinsam versuchen könnten, unser weiteres Vorgehen am Interesse der Kinder auszurichten.
Der Elternvertreter, der diesen Standpunkt mit großer Klarheit formulierte, appellierte an mich, die Bedeutung der Noten doch nicht zu überschätzen. Es gehe hier vielmehr um den Ansatz einer alternativen Pädagogik. Wenn ich in dieser Richtung weiterarbeiten wolle, müsse ich erst einmal von dieser sterilen Zuspitzung des

Konflikts wegkommen. Denn der Staat könne eine formelle und demonstrative Regelverletzung wie die meiner Notengebung nicht hinnehmen. Einmal darauf aufmerksam gemacht, sei er einfach gezwungen, auf einer Korrektur zu bestehen. Das würden schließlich auch meine Schüler begreifen.
Was war dagegen zu sagen? Nichts. Selbst jetzt, nach mehr als einem Jahr, lasten diese Argumente noch auf mir. Aber ich wollte einfach nicht mehr. Diese von allen Seiten überwachte, beschränkte, gegängelte Arbeit war nichts für mich. Ich wollte diese ewige Leisetreterei nicht mehr. Das bißchen Elan vom Anfang war schon fast weg. Ich wollte meine Freiheit wiederhaben. Und ich würde sie mir mit einem einzigen kräftigen Ruck zurückholen.

Öffentlichkeit

Der Redakteur war noch nicht da. Er müsse aber gleich kommen. Man bat mich, in seinem Zimmer Platz zu nehmen. Ein komplizierter, hochentwickelter Drehstuhl – reagiert blitzschnell auf jeden Schenkeldruck. Aus irgendeinem Grunde kann ich ihn nicht ganz unter Kontrolle bringen. Als der Redakteur hereintritt, komme ich ins Schleudern und falle richtiggehend vom Stuhl. Die diversen Schreiben des Oberschulamts, die ich ihm wie beiläufig auf den Schreibtisch habe legen wollen, muß er sich vom Boden auflesen.
Es war nicht so, daß der Streit zuerst in der Schule hochgekocht und dann in die Öffentlichkeit übergeschwappt wäre. Leider nicht. Denn das wäre doch der natürliche Verlauf gewesen. In einer Demokratie. Es war aber genau umgekehrt. In der Schule hat man monatelang versucht, die Sache totzuschweigen. Man hielt sie auf der Ebene eines Skandals, den man tunlichst nicht aufwertet, indem man über ihn redet. Privat wurde natürlich geredet. Aber schließlich lief ein offizielles Verfahren gegen mich. Dieses endlose Schweigen, diese Weigerung des Kollegiums, sich offen mit mir und dem Stand der Dinge auseinanderzusetzen, hat mich verbittert. Denen würde ich es geben. Dieser feigen und verstockten Bande, die offenbar fest entschlossen war, nicht zu reagieren und so zu tun, als gehe sie das alles nichts an, würde ich schon Dampf machen.
Ich habe insgeheim triumphiert, als ich bemerkte, wie sehr die ersten Presseberichte über meinen Fall die lieben Kollegen dann verunsicherten und unter Druck setzten. Zumindest die dominierende Clique, die es ja nicht gewohnt war, daß ihr etwas aus der Hand glitt. Die Schadenfreude fuhr mir belebend durch alle Glieder. Oh, diese Herren kannten mich schlecht, wenn sie glaubten, sie könnten jetzt noch mit mir verhandeln und mir mit schmierigen, nur unter dem Ladentisch gehandelten Kompromißvorschlägen imponieren.

Ganz schön haßerfüllt und blind auch. Der Bann des Schweigens deformiert einen. Erst als unter dem Eindruck des unerwartet starken Echos in der Öffentlichkeit auch in der Schule eine offene Auseinandersetzung in Gang kam, konnte ich den Kollegen wieder unbefangener gegenübertreten. Einer, schon älter, schon grau, in puncto Noten gegen mich, hat sich einmal zu mir gesetzt und mir erzählt, daß eine seiner Töchter ganz entschieden auf meiner Seite stehe und die ganze Familie in eine Grundsatzdiskussion über das Leistungssystem in der Schule hineingezwungen habe. Das empfand ich als sehr fair und großmütig. Ein anderer, von dem ich das zuletzt erwartet hätte, sagte mir, die Schule sei vielleicht dermaßen »krank«, daß man selbst so offensichtlich inadäquate und kurzschlüssige Lösungsversuche wie den meinen tolerieren müsse – einfach »als ein Moment der Unruhe«. Ähnlich hat dann in einer außerordentlichen Konferenz die Hälfte des Kollegiums argumentiert und votiert. Ich konnte mich eines Gefühls der Beschämung nicht erwehren. Aber warum hatten sie denn vorher die ganze Zeit geschwiegen, wenn sie so dachten? Wenn es nicht, wie ich in meiner zum Teil selbstverschuldeten Isolierung gemeint hatte, der pure Opportunismus war, was war es dann? Die Erfahrung der Ohnmacht vielleicht? Resignation vor dem erdrückenden Immobilismus der Institution? Oder ideologische Hilflosigkeit gegenüber der Logik der ›Sachzwänge‹?

Aber auch die dezidierten Gegner ließen sich jetzt nicht mehr so leicht herabsetzen und abtun – außer den paar wenigen, die sich fast ausschließlich vom Corpsgeist der sogenannten Kollegialität zu nähren scheinen. Sie versuchen, sich mit ihren Noten beliebt zu machen bei Schülern und Eltern. Wir verstehen das ja auch, aber es geht auf unsere Kosten. Denn wir müssen dann später die Suppe auslöffeln und die Leute wieder mühsam entwöhnen. Aber es gab da ganz andere Leute. Besonders ein jüngerer Kollege hat mir im stillen viel zu schaffen gemacht. Sonst eher zurückhaltend, fast wortkarg, hat er die Polarisierung des Kollegiums in der Bewertung meiner Notengebung mit bösen und schneidenden Formulierungen kommentiert. Ob man denn nicht merke, daß die Forderung nach völliger Freiheit in der Notengebung auf eine Art Reprivatisierung des Unterrichtswesens hinauslaufe. Da wolle einer doch nur mehr Ellenbogenfreiheit für sich selbst. Hinter der schönen Maske der Liberalität stecke die alte Fratze des Liberalismus. Das System der Leistungsbewertung mit seinen tausend Imponderabilien biete den Schülern und Eltern ja doch auch jetzt schon viel zuwenig Rechtssicherheit. Es sei doch auch jetzt schon unberechenbar und ungerecht genug. Ob man diese Situation denn noch verschärfen wolle. Wohlgemerkt: er sagte nicht, wie einige tatsächlich oder auch nur scheinbar verblendete Kollegen, ich brächte da mit meinen ausnehmend guten Noten ein Moment der Ungerechtigkeit in ein fundamental gerechtes System hinein. Er sagte vielmehr, meine Praxis der Benotung enthalte nichts Konstruktives, sondern füge den bereits jetzt bedenklich gewichtigen Momenten der Unsicherheit und der Ungerechtigkeit bloß ein weiteres hinzu.

Im Moment des Konflikts war ich dazu vielleicht nicht fähig, aber heute sehe ich das Treffende an dieser Kritik durchaus. Dennoch ist sie in meinen Augen zutiefst unfruchtbar und illusionär. Sie verharrt zwanghaft im Rahmen der formalistischen Gleichbehandlung des Ungleichen. Sie bleibt hoffnungslos dem Wahn verhaftet, aus diesem schrittweise perfektionierten Formalismus könne eine materielle Gerechtigkeit erwachsen. Sie läuft auf die Bereitschaft hinaus, der Staatsgewalt, die sie irrtümlich als eine Instanz rationaler Aufsicht begreift, ein immer umfassenderes Kontrollrecht über uns einzuräumen. Sie vertraut dem Staat und sie mißtraut den Menschen. Zudem muß sich eine solche Kritik die Frage gefallen lassen, ob denn überhaupt eine *interne* Revolte gegen die Routine, eine Rebellion gegen die Institution *in der Institution* vorstellbar ist, die frei wäre von tiefen Widersprüchen, die nicht auch ihre Kosten hätte und die das Reich der Menschlichkeit bereits erreichen könnte. Die Hände schmutzig macht man sich in jedem Fall, gleichgültig ob man sich nun anpaßt oder auflehnt.

Das waren ohne Zweifel produktive Auswirkungen der Öffentlichkeit. Aber es hat auch Augenblicke gegeben, da habe ich mich eher wie der Lehrling des Hexenmeisters gefühlt. Einmal hat sogar ›Bild‹ in der Schule angerufen. Man wird vielleicht ermessen können, was das für einen Deutschlehrer bedeuten mußte, der wie alle Deutschlehrer gerade *Katharina Blum* durchgenommen hatte. Die Sekretärin kam ganz verstört zu mir gelaufen. Der Direktor lief blaß vor Schreck an mir vorbei. Und ich lief ein paarmal im Zickzack durch die ganze Schule und bat dann, mich zu verleugnen. In diesem Moment war ich mir überhaupt nicht mehr sicher, ob es denn richtig gewesen war, eine kleine Schule so ins Rampenlicht zu rücken.

Der Fall zog schließlich auch die Aufmerksamkeit des Fernsehens auf sich. Leichtes Schwindelgefühl, der Sog des Weltraums in seiner Unendlichkeit. Das Kamerateam war dann aber ganz normal und sehr nett. Sie sagten, es handele sich um eine Jugendsendung – sie möchten daher vor allem die Schüler selbst zu Worte kommen lassen. Die Kinder taten, was sie konnten. Die Fernsehleute durften zwar nicht in die Schule hinein, aber auf dem Platz vor der Schule gaben sie ihnen ein langes, lebhaftes und, wie man mir berichtete, wohl auch kontroverses Interview. Ein 12jähriger kam hinterher noch zu mir und bat mich um Verständnis dafür, daß er gegen mich gesprochen habe. Er sei eben der Meinung, daß dieses Experiment mit den Noten nichts bringe. Er für sein Teil könne sich seitdem jedenfalls über eine Eins im Aufsatz nicht mehr richtig freuen. Und lange werde das Ganze sowieso nicht dauern; dann werde man

ihnen wieder die alten Noten verpassen und die Enttäuschung werde um so größer sein.
Die Sendezeit betrug dann aber nur knapp drei Minuten. Das hatte von vornherein festgestanden, aber den Kindern hatte man offenbar nichts davon gesagt. Vermutlich aus motivationstechnischen Gründen. Die Quelle sollte sprudeln. Man hatte sie in dem guten Glauben diskutieren lassen, es gehe um eine Publikation, um eine öffentliche Dokumentation ihrer Meinungen. Ein glatter Betrug also. Sie waren auch sehr böse darüber. Wenn sie das gewußt hätten, hätten sie da nicht mitgespielt. Wer überhaupt darüber zu entscheiden habe, was weggeschnitten werde und was nicht. Es sei ja kaum etwas übriggeblieben. Wenn man schon aus Zeitgründen nicht alles habe senden können, so hätte man sie doch wenigstens hinzuziehen können. Das war die beste Unterrichtsstunde über Massenmedien, die ich je gehalten habe, wenn das hier der richtige Ausdruck ist.
Seine Gedanken kommen nicht mehr unmißverständlich bei mir an. Er ist schon sehr alt, weit über 80. Er spricht Dialekt. Aber es ist vor allem das Alter und die physische Schwäche, die uns die Verständigung erschweren. Seine Tochter erzählt mir, daß er meinen Fall in der Zeitung genau verfolge. Warum interessiert ihn das noch? Weil es der Nachbar ist, der da in der Zeitung steht? Vielleicht auch. Aber vor allem: der alte Mann ist politisch noch hellwach. Er regt sich nicht selten furchtbar über die politischen Tagesereignisse auf. Beängstigend fast, seine Tochter fürchtet manchmal direkt um seine Gesundheit. Die Filbinger-Affäre. Alle gegen einen. Immer nur drauf. Diese verdammten Heuchler. Als wenn die keinen Dreck am Stecken hätten. Wenn ich ihn richtig verstehe, entzündet sich sein Zorn hier an dem falschen, illegitimen Moralismus dieser politischen Kampagne. Die Verlogenheit daran beleidigt ihn. Ich glaube, er zählt zu denen, die sich im Laufe eines nicht leichten Lebens mit vielem abgefunden haben – nur nicht mit dem Anspruch der Politik auf die Moral. Es scheint, als ob die alles durchdringende Resignation hier ihre Grenze finde. Je tiefer die Bitterkeit über das Leben, desto tiefer auch der Ekel über die moralische Ambition derer, die das alles über einen verhängen. Wenn sie schon oben sind und dort auch wohl für alle Ewigkeit bleiben werden, dann sollen sie wenigstens nackt sein müssen. Und ihre dreckige Blöße nicht verdecken dürfen.
Ob es mir nun gefiel oder nicht, ich sah mich also hier in eine lockere Reihe mit Filbinger gestellt. Ein Mensch, wie fragwürdig auch immer, gegen die vereinte Meute der Mächtigen und Einflußreichen, der echten Lumpen und der falschen Heiligen. Ob er recht hat, ist vielleicht nicht so wichtig. Viel wichtiger ist, daß die anderen so widerlich laut schreien, sie hätten recht. Als ob sie immer recht hätten. Denen müßte man mal etwas in den Hals stopfen. Woran sie ernstlich zu würgen hätten. Der Alte hat mich öfters mit Wärme begrüßt und mir Glück gewünscht. Er soll nach Auskunft seiner

Tochter sogar gesagt haben, »so einer kann nicht so leicht untergehen«. Ich gestehe, daß mich die Unterstützung und die Achtung des greisen Mannes mit Stolz erfüllt haben – Filbinger hin, Filbinger her.

Wie die Schüler der beiden Gymnasien auf die öffentliche Auseinandersetzung um einen ihrer Lehrer reagiert haben, ist nicht leicht zu sagen. Zu irgendwelchen spektakulären Aktionen ist es zu keinem Zeitpunkt gekommen. Ein Unterrichtsboykott etwa lag ganz außerhalb des Möglichen. Zu was wäre dergleichen auch nütze gewesen? Jedermann konnte doch sehen, daß ich auf verlorenem Posten stand. Es war vollständig klar, daß das Oberschulamt und das zuletzt ebenfalls eingeschaltete Kultusministerium in diesem Punkt nicht nachgeben konnten, wenn sie nicht eine offene Krise des geltenden Notensystems riskieren wollten.

Ein Akt der Sabotage läßt sich eben schlecht in eine politische Kampagne ummünzen. Meine Schüler erfuhren erst aus der Presse, was los war. Ich selbst hatte sie nicht informiert und sie schon gar nicht um ihre Unterstützung gebeten. Es war eine rein persönliche Angelegenheit für mich. Die Schüler waren für mich lediglich Betroffene. Einige jüngere Schüler haben mich deswegen auch gerügt.

Die meisten hätten aber, glaube ich, gar nichts damit anfangen können, wenn ich mich in dieser Angelegenheit an sie gewandt hätte. Und zwar durchaus nicht nur deshalb, weil meine Revolte so verstiegen war. Die Distanz zur Schule ist zu groß. Am schärfsten hat das mir gegenüber einmal ein 16jähriger Schüler aus Konstanz ausgedrückt: *»Man kämpft nicht für einen Lehrer.«* Ich habe das als einen Schlag ins Gesicht empfunden. Wenn ich den Jungen begriffen habe, meinte er, daß die Unterschiede zwischen den einzelnen Lehrern vor dem Gemeinsamen verblassen. Die Lehrer kommen und gehen, die pädagogischen Stile wechseln in bunter Folge, die Schule bleibt. Auch der gutwilligste und sympathischste Lehrer bleibt ein Lehrer. Es kann zwischen Lehrern und Schülern erträgliche Kompromisse geben, auch private Kontakte. Es gibt zwischen ihnen heute vielleicht sogar mehr private Kontakte als früher. Aber gibt es heute zwischen ihnen noch eine Basis für ein gemeinsames Handeln, für gemeinsame Kampfmaßnahmen? Ich bezweifle es. Die Zeit der Mobilisierung ist jedenfalls vorbei. Der Agitator ist tot.

Aber man muß sich vor einer Simplifizierung dieser Situation hüten. Gerade wir. Linke sind besonders voreingenommen. Gerade weil die Schüler nicht so sind, wie wir sie gern hätten, müssen wir unser Urteil verzögern. Die weichen Noten haben den institutionellen Abstand zwischen mir und den Schülern nicht verringert. Der Konflikt mit der Schulbehörde war meine, nicht ihre Sache. Es war ein Streit der Pädagogen *über sie,* nicht *ihr* Streit. Wenn sie wollten, konnten sie den Kopf in den Nacken legen und sich das

Schauspiel ansehen: Kampf der Tauben gegen die Falken hoch in den Lüften. Einer hat mir einmal gesagt, es gehe mir wohl um die Freiheit - ihm zwar auch, aber anders. Ihm gehe es im Unterschied zu mir »um mehr individuelle Freiheit«, um »die Freiheit von, nicht für etwas«. Ich kam mir ein bißchen vor wie ein Fossil aus den ältesten Schichten der bürgerlichen Revolution: versteinertes Gerippe, sich aufbäumend im klassischen Pathos des autonomen Individuums. Der andere kühl wie ein Museumsbesucher vor den Überresten längst versunkener erdhistorischer Dramen.
Dennoch: der Fall scheint sie stark interessiert zu haben, eine beträchtliche Minorität unter ihnen jedenfalls. Nicht als Moment einer konkreten Reformstrategie, schon gar nicht als Ansatzpunkt eigenen praktischen Eingreifens, aber vielleicht als ein Exempel anti-institutionellen Denkens. Verrannt, isoliert, aber anti. Über das Egozentrische und Eigensüchtige dieses Exempels sahen sie hinweg, für das Eskapistische daran brachten sie Verständnis auf. Sie wußten, daß man auf diese Weise die Schule bestimmt nicht zum Einsturz bringen würde. Sie wußten, daß sie alle noch auf Jahre hinaus drinnen bleiben müßten, und daß der eine, der sich da mit Aplomb absetzte, ihnen keinen Weg nach draußen eröffnete. Aber alle diese Vorbehalte hinderten sie nicht daran, in meiner Abweichung ihr Bedürfnis nach einem grundlegend anderen Unterricht wiederzuerkennen. Bei einigen war wohl auch die Sehnsucht nach einem aufrechten Gang zu groß, als daß sie allzu genau und allzu streng mit mir hätten sein wollen. An ihren arglosen Stilisierungen lassen sich ihre Wünsche ablesen.

Ich finde, daß die Reaktion des Oberschulamts typisch ist. Der Unterricht war gut, da das Schweigen der 9. Klasse gebrochen wurde und unsere Augen für Probleme etc. geöffnet wurden. Die Notengebung machte das Ganze freier und frei von Druck. Der Nachteil ist, daß dieses ausgenützt werden könnte. Um diese Sache durchzusetzen, müßten einige grundlegende Änderungen am System durchgeführt werden, was zur Zeit unmöglich sein dürfte.
Sie haben zwei Alternativen: 1. im stillen Kämmerlein sitzen und auf die Urteilsvollstreckung warten oder 2. *die Öffentlichkeit informieren*. Ich finde, der 2. Weg, den auch Sie gewählt haben, ist der bessere. Denn auf diese Weise hat man ein bißchen die Möglichkeit, sich zu wehren. Dies ist besser als dasitzen und Däumchen drehen.
Ich finde es richtig, wie Sie sich verhalten. Natürlich ist es für einen anderen schwer, die Gründe zu finden, wieso Sie das tun, aber man muß das akzeptieren. Man sollte sich wirklich nicht immer von anderen beeinflussen lassen, wie manche das tun, sondern seinen Standpunkt fest und klar vertreten.
Diese Unterrichtsform ist – auf breiter Fläche gesehen – durchführbar. Aber hier wird ein Exempel statuiert, wodurch Schüler, die nicht von Ihnen unterrichtet werden, benachteiligt sind. Es ist gut, daß dieser Fall an die Öffentlichkeit gerät, denn es könnten sich dadurch Umwälzungen höheren Grades ereignen. Hierin sehe ich den hauptsächlichen Sinn der Sache ...

(auf meinen Vorschlag hin anonym abgegebene Stellungnahmen aus einer Klasse, in der ich 2 Jahre unterrichtet hatte).

Die ohnehin schon mehr als dürftige Wissensvermittlung wird mehr und mehr spezialisiert. Statt umfassender Kenntnisse in mehreren Gebieten muß sich der Schüler in der reformierten Oberstufe auf 2 Fächer spezialisieren.

Die Verschärfungen der Leistungsanforderungen zeigen sich auch in den Statistiken über Schülerselbstmorde, steigende Alkohol- und Drogenabhängigkeit. Statt die Fähigkeiten der Schüler zu entwickeln, verkümmern sie durch dieses unfähige Schulsystem.

Wenn man meint, das Notensystem sei durch die Nichtverteilung von Fünfen und Sechsen nun aus den Angeln gehoben, so unterliegt man einem bitteren Irrtum. Es ist zwar beschnitten in seinen stärksten Waffen . . . aber die übrigen Noten fördern die Konkurrenz und Spaltung der Schüler immer noch, nur daß sie eben auf 1-4 beschränkt sind. Daher ist die Nichterteilung von Fünfen und Sechsen höchstens als Notlösung zu betrachten, aber keinesfalls als Konzept für eine Schule, die den Interessen der Schüler entspricht. Das jetzige Schulsystem baut auf die Rivalität der Schüler durch die Noten. Aber dieses Schulsystem muß keinen Ewigkeitswert haben, denn es gibt wohl eine Alternative.

Eine Schule, in der ein praxisnaher Unterricht stattfindet, in der die Fähigkeiten eines jeden einzelnen sich entwickeln können. Eine Schule, in der alle Jugendlichen ausgebildet werden, wo Kenntnisse in den wichtigsten Teilen der Produktion erworben werden können. *Warum soll an einem Schulsystem festgehalten werden, in dem die Masse der Jugendlichen, Hauptschulabsolventen, Sonderschüler usw. ihre Fähigkeiten nicht entwickeln können.* (von mir hervorgehoben, E. K.)

(Auszug aus dem Flugblatt einer ›Schüler-Initiativ-Gruppe‹ gegen meine Entlassung; in einer Unterschriftenaktion, die sich nicht auf die beiden Gymnasien beschränkte, haben 180 Schüler gegen meine Entlassung protestiert, vgl. Gränzbote 18. 7. 1979).

Die Debatte

Wie man sieht, komme ich langsam weg von der Gewissenserforschung. Die Frage, aus weiß Gott was für zweifelhaften und sündigen Motiven ich da wohl gehandelt habe, tritt zurück hinter der Frage, was die anderen daraus gemacht haben. Wie insbesondere das gerade zitierte Flugblatt – für meine Begriffe überhaupt die bedeutendste öffentliche Stellungnahme in dieser ganzen Auseinandersetzung – deutlich macht, ist man dabei teilweise weit über meine eher defensive Ausgangsposition hinausgegangen. Schärfer formuliert: was hat der Angriff dieser jungen Leute auf unser elitäres, selektives Schulsystem – ein Angriff, der explizit auch die Sonderschule einbezieht – noch zu tun mit meinem Verlangen, persönlich vom Staat in Ruhe gelassen zu werden? Mein Nonkonformismus war nicht nur defensiv, er war auch relativ leer. Ich war ein Dissident. Im Zentrum meines Denkens standen nicht die Rechte und Lebensinteressen, nicht die Emanzipation der Masse

der Kinder und Jugendlichen, sondern die Freiheit des Intellektuellen.
Ich habe das freilich zunächst nicht so klar gesehen. Dieser Einsicht stand einiges im Wege. 68 vor allem. Das Selbstbildnis des Vorkämpfers, die alten Mystifikationen des politischen Engagements. Dann auch, wie bereits angedeutet, der enorme Druck, der von den Erwartungen der Öffentlichkeit ausging. Ich bin da wahrscheinlich zeitweise in eine ernste Konfusion hineingeraten und habe angestrengt versucht, mich auch selbst so zu sehen, wie ich mich in der Öffentlichkeit darstellte. Tod und Wiedergeburt des alten Adam. Geheimnisvolle Verwandlung des energischen Bildungsbürgers in einen leidgeprüften Idealisten. Schizophrenie einer frischgebackenen ›Persönlichkeit des öffentlichen Lebens‹.
Langsam beschlich mich allerdings das bedrohliche Gefühl, daß ich mich zu tief in den süßen Reis der Sentimentalität und der humanitären Phrasen hineingefressen hatte und nun nicht mehr herausfand.
Niemand hatte damit gerechnet, daß es eine so große Sache werden könnte. Ich glaube, es handelte sich ursprünglich mehr um eine Pflichtübung einiger GEW-Mitglieder in meinem Bekanntenkreis. Von einer Kollegin weiß ich, daß sie sich von meinen dauernden Spötteleien über den heroischen Kampf der Lehrergewerkschaft für eine Verkürzung der Arbeitszeit provoziert fühlte: die Gewerkschaftsbewegung dürfe sich schließlich nicht verzetteln. Es sei verständlich, wenn im Moment dieser epochalen Konfrontation der pädagogischen Arbeitnehmermassen mit dem Staat alles andere zurücktreten müsse. Es sei ja aber doch klar: wenn die Lehrer erst einmal weniger Stunden hätten, würden sie sicher die gewonnene Zeit sogleich zu einem Angriff auf die Strukturen der Schule nutzen. Dergleichen brachte sie auf die Palme. Ich glaube, sie war die treibende Kraft des ganzen Unterfangens.
Geplant war eine öffentliche Podiumsdiskussion zum Thema Noten. Als Veranstalter zeichnete der DGB. Auf dem Podium dann: eine wissenschaftliche Koryphäe von der PH Freiburg, ohne geht es ja nicht; ein GEW-Funktionär; mein Chef, was ich erst nicht glauben wollte – feige war er also nicht; einige Elternvertreter, eine Schülerin (erst nach einigem Bitten und Drängen); ein paar Lehrer, darunter ich selbst. Der vorgesehene Saal erwies sich als viel zu klein, wir mußten umziehen. Es strömte nur so herein. Sehr viele Jugendliche, keineswegs nur Gymnasiasten, von denen nicht wenige die Empore bevorzugten, als seien ihre Instinkte im antiken Amphitheater geprägt worden. Eltern in großer Zahl, viele Lehrer – nicht nur aus Tuttlingen, auch aus den Grund- und Hauptschulen der näheren Umgebung. Alle möglichen Leute, Linke und Spontis von der Universität Konstanz zum Beispiel, die ich herbeigerufen hatte. Studenten von der PH Weingarten. Einige der kommunalpolitischen Größen Tuttlingens waren da, Jugendfunktionäre, DGB-Leute, Sozialarbeiter – darunter auch der für die Türken,

Buchhändler, der eine oder andere Künstler – alles durcheinander. Insgesamt an die 500 Leute.
Kein Zweifel, das war etwas anderes als eine jener rituellen Elternversammlungen, die einmal jährlich in der Aula des Gymnasiums den Rechenschaftsbericht des Direktors entgegennehmen. Das war eine republikanische Massenversammlung. Wenn auch sicher das gebildete und gehobene Element eindeutig überwog – schließlich war das eine Veranstaltung über Noten, über soziale Auslese in der Schule und über die physische, psychische und kulturelle Schädigung der Kinder. Themen, Realitäten also, die für die allermeisten zu alt und zu real sind, hoffnungslos real, als daß sie ohne weiteres akut und brennend werden könnten (um auf eine naheliegende Parallele hinzuweisen: auch die Zerstörung der Umwelt ist ja erst zu einem brisanten Thema geworden, als sie von den Wohnvierteln und den *Körpern* der Arbeiter in die Quartiere und in die Biosphäre der Mittelklassen hinüberkam.)
Von Anfang an fehlte die übliche Isolierung und Abschottung der Teilnehmer gegeneinander – obwohl diese Versammlung der Zusammensetzung nach ungewöhnlich vielschichtig war. So etwas ist ja atmosphärisch spürbar. Diese Tuttlinger Bürger schienen die vielen fremden Gesichter und Gestalten, die da von irgendwoher plötzlich auftauchten, nicht im geringsten zu ängstigen oder zu befremden – und auch nicht das einigermaßen entfesselte jugendliche Element. Und umgekehrt hat mir einer der Konstanzer Freaks später gesagt, er habe es sehr genossen, einmal aus dem Ghetto der ›Szene‹ herauszukommen; er habe so etwas gar nicht mehr für möglich gehalten. Von anderen weiß ich, daß sie sich in dieser Situation mit Wohlbehagen an ihre eigene Herkunft aus der Provinz, an frühere, mittlerweile vielleicht Jahre zurückliegende Auseinandersetzungen um eine aufmüpfige Schülerzeitung etwa oder um ein Jugendzentrum erinnert haben. Einer von ihnen hat denn auch im Laufe der teilweise hitzigen Diskussion einen Zwischenruf von schöner demokratischer Grobheit gemacht: Der Herr Direktor da oben auf dem Podium solle die Leute nicht dauernd unterbrechen, man sei hier nicht »auf dem Kasernenhof«. Großer Beifall, nicht nur auf der Empore.
Dokumentieren im eigentlichen Sinne kann ich die Debatte hier leider nicht, da mir das Fernsehen, das auch da war und alle Beiträge mitgeschnitten hat, die Bänder nicht überlassen wollte – »aus rechtlichen Gründen«, wie man mir schrieb. Ich bleibe daher bei meinem Verfahren des sorgfältigen Impressionismus und der wählerischen Rekonstruktion. Anderntags war in der Zeitung zu lesen, daß »es vielen der weit mehr als 400 Besucher nicht um eine sachlich differenzierte Diskussion« gegangen sei, sondern »um ein klares Votum« für mich, »den Einzelkämpfer«; ferner daß »die Podiumsdiskussion ausuferte, stellenweise chaotische Züge annahm, daß kunterbunt durcheinander geredet und gestritten

wurde . . .« (Gränzbote 20. Juli 1979). Wohlgemerkt: diese Formulierungen waren nicht diffamierend, sondern kritisch gemeint. Sie finden sich am Anfang eines detaillierten und sachlich gehaltenen Berichts, und sie entstammen der Feder eines Journalisten, der sich die ganze Zeit über um eine präzise und sogar authentische Berichterstattung zu diesem Fall bemüht hatte. Gerade deshalb lohnt es sich, die hier zum Ausdruck gebrachte politische Wahrnehmung zu hinterfragen: es ist gerade ihre offensichtliche Redlichkeit, die sie so bedrückend macht.

Es stimmt, der Direktor hatte in diesem Rahmen von Anfang an keine Chance. Er und seinesgleichen haben aber doch sonst alle Chancen – ich meine, wenn sie nicht ausnahmsweise einmal an das ungewohnte Licht der Öffentlichkeit gezerrt werden und dort dann wütend, hilflos, wie geblendet hin und her taumeln. Oder um sich schlagen: »Ich würde auch hinter Köhler stehen, wenn ich eine Eins bekäme, ohne etwas dafür zu tun.« »Wer ihm recht gibt, redet der Anarchie das Wort.« Können diese Leute in jenen seltenen und kostbaren Momenten, in denen die Öffentlichkeit sich ihrer bemächtigt, sie sozusagen stellt, die Fairneß, die Liberalität, das offene Ohr beanspruchen, die man dem Diskussionspartner schuldet? Nein, denn es handelt sich in diesem Moment nicht darum, zu diskutieren. Es handelt sich vielmehr darum, einen Statthalter der Macht zu konfrontieren, ihn in Bedrängnis zu bringen, ihn spüren zu lassen, wie isoliert er ist. Man muß die Gelegenheit beim Schopfe fassen. Sie wird im Nu vorbei sein, und dann wird er wieder in das Halbdunkel seiner Institution und seiner Position zurückgleiten. Wann kriegt man ihn dort schon zu fassen?

Daß man das an diesem Abend tat, daß man spontan zu reagieren verstand und den Direktor und seinen Anhang in einer Woge von Mißfallen und Ablehnung untergehen ließ, machte gerade die demokratische Qualität dieser Versammlung aus. Daß das seine Kosten hat, ist auch mir klar. Ein Kollege, der in einem um Gründlichkeit bemühten, aber vielleicht etwas zu wortreichen Beitrag den Zusammenhang des Notensystems in der Schule mit dem umfassenderen Auslesesystem in der Gesellschaft darzulegen versuchte, ging gleich mit unter. Ich glaube, dieser Kollege wollte lediglich das Dilemma herausarbeiten, in dem die Lehrer stehen; er wollte gegenüber meinem populären Voluntarismus die gesellschaftliche Tiefe der Problematik zur Geltung bringen. Das gereizte Publikum hat in ihm einen bloßen Zyniker gesehen, der die Unentrinnbarkeit des Status quo auch noch auskostet.

So bitter und verletzend derartige Mißverständnisse auch sein mögen, sie sind wohl kaum ganz zu vermeiden in solchen Situationen. Vor allem aber kann man den Charakter und das Niveau dieser ganzen Debatte nicht nach ihnen bestimmen. Darin macht sich denn doch eine gravierende Voreingenommenheit bemerkbar: Da sieht man es mal wieder, die Deutschen sind eben

schlechte Demokraten. Das war ja bekanntlich schon immer so. Wehe, wenn sich der deutsche Untertan einmal in Bewegung setzt und aufbegehrt. Dann brennen leicht alle Sicherungen rationaler Selbstkontrolle durch. Dann wird sofort gehobelt und dann fliegen sofort Späne. Wir haben das alles ja schon einmal erlebt.
Ich sauge mir das nicht aus den Fingern. Ein paar Tage später war in einer anonymen Glosse folgendes zu lesen:

Mein Freund Otto kam letzten Mittwoch spät abends mit verklärtem Blick auf mich zu. Endlich, sagte er, endlich habe ich wieder einmal Begeisterung gespürt. Fast wie bei Goebbels. (Es war nach der Veranstaltung, bei der den Noten 4 - 6 der Prozeß gemacht wurde.) Und auch ich muß bekennen, daß ich seit jenem Abend nicht mehr der gleiche bin wie vorher. Auch ich habe, wie Otto, einen Hauch vom Sportpalast verspürt. (Gränzbote, 25. Juli 1979)

Ein bißchen arg plump, sicher. Aber, wie ich meine, durchaus typisch für eine bestimmte Art, die Vergangenheit zu verarbeiten und antidemokratische Lehren aus ihr zu ziehen. Weil der Nationalsozialismus vor 1933 die Züge einer Massenbewegung gehabt hat, glaubt man in liberalen Kreisen seit jeher, der Faschismus sei von unten durchgesetzt worden und die Gefahr gehe überhaupt meistens von unten aus. Warnung vor dem Plebiszit! Hinter diesem eigentümlichen Umgang mit unserer jüngsten Geschichte steht freilich das historisch viel ältere Mißtrauen des liberalen Denkens gegen die Demokratie. Dieses Mißtrauen hat in der Bundesrepublik lediglich eine neue Virulenz gewonnen und sich im Schatten des Dritten Reiches zu einem Ressentiment ausgewachsen.
Das soll nun nicht etwa heißen, daß an diesem Abend nicht argumentiert worden wäre. Es war im Gegenteil so, daß da ein großer Reichtum an Erfahrungen mit der Schule und an Einwänden gegen sie entfaltet und ausgebreitet, beinahe hätte ich gesagt: verschwendet wurde. Denn in gewisser Hinsicht war alles vergeblich. Während sich sein Kollege auf dem Podium abstrampelte und lächerlich machte, saß der Direktor des anderen Gymnasiums grinsend und wortlos im Saal. Ein bißchen unbehaglich das Ganze, aber in ein paar Stunden würde der Spuk vorüber sein. Schon morgen früh würde man wieder zur Tagesordnung übergehen können. Es waren ja nur noch ein paar Tage bis zu den Sommerferien, die würde man schon auch noch überstehen. Dann würde der Volkszorn im allgemeinen Erholungsbedürfnis versacken, und es würde genug Gelegenheit sein, den Stein des Anstoßes ohne viel Aufsehen aus dem Wege zu räumen.
Warum sollte man also reden, in die Diskussion eingreifen, versuchen, die Angriffe auf die Schule zurückzuweisen? Geschwätz – man würde handeln.
Das bemerkenswerte an diesem Abend war aber, daß man sich durch die Vertreter der Schule und ihren Stil zwar provozieren, aber nicht verhärten ließ. Es kam nicht zu jener Überschärfe, die den Geist tötet. Das Ungleichgewicht der Kräfte mochte unverändert,

die Überlegenheit des staatlichen Apparates unerschüttert, die Hoffnungen auf unmittelbare Veränderungen nahe bei Null sein – diese Leute hatten Feuer gefangen. Sie wollten keinen verbissenen Schlagabtausch. Sie wollten, ermutigt und beflügelt wohl nicht zuletzt durch den unverhofften Massencharakter dieser Versammlung, die Entfaltung eines grundsätzlichen Disputs über die Schule. Wer das nicht begriff, wurde mit Nachdruck beiseite geschoben. Meines Wissens hatte es in Tuttlingen seit Jahren keine derartig gutbesuchte öffentliche Diskussion über Schulprobleme gegeben, wenn überhaupt je etwas dergleichen stattgefunden hat. Ein kleines Ereignis. Es war, als wolle man sich diesen Moment nicht entwerten und herabsetzen lassen durch ein Übermaß an Aggressivität oder auch durch jenes schnelle, böse Verstummen, das unter dem Druck tiefer Minderwertigkeitsgefühle alles in sich hineinfrißt.

Alles blieb locker, temperamentvoll, forensisch. Man ließ den citoyen in sich zum Zuge kommen. Man vermied es selbstbewußt, sich auf anwesende oder nicht anwesende Bürokraten zu fixieren. Man diskutierte unabhängig von den unmittelbaren Erfolgsaussichten. *Das war das Ereignis* – daß eine Versammlung dieser Art sich nicht wie eine Lobby verhielt und nicht pragmatisch, taktisch, opportunistisch diskutierte, sondern prinzipiell, pädagogisch, bildungspolitisch. Daß sie überhaupt diskutierte – und nicht nur zuhörte, applaudierte, abstimmte. Daß nicht das Fortkommen, sondern das Leben der Kinder im Zentrum stand. »Während meiner Schulpraxis gab es drei Selbstmordversuche von Schülern und einen gelungenen Selbstmord. Und kein Mensch hat sich aufgeregt.« Weiter: es war für meine Begriffe ein Ereignis, daß nicht nur wie gewöhnlich die Überspanntheit, der absurde Perfektionismus des gegenwärtigen Systems der Leistungsbemessung zur Sprache kam, sondern auch seine Grundlage, seine fundamentale Legitimität. Schon Pestalozzi habe gewußt, daß man ein Kind nur mit sich selbst vergleichen könne nicht mit anderen. Jedes Kind habe seine ureigene, persönliche, seine ›personale‹ Geschichte des Lernens. Die Schule negiere das systematisch, schlage alle Kinder über einen Leisten, verlange von allen Kindern zu jedem Zeitpunkt das gleiche und greife damit störend und zerstörend in ihre Versuche ein, sich in der Welt zurechtzufinden.

Den sarkastischen Ausführungen eines Volksschullehrers war es zu verdanken, daß sich diese Problematik nicht etwa in antroposophische Feinsinnigkeit verflüchtigte: der Prozeß der permanenten Auslese über die Noten sei sicher besonders charakteristisch fürs Gymnasium. Auf der Hauptschule sei das etwas anders, der Notendruck spiele hier nicht diese Rolle. In dieser Hinsicht habe sich die Lage entspannt. Man habe hier die Auslese ja bereits hinter sich.

Aber unsere Kühnheit hatte ihre Grenzen. Wir gerieten sehr bald an

eine Schranke, an eine Mauer. Und das war, wie gesagt, nicht die Mauer der Gesetze und der administrativen Reglements, die der Staatsapparat vor unseren Reformvorstellungen errichtet. Die hatten wir ja für diesmal mehr oder minder ignoriert. Wir hatten sie einfach überflogen. Ich rede vielmehr von einer inneren Mauer, von einer Blockierung unserer Vorstellungskraft, von unseren Hemmungen, eine Alternative zur jetzigen Schule *auch nur zu denken*. Was war das? Eine Schule, eine Gesellschaft ohne Standard, ohne Maßstäbe, ohne normierte, generalisierte Leistungsanforderung? Wie soll das funktionieren? Wäre das nicht das Chaos? Eine Gesellschaft ohne soziale Arbeitsteilung, ohne Hierarchie, ohne Eliten, ohne Spezialisten vielleicht sogar? Wenn so etwas überhaupt denkbar ist, ist es dann aber auch eine Perspektive für uns? Für diese hochentwickelte, ausdifferenzierte Industriegesellschaft? Für eine dynamische, eine geschichtliche Gesellschaft wie die unsrige, die seit jeher gekennzeichnet war durch Wandel, Veränderung, Fortschritt, Wachstum? Können wir da heraus? *Wollen* wir überhaupt da heraus? Vorwärts oder zurück in einen geschichtslosen, kreisenden, stationären Archaismus?
Inhaltlich kam das alles, wenn auch zum Teil polemisch verzerrt, zum Ausdruck. Aber es war im Grunde nicht die Polemik der Diskussionsredner, sondern unsere eigene Zwiespältigkeit, die mangelnde Reife und Konsequenz unserer Kritik, die unsere Attacke schwächte.
Die große Mehrheit der Anwesenden muß dieses Ungenügen, dieses Defizit an Perspektiven empfindlich gespürt haben. Anders ist der ganz außerordentliche, minutenlange, fast an eine Ovation grenzende Beifall nicht zu verstehen, den man dem Beitrag eines älteren Mannes spendete:

Ich behaupte, der Mensch ist in seiner Potenz, in seiner selbstschöpferischen Potenz – und zwar jeder, jeder, der überhaupt Mensch ist – unendlich vielfältig. Man könnte sogar behaupten, jeder Mensch ist letztlich, was seine schöpferischen Fähigkeiten anbelangt, genial. Bloß die Leistungen der meisten Menschen sind eben aus dem Alltagsleben geschöpft. Aber es ist immer wieder etwas Eigenständiges, was Neues, mit minimalen Varianten. Aber die kommen eben so aus dem Alltagsleben heraus, daß wir die Genialität gar nicht mehr empfinden. Jeder macht es irgendwie anders, jeder ist selbst schöpferisch.
Wir haben auch in der ganzen Kulturgeschichte, über die Jahrtausende hinweg, ein unendlich großes Wissenspotential weitergegeben. Der Mensch zeichnet sich ja gegenüber allen anderen Wesen dadurch aus, daß es neben der genetischen Vererbung eben auch noch eine kulturelle Vererbung gibt. Man sagt zwar heute, wir hätten früher nicht soviel Erfahrungen sammeln und weitergeben müssen. Das stimmt überhaupt nicht. Es ist unendlich viel weitergegeben worden. Nur im Augenblick, in dem wir – zur Zeit der Aufklärung – begannen, rational zu denken, haben wir einen großen Schnitt gemacht. Und haben plötzlich erklärt, alles, was nicht reproduzierbar, nicht verifizierbar, nicht logisierbar ist, das sei alles überhaupt gar kein Wissen

gewesen. Dieses ganze weitergegebene Wissen, das haben wir alles weggestrichen. Damit war zwar jetzt möglich, die Sache in den Griff zu bekommen – jetzt waren plötzlich nur noch alle die speziellen Qualitäten des Menschen gefragt, die in diesem Sinne rational waren. Denn mit denen konnte man rationell in die Zukunft planen. Das fängt in der Schule an: da haben wir jetzt so und soviel Fächer, 10 Stück sind es nur noch – früher waren es Zehntausende von Möglichkeiten, wie sich der Mensch entfalten konnte und sich auch entfaltet hat. Heute wird das alles weggekehrt. Das bedeutet: wenn diese Vielzahl von Menschen mit 10 Fächern, mit 10 Spezialgebieten zurecht kommen muß, die müssen sich ja streiten. Wenn Millionen von Menschen sich auf 10 Bereiche aufteilen müssen mit ihren Qualitäten. Vielen wird noch nicht einmal einer von diesen liegen, weil sie etwas ganz anderes auf Grund ihrer Veranlagung machen möchten – aber das ist heute ja nicht mehr gefragt. Das ist eben rational nicht brauchbar. Außer vielleicht in wenigen künstlerischen Berufen. Infolgedessen wird also unsere Potenz auf einen ganz schmalen Sektor eingeengt. Der größte Teil wird herausgeschmissen. Das hat zur Konsequenz erstmal: Konkurrenzkampf. Schon in der Schule beginnend. Ich habe eben nur 10 Fächer, um die muß man sich streiten. Das geht dann im Leben so weiter. Es gibt auf der anderen Seite denjenigen, die nun hier besonders leistungsfähig sind und es fertigbringen, da eine Position zu erlangen, die Möglichkeit, die anderen zu manipulieren – indem sie sie gegeneinander ausspielen. Teile und herrsche. Streitet euch nur um die 10 Fächer. Damit habe ich schon mal die Macht in der Hand, indem ich es denen überlasse, sich rumzustreiten.
Und jetzt kommt der entscheidende Schritt: wenn aber unsere Welt, was wir meines Erachtens bis jetzt gar nicht richtig gewußt haben, ein evolutionäres Gebilde ist, und ich das Gesetz, das morgen gilt, heute nicht kenne, dann ist gerade diese Methode falsch. Daß ich nur 10 Fächer habe. Denn ich weiß gar nicht, ob ich nicht in 50 oder 100 oder 300 oder 500 Jahren auf Grund der Entwicklung der Welt, die ich nicht ändern und die ich nicht beeinflussen kann, weil es die Welt insgesamt ist, ob sich da nicht plötzlich eine Entwicklung einstellt, bei der ich eine Veranlagung brauche, die wir schon längst rausgeschmissen haben. Indem ich alle die Leute, die eine solche Veranlagung hatten, immer benachteiligt habe. Daß sie heute inzwischen herausgemendelt worden ist. Ich habe nachher nur noch Menschen – ich werde es mit der Zeit erreichen, wenn ich immer die Leute mit anderen Veranlagungen benachteilige – mit diesen 10 Veranlagungen. Aber da sich die Welt unendlich entwickeln kann, in allen möglichen Richtungen, wird daran allein schon unsere Menschheit scheitern. Konsequenz daraus ist, angefangen schon in der Schule: ich muß alle Potenzen, deren der Mensch überhaupt fähig ist, zulassen. Und muß also hinnehmen, daß diese Gesellschaft immens viel Geld hineinsteckt, auch Menschen, Kinder mit Veranlagungen zu fördern, die jetzt völlig aus dem Rahmen zu liegen scheinen. Auch diese völlig außerhalb alles jetzt Brauchbaren, Nutzbaren, Notwendigen liegende Veranlagung muß gefördert werden, weil ich nicht weiß, ob nicht gerade diese Veranlagung notwendig ist, damit die Menschheit überhaupt noch leben kann. Das heißt: ich muß ein System schaffen, in dem alles, was an Fähigkeiten im Menschen steckt, gefördert werden kann. Damit fällt der Konkurrenzkampf unter den Tisch.
(Text nach dem Tonbandprotokoll eines Interviews, das ich einige Zeit später mit diesem Diskussionsteilnehmer geführt habe und in dessen Verlauf ich ihn bat, seine Stellungnahme noch einmal zu formulieren.)

Wie man sieht, konnte auch dieser Beitrag uns keinen direkten, praktischen Weg angeben, der den ungläubigen Thomas in uns zum Schweigen gebracht hätte. Er versuchte das ja nicht einmal. Aber er war inspirierend kühn in der historischen Relativierung der Ausweglosigkeit, die uns zu blockieren drohte. Wir waren da also auf einer Einbahnstraße, wenn nicht sogar in einer Sackgasse, jenseits derer es einen unendlich weiten und vielfältigen Raum menschlicher Geschichte und menschlicher Praxis gab. Ergreifend war die Umkehrung: Wir waren gar nicht die Hochentwickelten, Leistungsfähigen, Starken, die den Unterentwickelten, Minderbemittelten und Schwachen in unserer Gesellschaft gewisse Schonräume und soziale Nischen einzuräumen hätten. Diese humanitäre Betrachtungsweise war im Grunde absurd und lächerlich. Was wir hier zu hören bekamen, war das alte Paradox der Bergpredigt – ökologisch reinterpretiert. Wir selbst würden die Nehmenden sein müssen ungeachtet all unserer Überlegenheit, wenn wir überleben wollten.
Nach der Diskussion sah ich den alten Mann mitten in einem ganzen Pulk von Jugendlichen stehen und dann nachher auch mit ihnen zusammen weggehen. Das überraschte mich nicht. Nach den Eindrücken, die ich in diesen beiden Jahren vom Denken der Schüler gewonnen hatte, schien mir das das Natürlichste von der Welt zu sein.

Briefe aus dem Hinterland

Ich habe diese Briefe mitten in dem Kampfgetöse um meine Entlassung erhalten. Briefe ins Feld sozusagen, aus der lieben alten Heimat, wo offenbar alles noch so war wie vorher, alles ganz unverändert, unberührt. Ein riesiges, unabsehbar weites, stagnierendes Hinterland, das einem von hinten her die Hoffnung zu nehmen droht. Die Briefe haben geradezu defaitistische Gefühle in mir wachgerufen.
Und dann: wieso wandte sich diese junge Frau überhaupt an mich? Wieso brachte sie mir ein solches Vertrauen entgegen? Was hatten ihr Kampf und der meine miteinander zu tun? Hatte diese gottverdammte Affäre um meine Notengebung etwa irgendwelche Hoffnungen in ihr geweckt? War ich also eine Art Scharlatan?
Ich publiziere diese Briefe (natürlich mit Einwilligung der Autorin) und stelle sie an den Schluß dieses Buches, weil sie mir besser als alles andere geeignet zu sein scheinen, diesen Erfahrungsbericht zu relativieren und zuletzt noch einmal auf die Realität hin zu öffnen. Eine persönliche Bilanz dieser Art hat ja, auch wenn sie um eine kritische Sicht bemüht ist, unvermeidlich etwas von einer Nabelschau. Entweder gibt es einen Helden oder es gibt einen Antihelden. Entweder brüstet sich da einer und bläht sich irgendwie auf oder es kritisiert und korrigiert sich einer so gewaltig, daß die Wände wackeln. Daraus gibt es wohl keinen anderen Ausweg (wenn man von dem des Humors absieht) als den der möglichst getreuen Darstellung, besser noch der Dokumentation fremder Erfahrungen.

Ich gebe die Briefe nicht wörtlich wieder, um Spielraum für gewisse sprachliche und, wenn es mir etwa aus Gründen der Diskretion notwendig erscheint, auch für leichte inhaltliche Veränderungen zu haben. Ich möchte auch nicht, daß die grammatikalischen Mängel dieser Briefe irgend jemand auf die Abwege des Mitleids führen und habe sie deshalb in die Form der indirekten Rede umgeschrieben. Ich habe mich aber bemüht, vorsichtig mit diesen unvergleichlichen Texten umzugehen und sie nicht zu zerstören.

1.
Sie habe im ›Spiegel‹ den Artikel über mich gelesen und möchte sich daher mit einer Bitte an mich wenden. Sie sei jetzt 22 Jahre alt und habe nie richtig Grammatik gelernt. Seit einiger Zeit bemühe sie sich darum, richtig frei zu schreiben. Sie sei sehr lernbegierig und lese viel: literarische, naturwissenschaftliche und auch politische Bücher, um über die Umweltgeschehnisse auf dem laufenden zu bleiben. Neulich habe sie zum Beispiel ›Professor Unrat‹ gelesen. Doch ihre große Sorge sei die Grammatik.
Sie habe Niemanden, mit dem sie sich unterhalten könne. In der Beschäftigungstherapie in der Werkstatt müsse man unermüdlich immer die gleiche stumpfsinnige Tätigkeit hinter sich bringen. Wenn sie manchmal nicht anders könne und ein Gespräch beginne, bekomme sie gleich ein schlechtes Gefühl aus Angst, die Leute von der Arbeit abzuhalten.
Mit ihrer Zimmerkollegin im Heim könne sie sich auch nicht richtig unterhalten, da diese immer alles süß und goldig finde und nie auch von sich aus mehrere Sätze dazu beitrage. Sie habe zwar eine Kontaktperson, der sie ihre Probleme und Sorgen berichten könne. Aber es würde sich negativ für sie auswirken, wenn sie häufiger mit dieser Kontaktperson spreche – sie wolle die dann nämlich für sich alleine haben.
Ob ich ihr nicht einen Tip geben könne, wie sie ihre Deutschkenntnisse verbessern und zu einem geformten Sprachstil kommen könne.

2.
Seit Anfang des Monats sei sie nun auf der Berufsaufbauschule. Sie könne dort gleichzeitig die Mittlere Reife erwerben und das Fach Sozialpädagogik belegen. Diese Fortbildung sei kostenlos. Schon Anfang September sei sie von einer Glückssträhne getroffen worden, wie sie bis dahin in ihrem Leben noch nicht vorgekommen sei. Zuerst sei sie Anfang des Monats von zwei älteren Heimbewohnern zum Waldspaziergang eingeladen worden. Man habe ihr hinterher gesagt, daß sie auch nicht gestört habe. Dann habe ihr Bruder ihr ein paar Zeilen geschrieben, was sie außerordentlich gefreut habe. Das Allerschönste sei aber dann gewesen, daß sie diesen Platz an der Berufsaufbauschule bekommen habe und somit nicht mehr in die Werkstatt müsse. Sie sei spät dran, sie sei eine Woche hinter ihren Klassenkameraden zurück, aber das werde sie

schon aufholen. Allerdings sei es bitter für sie gewesen, die Ferienreise des Heimes in den Schwarzwald nicht miterleben zu dürfen. Aber sie habe sich in dem Moment krampfhaft an der Schule festgehalten und sei dann auch bald darüber weggewesen.

3.

Sie bedanke sich sehr für das Buch. Sie könne es gut gebrauchen. Sie besprächen in Deutsch nämlich gerade die Vorurteile der Gesellschaft. Am 10. des nächsten Monats werde man eine Arbeit über dieses Thema schreiben. Vom nächsten Monat ab würden überhaupt laufend Arbeiten geschrieben und sie habe Angst, sie zu verhauen. Denn diese Arbeiten seien ausschlaggebend für das neue Halbjahr. Bis jetzt habe sie noch keinen näheren Kontakt zu ihren Mitschülern. Vielleicht dürfe man das nach drei Wochen auch nicht erwarten. Altersmäßig gehe es von 20 - 35 Jahren. Es sei eine sehr zuvorkommende Klassengemeinschaft, die jeden einzelnen respektiere. Obwohl sie so abgehackt spreche, werde sie nicht ausgelacht. Die meisten seien allerdings der Meinung, sie stamme aus Dänemark. Angeblich habe sie einen Akzent dieser Art. Sie habe die anderen erst einmal in diesem Glauben belassen und sie sogar darin bestärkt. Nur die Deutschlehrerin, die das ja nachprüfen könne, habe sie später darüber informiert, daß sie die deutsche Staatsangehörigkeit besitze. Sie habe einfach Angst davor gehabt, den anderen etwas über die Vergangenheit zu erzählen. Nur einigen wenigen habe sie die volle Wahrheit zu sagen gewagt, auch, daß sie im Krankenhaus gewesen sei.
Danach habe sie angefangen, sich einzubilden, sie würden über sie reden. Sie sei schon so weit unten gewesen, daß sie befürchtet habe, eine Verschwörung sei gegen sie im Gange. Eine Krankenschwester im Heim führe das auf *unregelmäßige Tabletteneinnahme* zurück. Seit ihre Mitschüler von diesem Krankenhausaufenthalt wüßten, werde sie den Verdacht nicht los, man bemitleide sie. Das sei nun etwas, was sie überhaupt nicht vertragen könne. Sie sei daher im Augenblick sehr verunsichert, habe aber doch andererseits auch den festen Willen, daran zu arbeiten und etwas stabiler zu werden. Es sei doch immerhin überraschend, daß man sie in der Klassengemeinschaft nicht offen auslache trotz ihrer Sprachprobleme im Unterricht.
Die meisten hätten sich mittlerweile bereits zu Gruppen zusammengetan. Sie fühle sich dadurch gehemmt, sie wolle sich ja nicht aufdrängen. Sie habe ja auch kein Recht darauf, zu einer solchen Gruppe zu gehören. Sie müsse schon dankbar sein, wenn sie sich nur überhaupt unter jungen Leuten aufhalten dürfe. Manchmal müsse sie sich direkt einen Ruck geben, ehe sie an eine solche Gruppe von Mitschülern heranzutreten wage. Sie spüre dann aber, daß die davon nicht gerade begeistert seien. Sie wisse von den Interessen ihrer Altersgenossen kaum etwas. Die meisten seien schon verheiratet oder hätten doch einen Partner. Sie habe dagegen

noch nie eine Freundin gehabt oder einen Freund, den sie sich übrigens auch gar nicht wünsche. Sie habe große Angst vor Männerbekanntschaften, die intensiver würden.
Im Augenblick finde sie ihren Trost und ihre Geborgenheit in der Berufsaufbauschule. Sie halte sich ganz stark daran fest. In jeder freien Minute arbeite sie an den Hausaufgaben oder lerne auch auf eigene Faust. Sie sei dann immer vollkommen bei der Sache. Zum Ausgleich wünsche sie sich Gespräche mit anderen jungen Leuten, aber sie habe ja kaum jemanden, der mit ihr rede. Sie müsse lernen, unter Menschen freier und ohne stottern zu reden. Aber das einzige, was sie im Moment dafür tun könne, sei lautes Lesen. Sie vermute, daß es durch Unsicherheit gegenüber fremden Menschen bei ihr zum abgehackten Sprechen gekommen sei. Sie wundere sich manchmal, daß man sie überhaupt anhöre. Sie glaube, daß sie auf junge Leute einen anormalen Eindruck mache; denn sie würden sich manchmal nach ihr umdrehen und dann zu lachen anfangen. Von den Älteren werden sie wiederum anders eingeschätzt. Sie wisse bald selber nicht mehr, wie sie sich verhalten solle. In der Klassengemeinschaft werde sie als Schweigsame, Schüchterne gepriesen – aber wie solle sie denn überhaupt mitreden, wenn sie von alledem: von Freunden, Parties, Kino usw. keine Ahnung habe. Sie sei wirklich verzweifelt.
Sie hoffe, daß sie ihre Sprache nicht verliere.

4.
Neulich habe sich auch bei der Geschichtslehrerin eine unangenehme Situation ergeben. Sie habe sich dort nur vergewissern wollen, ob sie sich richtig auf die bevorstehende Arbeit in Politik vorbereitet habe. Die Lehrerin habe sich dann auch einen Ruck gegeben und diese Ausarbeitungen überprüft. Daraufhin sei ihr ganz offen mitgeteilt worden, daß sie es nicht schaffen werde und sicher das Halbjahr werde wiederholen müssen. Sie habe die Offenheit der Lehrerin ihr gegenüber gut gefunden. Aber dadurch sei sie wieder in die Situation gekommen, über ihr Dasein berichten zu müssen. Auf dem Heimweg seien ihr die Tränen gekommen, denn sie habe genau gewußt, daß die Lehrerin jetzt von ihr glauben würde, sie wolle nur Mitleid haben. Das habe sie aber doch auch hier wieder gar nicht bezwecken wollen.
Jetzt sei bei ihr immer der erste Gedanke, daß sie, wenn sie mit ihr redeten, nicht über sie lachten und vieles andere, daß sie das alles nur aus Mitgleid täten. Und daß die Lehrerin diese Absprache organisiere. Es sei schließlich so schlimm geworden, daß sie sich bei jedem Wort, das jemand zu ihr gesagt habe, gefragt habe, ob es nicht nur Mitleid sei. Doch sie wolle sich damit, wie es jetzt stehe, nicht zufrieden geben. Sie wolle daran zweifeln und darum kämpfen, daß es nicht so sei. Seit einigen Tagen habe sie kaum schlafen können. Die Sozialarbeiter hätten ihr ihre Unterstützung angeboten. Sie

könne mit ihnen sogar reden. Sie könne mit ihnen auch ihre Ausarbeitungen durchgehen. Einerseits wünsche sie sich, daß das alles nur Einbildung sei – aber kaum sei sie in der Schule, passiere wieder das gleiche. Sie habe darüber auch mit jemand vom Personal des Heims gesprochen. Die habe gemeint, *ihre Nerven spielten dabei eine Rolle.*

Sie dürfe jetzt auf keinen Fall krank werden. Sie esse deshalb auch heimlich Schwarzbrot. Sie fürchte aber, daß sie nun auseinanderlaufe und dick werde. Sie wisse wirklich nicht, wie sie sich verhalten solle. Angesichts des Verhaltens der jüngeren Mitschüler müsse sie feststellen, daß sie irgendet was Anormales an sich habe. Sie verliere leicht den Mut. Doch wenn die anderen nur darauf warteten, daß sie die Schule nicht schaffe, dann könnten sie es gerne tun. Sie habe doch nichts mehr zu verlieren.

Ob ich denn schon eine neue Stellung hätte? Ob ich ihr nicht ein Bild von mir schicken könne? Ich solle bitte entschuldigen, daß sie auf meinen Brief nicht sogleich geantwortet habe. Sie komme an den Wochentagen einfach nicht zum Schreiben. Die Schule dauere von 8 Uhr bis 15 Uhr. Für die Strecke vom Heim zur Schule benötige sie mindestens eine Stunde. Sie stehe jeden Morgen um 4.30 Uhr auf. Beim Frühstück lasse sie sich 20 - 25 Minuten Zeit. Um 6.30 Uhr verlasse sie das Haus und marschiere zu Fuß zur Schule, um die frische eisige Kälte einzuatmen. Die übrige Zeit verbringe sie ausschließlich in geschlossenen Räumen, was sie ein wenig betrübe. Doch mache sie, wenn sie ein bißchen Zeit übrig habe, ab und zu einen kleinen Abstecher in die Innenstadt.

Sie arbeite hart. Letzte Woche hätten sie jeden Tag eine Arbeit geschrieben. Die Physikarbeit habe sie wahrscheinlich total verhauen. In der Mathematikarbeit habe sie eine 3, eine gute 3 sogar geschrieben, was sie gar nicht habe fassen können. Was Soziallehre und Wirtschaftslehre betreffe, so mache sie sich keine Sorgen.

Sie hätte es nie für möglich gehalten, daß sie als Mitschüler einmal so akzeptiert werden könnte. Sie fühle sich jetzt, wenn sie von einigen Zwischenfällen absehe, in der Klasse recht wohl. Sie wisse jetzt auch genau, weshalb sie so abgehackt und undeutsch spreche. Das abgehackte Sprechen komme von einer falschen Atemtechnik, die sie mit aller Energiee wegbringen möchte. Sie wisse nur noch nicht, wie sie damit anfangen solle. Im Heim trainiere sie jetzt auch mit einem Cassetten-Recorder. Ihre Geschichtslehrerin mit ihrer Disziplin und ihren Prinzipien habe ihr mitgeteilt, daß sie sich im Unterricht bei ihr verbessert habe. Dabei sei das doch die Lehrerin gewesen, die ihr zunächst gesagt habe, sie müsse das Jahr wahrscheinlich noch einmal machen.

6.
Es tue ihr leid, daß sie mir ihre Meinung über das Buch immer noch nicht geschrieben habe. Sie sei zur Zeit in einer schlechten Verfassung. Es sei ihr eigentlich alles egal. Es gehe nicht nur ihr so, andere hätten vielleicht oder sogar mit Sicherheit noch mehr Schwierigkeiten als sie. Sie wolle sich daher damit auch nicht herausreden. Sie interessiere sich an sich für die Themen, die ich zur Bearbeitung vorgeschlagen habe. Vor 2 Jahren habe sie selbst schon derartige Stellungnahmen ausgearbeitet und an verschiedene Zeitungen geschickt. Ihre Arbeiten seien sogar ein- zweimal angenommen worden. Ihre Themen seien damals gewesen: Hausfrau als Beruf, Umweltverschmutzung, Alkohol, Streß als Zeitkrankheit.
Vorige Woche habe sie Ferien gehabt – eigentlich also nun wirklich eine gute Gelegenheit, sich auf solche Arbeiten zu konzentrieren. Doch habe sie immer noch Schwierigkeiten mit ihrer Familie. Dann seien auch gewisse Symptome bei ihr aufgekommen – Einbildungen, gegen die sie immer mit ihrem Verstand angekämpft habe. Das sei so weit gegangen, daß sie Atemnot, Anspannungsgefühle bekommen und Angst vor Menschen, eine Gleichgültigkeit gegenüber dem Leben empfunden habe. Sie habe die Woche bis zum Schulbeginn einfach durchschlafen wollen mit Hilfe von Tabletten, aber so etwas mache ja kein Arzt mit. Innerlich sei sie so angespannt, daß sie das Gefühl habe, aufgeschwemmt zu sein. Vorige Woche sei sie deswegen und wegen einer anderen schwerwiegenden Sache beim Hausarzt gewesen. Er habe gemeint, man könne eventuell mit Akupunktur etwas machen. Das stehe aber noch nicht fest, da die Krankenkasse das nicht bezahle. Jetzt werde man wahrscheinlich bei dem für sie zuständigen Sozialamt anfragen, ob es die Kosten dafür übernehmen könne.
Jetzt bereite sie also der Gesellschaft wieder Schwierigkeiten, von denen es doch eigentlich schon genug gebe. Was ihr Mut mache, sei einzig und allein die Schule. Wenn sie das auch nicht ganz ausfülle. Sie sei jedesmal hocherfreut, wenn sie mit jemandem reden dürfe, den sie nicht störe. Sie sei dankbar für jedes Gespräch mit einem Menschen, der ihr zuhöre, sich nicht über sie lustig mache, sie nicht als verrückt abstempele und sie als Mensch akzeptiere. Sie müsse sich immer wieder vor Augen halten, wie gut es für sie sei, daß sie in diese Stadt und in dieses herrliche Heim habe kommen dürfen und jetzt sogar diese Schule besuchen könne. Da könne sie nur sagen, alle Achtung.
Sie finde es ganz gut, daß ihre Eltern sie nicht so schnell erreichen könnten. Nun habe sie aber eigentlich keinen Menschen, mit dem sie wirklich über alles reden könne. Zwar seien die Sozialarbeiter ohne Ausnahme bereit, mit ihr zu reden und ihr zu helfen, aber ihre Kontaktperson, die jetzt in Urlaub sei, wolle nicht, daß sie mit den anderen zusammen komme. Die denke, sie sei mal wieder auf der Suche nach einer Bezugsperson. Dabei wolle sie doch nur jemanden

haben, um sich wirklich nützlich auf der Welt machen zu können. Es könne ja auch jemand aus der älteren Generation sein, dem sie helfen und den sie unterstützen könne. Vor jungen Leuten habe sie nach wie vor Angst, da sie anders sei als diese. Dennoch würde sie alles darum geben, wenn sie nur manchmal mit jungen Leuten reden könnte. Dies würde ihr vollkommen reichen. Sie möchte nur, daß es einen Sinn habe, daß sie auf dieser Welt sei. Die Schule gebe ihr vieles, aber in den Ferien werde sie schlagartig depressiv.

7.
Sie sei ein wenig aus dem Gleichgewicht geraten. Hin und wieder komme es bei ihr vor, daß sie alles gleichgültig finde. Sie wisse, daß sie außerhalb der Norm der Gesellschaft stehe und *nie* den richtigen Weg einschlagen könne. Man glaube von ihr, daß sie in diese Gesellschaft nicht hineingehöre. Sie sei aber zu feige, um aus dem Leben zu scheiden. Ein Hilferuf würde ihr nichts einbringen, Er würde sie wieder zurückwerfen. Entweder ganz oder gar nicht.
Sie müsse gegen ihre labile Lebensweise arbeiten und versuchen, nur das Gute im Leben zu sehen. Jeder Bürger habe etwas, an dem er sich im Leben freuen könne. Für sie sei das die Schule. Sie finde das Lernen einfach toll. Nur stelle sich jetzt langsam heraus, daß sie das Jahr vielleicht nochmal machen müsse. Sie sei eine schlechte Schülerin, was die Noten angehe: Deutsch 4 - (Aufsatz), Mathe 3, Physik 5, Politik 6 (sie habe das Thema nicht beachtet), Soziallehre 4, Englisch 3, Humanbiologie 3. Sie sei sehr deprimiert gewesen, als man ihr gesagt habe, sie werde es wahrscheinlich noch einmal machen müssen. Andererseits sei sie aber dankbar gewesen, daß man ihr mit Offenheit begegnet sei.
In Politik zum Beispiel gebe sie sich wirklich Mühe. Sie habe diese Lehrerin auch gern. Sie möge ihre Art und ihr Gemüt und auch ihre Offenheit, die sie besonders hoch an ihr schätze. Es sei an sich eine ziemlich harte Frau, die bestimmt vieles durchgemacht habe. Wer es beim drittenmal noch nicht kapiert habe, bleibe sitzen bei ihr. Aber diese Lehrerin stelle den Stoff für die Schüler so deutlich und anschaulich dar, daß man denke, man habe selber mitgewirkt. In diesem Unterricht werde nicht über sie gelacht, obwohl sie anormal sei. Das sporne sie immer wieder von neuem an. Sie finde es einfach himmlisch, daß sie hierher gekommen sei. Nun hänge es wenigstens teilweise von ihr ab, wie sie durch das Leben komme.
Kommende Woche hätten sie Ferien. Sie dürfe an diesen Tagen nur jeweils höchstens 3 Stunden an den Schularbeiten hängen. Das habe ihre Kontaktperson so bestimmt. Sie solle ihre Kontakte zu anderen Menschen nicht ganz abbrechen. Daher diese Anordnung. Sie könne das sogar akzeptieren, obwohl sie sich dadurch unter Druck gesetzt fühle.
Sie wisse, daß jeder Angst habe. Sie wolle sich nicht damit abfinden, daß sie so große Angst vor Menschen habe. Positive Handlungen

würden ihr die Angst vielleicht nehmen. Doch der erste Schritt, die Angst zu übersteigen, falle ihr so schwer. Sie versuche zwar, sich selbst Mut zuzureden, aber wenn es dann so weit sei, nehme sie doch wieder Reißaus. Sie sei feige. Sie gebe sich selbst gegenüber groß an, daß sie ihre Ängste schon abbauen werde, bringe es aber dann doch nicht fertig. Sie sei mit sich selbst noch nicht auf einen Nenner gekommen.

8.
Sie wolle sich Mühe geben, in Rechtschreibung und Grammatik besser zu werden. Seit Tagen könne sie nicht mehr schlafen. Der seelische Druck sei zu groß. Sie habe einfach nicht die Ruhe, sich hinzulegen. Natürlich zwinge sie sich dazu, wenigstens 2–4 Stunden auf dem Bett zu ruhen. Doch dabei werde sie immer hektischer und wirbele in der Nacht herum. Sie beginne dann plötzlich mit Schularbeiten oder bringe ihr Zimmer auf Hochglanz oder fange auch laut an zu lesen, damit sie am anderen Morgen in der Schule keinen Fehler mache. Doch dann fange sie gerade an zu stottern. Sie wisse, weshalb sie zu stottern und zu zittern anfange und weshalb ihr schwindelig werde und sie Kopfschmerzen bekomme. Sie dürfe eben nicht labil sein und müsse dafür geradestehen, was sie sich selber antue. Sie wolle mit aller Gewalt ihre Grammatik verbessern. Sie wolle sich ganz anders als bisher anstrengen, sich einzufügen und normal zu erscheinen. Andererseits müsse sie sich aber sagen, daß sie nicht unter Zwang arbeiten könne. Sie sei schon sehr oft mit Zwang dazu gebracht worden, etwas zu tun. Das sei schrecklich und abstoßend. Sie sei nicht kräftig genug. Ihre schwache Seite sei, daß sie immer eine Bezugsperson suche. Diese Bezugsperson könne ein Gegenstand, ein Ort, ein Wesen oder zum Beispiel auch die Schule sein. Sie müsse sich aber darüber klar werden, daß sie keine Person an sich reißen dürfe.
Sie sei stolz darauf, daß man ihr diese Chance gegeben habe. Wenn sie es jetzt nicht schaffe, dürfe sie dieses Halbjahr sogar noch einmal machen. Ihre Eltern würden allerdings sagen, daß man ihr das vorher hätte sagen können, und daß sie es nie schaffe. Vielleicht sei sie auch wirklich zu dumm, aber sie wolle es so gerne noch einmal versuchen. Die Schule sei für sie ein Ersatz für Süßigkeiten und für Nahrung überhaupt. Die Schule sei alles für sie. Nur manchmal, wenn ihr die Schule doch nicht ganz genüge, greife sie daneben noch zu Süßigkeiten. Das trete meistens auf, wenn sie nicht zu Wort gekommen sei oder eine schlechte Zensur geschrieben habe. Es trete auch auf, wenn sie auf einen Zwiespalt zwischen den Lehrern und den Klassenkameraden stoße und dann keinen von beiden verletzen möchte.
Jetzt wolle die Deutschlehrerin sie vielleicht unterstützen. Genaueres stehe noch nicht fest. Erst in ein paar Tagen entscheide es sich endgültig, ob sie in den Ferien zu dieser Lehrerin kommen dürfe.

Als sie gerade darüber geredet hätten, sei eine jüngere Mitschülerin dazwischen gekommen und habe ebenfalls ihre Hilfe angeboten. Sie selbst habe in dieser Situation nicht gewußt, wie sie sich habe verhalten sollen und sei geflohen. Das sei wohl nicht das Geschickteste gewesen, aber sie habe keinen anderen Ausweg gewußt.